# Descubre

## Tu Poder Interno

# Descubre
## Tu Poder Interno

### Eric Butterworth

UNITY® Books

Unity Village, Missouri U.S.A.

Segunda edición

Para recibir un catálogo de todas las publicaciones de Unity en español o hacer un pedido, escriban a nuestro Departamento de Traducciones, Unity School of Christianity.

Diseño de la portada por Gail Ishmael

**Library of Congress Cataloging-in-Publication Data**

Butterworth, Eric.
    [Discover the power within you. Spanish]
    Descubre tu poder interno / Eric Butterworth ; traductora, Hilda Sárraga.
       p.  cm.
    ISBN 0-87159-221-5
    1. Christian life—Unity School of Christianity authors.
    I. Title.
    BV4501.2B9518   1999
    235.9'2—dc21
                          98-11515
                                 CIP

Canadá GST R132529033

Para Unity Books es un deber sagrado ser una presencia sanadora en el mundo. Al imprimir con tinta biodegradable de soya en papel reciclado, creemos que ponemos de nuestra parte para ser administradores sabios de los recursos de nuestro planeta Tierra.

# Indice

Introducción                                              1

Prólogo                                                   5

1 La eterna búsqueda                                      7

2 El gran descubrimiento                                 15

3 La gran decisión                                       29

4 El concepto singular
  de Jesús sobre Dios                                    49

5 De miserables pecadores
  a maestros                                             69

6 Las asombrosas bienaventuranzas  93

7 Tu pensamiento es tu vida                             117

8 La ley de no resistencia                              139

9 El arte olvidado de la oración                        165

10  Suficiente para hoy                          191

11  La ley de compensación                       211

12  Cómo perdona Dios                            231

13  La fórmula sanadora de Jesús                 249

14  El milagro de la abundancia                  273

15  En defensa de Judas                          295

16  La Gran Demostración                         309

17  ¿Enseñó Jesús la reencarnación?             327

18  ¿Cuándo vendrá el Reino?                     345

Anotaciones                                      365

# INTRODUCCION

STE ES UN GRAN MOMENTO para la unidad. Diariamente leemos sobre los continuos esfuerzos ecuménicos de las religiones del mundo. El diálogo entre la filosofía o la ciencia y la religión ya es común. Los líderes de la Rusia atea hacen nuevos esfuerzos para establecer comunicación con el Vaticano y con grupos de las iglesias del oeste. Hay mucho en todo esto para entusiasmarnos. Pero también encuentro mucho que me hace infeliz. Como ministro y maestro en la corriente del pensamiento cristiano, tengo la impresión de que en tales diálogos sobre unidad, el movimiento cristiano no se representa a sí mismo adecuadamente. Me parece que el dinamismo de la enseñanza cristiana, que es tan necesario en nuestro mundo contemporáneo, la mayoría de las veces queda sin expresarse.

Ciertamente mi preocupación no disminuye ante la confusión de muchos de nuestros teólogos modernos que proclaman que "Dios está muerto" —no meramente rechazado por la cultura moderna sino irrevocablemente ausente. Oímos los términos "ateísmo cristiano", "eclipse de Dios", "evangelio secular", "cristianismo sin religión", etc. Doy la bienvenida a los esfuerzos por revaluar, aun de modo radical, las enseñanzas cristianas. Pero me apena que haya tantos que han captado tan poco del mensaje de Jesucristo.

Este libro preguntará: "¿Qué fue lo que Jesús *realmente* enseñó?" Dejará a un lado teologías, dogma y ritual, y demostrará cómo Jesús de Nazaret, hace dos mil años, se enfrentó a los problemas que acosan al hombre y encontró algunas contestaciones intensas pero sencillas. No predicaremos en un tono que sugiere que tan sólo el cristianismo es capaz de salvar el mundo. Pero tenemos la seguridad de que Jesús podría hacer una contribución vital en nuestra época, si tan sólo se le escuchase imparcialmente, libre de prejuicios sectarios.

Existen bibliotecas de libros escritos sobre Jesús y sobre el gran movimiento cristiano que surgió en Su nombre. Sin embargo, se le da poco espacio a los conceptos que El demostró y a las técnicas que El esbozó.

Los teólogos se han preocupado de la religión *sobre* Jesús, y es la modificación y aun el rechazo de esta religión lo que ha producido los "cristianos ateos". ¿Pero qué hay de la religión *de* Jesús? Por largo tiempo los cristianos han predicado sobre la salvación de la sociedad, pero Jesús pidió una sociedad de salvadores. Los predicadores han enfatizado la Divinidad de Jesús, pero Jesús enseñó la Divinidad del Hombre. La atención se ha concentrado sobre los milagros que hizo Jesús, pero Jesús dijo: "El que en mí cree, las

obras que yo hago, él también las hará; y aun mayores hará
. . ." (Jn. 14:12).

En su obra reciente *Cosmic Humanism* (Humanismo cósmico), Oliver L. Reiser de la Universidad de Pittsburgh ha
escrito: "En su largo viaje de evolución social el hombre ha
santificado muchas cosas como fuente del poder máximo,
objeto de veneración y adoración; pero rara vez ha aludido
la divinidad esencial del hombre. Las sociedades nunca han
deificado la fuerza creativa, la divinidad en el hombre. Sin
embargo, si hay algo que el misterio cristiano trató de enseñar, fue la divinidad en el hombre, el 'Cristo-en-ti', sin desarrollar y desatendido".[1]
La filosofía de Jesús es una filosofía funcional, una forma
de vida. Jesús enseñó acerca del profundo potencial del
hombre y sobre su unidad espiritual con Dios. Quizás El estuvo adelantado a Su época. Recientemente es que los científicos, filósofos, sicólogos y los educadores han empezado
a captar la idea de un todo integrado como la guía para estudiar el hombre o la vida o el universo. Este es un concepto
de unidad espiritual que se encuentra entre líneas en todas
las enseñanzas de Jesús. Es curioso, los grupos religiosos
han sido los más lentos de todos en captar esta visión. Es especialmente notable porque la misma palabra "religión", de
su raíz griega, tiene una fuerte connotación de *unidad*.
  Es difícil hablar o escribir sobre Jesucristo o las enseñanzas cristianas sin entrar en pugna directamente con
actitudes que están profundamente enraizadas. Esto es así
porque todo el fluir de la civilización occidental ha estado
totalmente envuelto en la organización de la iglesia cristiana
y la propagación de los ideales cristianos. Hojea las obras de

los filósofos occidentales, y prácticamente en cada caso, ya sea que expresen inclinación *a favor* o *en contra* de Jesús y el cristianismo, invariablemente hablan sobre ellos. Me parece que tanto los defensores como los antagonistas han estado argumentando sobre puntos equivocados.

Admitimos desde el principio que en nuestro estudio del Evangelio de Jesús no estaremos articulando un "evangelio social" ni trataremos de sostener un punto de vista político al racionalizar Sus enseñanzas. Nuestro enfoque ha de ser totalmente "centrado en ti" —ya que creemos que ése es el enfoque de Jesús.

Si puedes encontrar la conciencia de tu unidad espiritual con el Infinito y con tu prójimo, y si puedes establecerte en la convicción de la Divinidad del Hombre, te convertirás en un instrumento eficaz, intuitivamente guiado a la acción política y social dentro del marco de referencia de tus intereses, aptitudes y responsabilidades.

*Descubre tu poder interno* te presentará el Evangelio de Jesús en un nuevo contexto, con un acentuado énfasis en la gran idea de "Cristo en *ti*". Cuando comprendas este énfasis podrás recorrer ampliamente los cuatro evangelios —los cuales trataremos sólo sinópticamente— con interés y comprensión. El mensaje del Evangelio empezará a tener más sentido para ti. Dejará de ser un mensaje restringido y sectario. Se convertirá en un mensaje para las eras, un mensaje universal de Verdad para la gente en todas partes.

# PROLOGO

E ACUERDO A UNA VIEJA leyenda hindú, hubo una época en que todos los hombres eran dioses, pero tanto abusaron de su divinidad que Brahma, el dios principal, decidió quitársela y esconderla donde nunca jamás la pudiesen encontrar. El lugar para esconderla se convirtió en la gran interrogante.

Cuando los dioses menores fueron citados al Consejo para considerar el asunto, dijeron: "Esconderemos la divinidad del hombre en las profundidades de la tierra". Pero Brahma dijo: "No, no servirá, porque el hombre cavará profundo en la tierra y ahí la encontrará". Entonces ellos dijeron: "Bien, hundiremos su divinidad en el océano más profundo". Volvió a responder Brahma: "No, ahí no, porque el hombre aprenderá a sumergirse en las aguas más profundas, rastreará el fondo del océano y ahí la encontrará". Entonces los dioses menores dijeron: "La llevaremos al tope de la montaña más elevada y ahí la esconderemos". Pero volvió a replicar Brahma:

"No, porque finalmente el hombre subirá a la cima de cada montaña en la sierra. Con seguridad que la encontrará algún día y la poseerá de nuevo". Entonces los dioses menores se dieron por vencidos y concluyeron: "No sabemos donde esconderla, porque parece que no habrá lugar en la tierra o en el mar que el hombre no conquiste con el tiempo".

Entonces dijo Brahma: "Esto es lo que haremos con la divinidad del hombre: la esconderemos en las profundidades del mismo hombre, porque nunca se le ocurrirá buscarla ahí". Desde entonces, concluye la leyenda, el hombre ha viajado por todos los confines de la tierra escalando, excavando, sumergiéndose, explorando, buscando algo que lleva implantado en sí mismo.

• Hace dos mil años que un hombre llamado Jesús la encontró y compartió Su secreto; pero en el movimiento que surgió en Su nombre, la Divinidad en el Hombre ha sido el secreto mejor guardado de todas las épocas.

## CAPÍTULO UNO

# La eterna búsqueda

L A ESPERANZA DE LA HUMANIDAD hoy yace en las inmensas profundidades internas aún sin descubrir. Ha llegado el momento en que todos los hombres dejen la estéril búsqueda del mundo en la circunferencia del ser y comiencen una valerosa búsqueda hacia el espacio *interno*. Es un mundo muy real, sus profundidades se pueden sondear y sus fuerzas pueden ser liberadas. No es una conquista sino un legado. No es tanto algo *dentro* del hombre como el nivel más profundo *del* hombre. "Venid, benditos de mi Padre, heredad el Reino preparado para vosotros desde la fundación del mundo" (Mt. 25:34).

La historia del hombre en la eterna búsqueda ha sido una extraña odisea. En su búsqueda del "cáliz sagrado" el hombre lo ha escudriñado todo y en vano, pero no ha buscado dentro de sí mismo. Ocasionalmente, surgía un profeta que hablaba del mundo interno. Pero en vez de seguirlo a esa experiencia más profunda, los hombres invariablemente hicieron un dios del profeta —le adoraron y le construyeron monumentos. Entonces se hicieron cautivos en una práctica religiosa que no tenía nada *interno*. ¿Cuántas veces ha sucedido lo mismo? ¿Cuántas religiones hay en el mundo?

Las páginas de la historia cuentan y recuentan sobre los maestros místicos que lo encontraron y las subsiguientes religiones que lo perdieron. La tierra está colmada de monumentos que demuestran vuelos interespaciales que nunca llegaron a despegar.

Sin embargo, de alguna manera, el hombre siempre ha sabido, junto con Walt Whitman, que no todo lo que él es está incluido entre su sombrero y sus botas. Ha sentido, junto con Wordsworth,

> Un sentido sublime
> de algo mucho más profundo entrelazado,
> cuya morada es la luz de los ocasos
> y el redondo océano y el viviente aire,
> y el cielo azul, y en la mente del hombre;
> un movimiento y un espíritu, que impele
> todas las cosas pensantes, todos los objetos
>     de todo pensamiento,
> y resuena a través de todas las cosas.[1]

Hay una extraña paradoja en el mundo de hoy. Los agobiantes problemas sociales —guerras, luchas por igualdad entre razas, explosión demográfica y mermas en producción de alimentos— están enmarcados entre dos espectáculos contrastantes, (1) la investigación y exploración del espacio exterior, y (2) los "viajes" psicodélicos a las profundidades de la conciencia. El primero, meticulosamente científico; el otro, de lo menos científico que pueda haber.

Ambas actividades bien pueden simbolizar un sentido de frustración con el mundo de hoy —un esfuerzo por "detén este mundo, me quiero salir de él". Y lo asombroso es que ambas búsquedas, sin ninguna relación y tan opuestas entre sí, bien pueden tener profundas implicaciones espirituales. Por un lado, la investigación espacial ha permitido al hombre abrir una brecha hacia otra dimensión. Mientras más puede ver del Universo que le rodea, mayor es su comprensión de que el espacio y el tiempo son relativos, y que todo el cosmos es como un gran pensamiento en la Mente de Dios. Empieza a captar que, en lo que a él concierne, el Universo existe porque él lo ve. El centro del Universo, en lo que a ti se refiere, está dentro de ti. En lo que a ti te concierne, el Universo existe como una extensión tuya. El sol, la luna y las estrellas están ahí porque tú los ves.

En el zen budismo se aclara este punto con la imagen de "la luna y el agua". El fenómeno de la-luna-en-el-agua se asemeja a la experiencia humana. El agua es el sujeto y la luna es el objeto. Cuando no hay agua, no hay luna-en-el-agua, e igualmente cuando no hay luna. Pero cuando sube la luna, el agua no espera para recibir la imagen de la luna, y cuando se vierte la más pequeña gota de agua, la luna no espera para reflejarse. Pero el agua no recibe la imagen de la luna a propósito. El suceso es causado tanto por el agua como por la luna, y al igual que el agua manifiesta la brillantez de la luna, la luna manifiesta la claridad del agua.

Al contemplar la inmensidad del Universo, tendemos a

confundirnos cuando nos parece que estamos perdiendo nuestra identidad. Pero debemos recordar que el Universo tiene significado porque nosotros tenemos significado, y nosotros tenemos significado porque el Universo tiene significado. Todo descubrimiento es autodescubrimiento, y todo conocimiento es autoconocimiento. Así, el mayor descubrimiento en la ciencia no son los logros externos, sino la revelación interna y la Verdad que nos libera para dar el paso necesario en lo externo.

Las naciones pueden estar gastando millones en los equipos necesarios para vuelos espaciales, pero rara vez se dan cuenta de que todo esto es posible por los descubrimientos dentro de la materia, que en realidad son descubrimientos espirituales. Hemos llegado a saber que la materia, en el sentido de algo que ocupa espacio, no existe. Ya no es posible ver el Universo como una vasta colección de nebulosas, estrellas y planetas dispersos en un espacio vacío. Por todo el Universo hay "potenciales de fuerza". Lo que hemos llamado "espacio" es realmente una *presencia,* porque lo que hay es un potencial continuo, unificado, inteligente e inagotable que aquí y allá se precipita a sí mismo como lo que llamamos materia.

Por lo tanto, lo esencial de nuestra investigación del Universo que nos rodea tiene que llegarnos en el conocimiento de la Mente que lo sostiene, la Mente en donde realmente tiene su única existencia. Y el estudio de la Mente sólo puede hacerse a través de la introspección, la autocontemplación y la investigación espiritual. En las palabras de Tennyson:[2]

Autorreverencia, autoconocimiento, autocontrol, sólo estas tres conducen la vida al poder soberano.

La otra actividad que junto a la investigación espacial está enmarcando los serios problemas del mundo es la del grupo —cuya caricatura es el "hippie"— tratando de separarse de la decadente civilización de la era contemporánea mediante los vuelos psicodélicos al mundo interior. Se ha escrito mucho sobre el tema del LSD y el STP —las drogas llamadas "expande-conciencia". De un lado, el doctor Timothy Leary dirige un grupo que insiste en que las drogas llegaron para quedarse y que es sólo asunto de tiempo hasta que cada cual tenga su propia experiencia religiosa sintéticamente. Del otro lado, un creciente número de científicos médicos advierten sobre el peligro de las drogas en términos de los daños permanentes, físicos y mentales, que pueden resultar de su uso continuo y aun ocasional.

Sin embargo, hay un hecho que se destaca y no puede ignorarse. Los "psicodélicos" han ayudado a probar la existencia de un mundo no-material, sino espiritual, dentro del hombre. Existe la seria duda si el LSD es el camino para llegar a ese mundo o para liberar ese potencial inherente. Quizás podamos estar de acuerdo en que eso es forzar ilegalmente la cerradura de la puerta a la superconciencia, o un atisbo impropio a través de la ventana a las profundidades del mundo interno. El método de aprehensión es incorrecto, pero la motivación básica es espiritual y el objeto de la búsqueda es puro Espíritu.

Una narración interesante de un encuentro personal con LSD aparece en el libro titulado *Exploring Inner Space*

(Explorando el espacio interno) por Jane Dunlop. Cuenta como pareció abrirle la puerta y permitirle mirar en el centro mismo de vida. Ella dice:

> Personas que tuvieron tales experiencias usualmente están de acuerdo en que en el fondo de cada uno de nosotros yace un bien inimaginable, sabiduría, música, talento de todo tipo, gozo, paz, humildad, amor y espiritualidad. Escondida en cada individuo hay una inmensa mina de oro, pero hasta el momento, sólo se han descubierto unas débiles vetas . . . Nuestra falta no estriba en falta de talento o de potencialidades, sino en negarnos a creer que existen. Solamente después de poder aceptar tal creencia y así haber ganado suficiente confianza para mirar dentro de nosotros, podremos lograr grandes progresos en nuestro desarrollo.[3]

¿Significa esto que todos debemos tomar LSD? Ciertamente no, no más que el que todos debemos disparar cohetes al espacio. Las descripciones de las ilusiones psicodélicas parecen apoyar los descubrimientos espirituales de los místicos de todas las épocas. Es obvio que hay una gran profundidad de esplendor dentro de nosotros, pero tiene que desarrollarse a través de la autorrealización y la autodisciplina. No hay tal cosa como un atajo sintético al Reino.

Si tienes un capullo en tu jardín y estás ansioso por ver su belleza total, a lo mejor obligas a ese capullo a abrirse. Por un momento, verás la belleza de su interior, pero morirá rápidamente. Por ley, el crecimiento es un desenvolvimiento: "Primero hierba, luego espiga, después grano lleno en la espiga". La búsqueda de la realidad a través de los psicodélicos es una búsqueda mal dirigida. El hombre es un ser espiritual con infinitas posibilidades dentro de sí. Si necesita tomar drogas para probarlo, encontrará que aun la momentánea experiencia de una visión celestial no durará lo suficiente como para que a la larga, él mismo se lo crea.

Los problemas graves que la humanidad encara hoy pueden resolverse. Sin embargo, la solución tiene que ser espiritual, porque las materiales y las intelectuales ya se han probado y no han dado resultados. Y "las cosas espirituales sólo se pueden discernir espiritualmente". El tiempo está maduro y más que maduro para hacer un esfuerzo serio y concertado para educar a la gente en su autoconocimiento, autorreverencia y autocontrol. Este ha sido el papel histórico de la religión, pero, según hemos señalado, las religiones han fracasado históricamente en despegar del suelo en términos de la búsqueda del mundo interior.

Este libro pide un redescubrimiento de las enseñanzas de Jesucristo, una revaluación de los logros de Su vida y un renacimiento de la fe cristiana. Hace dos mil años Jesús abrió la brecha al mundo *interno,* cuando El demostró las implicaciones milagrosas de permitirle a ese reino interno surgir en la tierra al igual que en el cielo. Es un cuento extraño y sin embargo sencillo, que es viejo pero siempre nuevo. Ciertamente el concepto del gran *interior* ha inspirado a filósofos y poetas y maestros místicos a través de todas las edades. Nadie lo expresó más elocuentemente que Robert Browning en su poema "Paracelsus":[4]

La Verdad está dentro de nosotros;
no surge de cosas externas a pesar de lo que creas.
Hay un centro íntimo en todos nosotros,
donde la verdad mora en su totalidad;
y a su alrededor, pared sobre pared,
la carne lo aprisiona,
esta perfecta y clara percepción —que es la verdad.
Una malla carnal desconcertante y pervertida
la enlaza, y hace todo error; y el saber
consiste más bien en abrir una salida
por donde el esplendor encarcelado puede escapar,
que en efectuar una entrada para una luz que
supuestamente viene de afuera.

## CAPÍTULO DOS

# El gran descubrimiento

HACE ALREDEDOR DE CIEN generaciones, en la lejana Palestina sucedió algo que bien puede haber sido el suceso más importante en la historia humana. Fue la gran brecha que le abrió camino al hombre al mundo del espíritu interior. Le sucedió a un joven, hijo de un sencillo carpintero. Su nombre era Jesús, hijo de José y María de Nazaret. Este no era un muchacho común, aunque a los ojos de sus vecinos no había nada insólito en él. Muchos años después regresó a Nazaret y fue rechazado por la gente. En esencia le dijeron: "¿De dónde saca éste esta sabiduría y estos milagros? ¿No es éste el hijo del carpintero?" (Mt. 13:54–55).

Se le ha dado una gran importancia a las circunstancias de Su nacimiento. La Biblia tiende a indicar que los vecinos de Su pueblo no sabían de nada extraordinario sobre ese incidente. Así que el gran suceso no fue el nacimiento de Jesús, sino el tipo de despertar que ocurrió en Su interior durante los años de Su crecimiento "en sabiduría y en estatura, y en gracia para con Dios y los hombres" (Lc. 2:52). No sabemos cuándo sucedió ni aun qué fue lo que sucedió. Sólo sabemos que en algún momento entre Su nacimiento y el comienzo de Su ministerio de hacer milagros a los treinta años, El logró una relación especial con Dios y se convirtió en el canal para expresar poderes que nunca antes nadie ni tan siquiera había soñado. Muchos creen que fue el resultado de Su educación. Y esto es un enigma también, porque conocemos muy poco de Su vida. Algunos conjeturan que El tiene que haber estado expuesto a los grandes "maestros" del mundo del intelecto, en India o Egipto, y quizás hasta ¡tuvo contacto con los druidas en Inglaterra! Sin embargo, yo creo que lo que sucedió no tuvo nada que ver con ninguna tutoría, sino que fue una intuición, una visión interna, una revelación. No pudo haber sido enseñado, porque no había un precedente.

Me gusta pensar que eso le sucedió cuando era un mozalbete de once o doce años. No pudo haberse experimentado en el intelecto ya formado de un adulto. Jesús mismo luego dijo que para lograr esa experiencia había que volverse otra vez como un niño.

Puedo imaginarme al jovencito, Jesús, pasando muchas horas en las colinas de Galilea como cualquier otro muchacho normal, ponderando las maravillas de los cielos —el sol y las nubes del día, la luna y las estrellas por la noche. Puedo visualizarlo haciendo la pregunta que el salmista pastor ya había hecho hacía mil años: "¿Qué es el hombre?"

Y entonces —un día sucedió. A la conciencia de este joven pensativo llegó una idea tan grande, que quizás al principio El mismo no se dio cuenta de todas las implicaciones.

Fue el concepto que le dirigió a la completa comprensión de Su unidad con Dios. El filósofo, Fichte, una vez dijo que la visión interna de la absoluta unidad del hombre con lo divino es el conocimiento más profundo que el hombre puede alcanzar. Fue esto, pero fue más que esto. Fue el gran descubrimiento del mundo interno, el rompimiento de esa "pared intermedia de separación" entre el hombre y Dios. Ese fue el comienzo de la Edad del Cristo, la Divinidad del Hombre. Hasta ese momento, el hombre había existido en la conciencia de separación de Dios. Podía orarle *a* Dios, podía hablarle *a* Dios y recibir ayuda y guía *de* Él. Pero Dios siempre estaba "allá afuera" y el hombre "acá abajo". Ahora Jesús sabía lo que el salmista había querido decir cuando dijo: "Estad quietos y conoced que yo soy Dios" (Sal. 46:10). Ahora Él se conocía a Sí mismo como una expresión de Dios, o la actividad de la vida e inteligencia de Dios impeliéndose a Sí misma hacia la visibilidad. Ahora Él supo que el Reino de Dios, la riqueza del Universo, estaba dentro del profundo potencial en Su interior.

Nosotros no sabemos cómo se realizó esa gran brecha en Jesús, cuánto tiempo tomó el proceso o cuándo fue que Él logró el autodominio. Pero sabemos que cuando Él compareció en el río Jordán para ser bautizado por Juan (Mt. 3:13), era un maestro consumado y consagrado con el sorprendente mensaje de que "El Reino de Dios está dentro de ti".

Los evangelios de nuestra Biblia registran la historia de este hombre, Jesús, y los poderes maravillosos que reveló para hacer milagros. El mensaje de los evangelios ha sido mal entendido. Ha dado a entender como si Jesús en realidad fuera Dios tomando la forma de hombre, a horcajadas sobre el mundo como un gran Coloso, con las cerraduras del cielo en Sus manos. Todo esto omite tomar en consideración Su gran descubrimiento. Falla en captar el verdadero tema de Su enseñanza: la Verdad de la Divinidad del Hombre.

Jesús no era un mago, un ejecutor de hazañas en el terreno de lo milagroso. El era esencialmente un maestro. Cierto, El demostró poderes inusitados, aun sobre los elementos; pero explicó que esto era evidencia del poder que logra cualquier ser humano cuando descubre en sí mismo su vasto mundo interior. La meta de Jesús era ayudar a todo el mundo —a ti y a mí— a comprender el gran potencial dentro del hombre Adán, y ayudarnos a abrir la brecha por nosotros mismos. Toda su enseñanza, al eliminar los adornos teológicos que se le han añadido, es un bosquejo sencillo de las técnicas a usar para liberar nuestro potencial innato y ser transformados por el poder de nuestra propia divinidad.

El dijo: "El que en mí cree, las obras que yo hago, él también las hará, y aun mayores hará, porque yo voy al Padre" (Jn. 14:12). En otras palabras: "Si tú tienes fe en el potencial de Dios encerrado dentro del hombre Adán, que eres tú mismo, al igual que Yo tengo fe en ese poder dentro de mí, entonces puedes hacer todo lo que Yo he hecho y más . . . porque Yo he hecho el gran descubrimiento".

A menos que captemos este punto, a menos que podamos apreciar y aceptar éste, el mayor descubrimiento de todas las épocas, perdemos el hilo del tapiz de los evangelios, y construimos nuestras iglesias y nuestra fe personal sobre arenas movedizas. Si reconocemos esta Verdad vital y dinámica de la unidad espiritual del hombre con Dios; si sabemos que el hombre es el hijo amado de Dios, dotado con Su inteligencia, Su vida, Su substancia, y que es el heredero de un reino preparado para él desde la fundación del mundo, entonces todo el resto del cuento del evangelio —los milagros y las enseñanzas, aun el vencimiento final en la resurrección— se tornan puramente académicos, porque todos son una consecuencia de este maravilloso descubrimiento.

El principio básico —la Divinidad del Hombre— es el dinamismo del cristianismo que puede salvar al mundo y guiar a la humanidad a un nuevo nivel de "paz en la tierra, buena voluntad para con los hombres". Sin este principio, la iglesia cristiana se puede deteriorar con el tiempo hasta convertirse en un monumento a un hombre jamás comprendido y a un mensaje jamás aplicado, y sus iglesias y catedrales pueden convertirse en museos llamativos donde los turistas puedan ver desplegado el derroche a que el hombre ha llegado en su eterna búsqueda por la Verdad y la realidad. Lo sorprendente es que en cada iglesia cristiana se puede encontrar una Biblia con el discurso que Pablo pronunció en el Areópago y que dice:

"El Dios que hizo el mundo y todas las cosas que en él hay, siendo Señor del cielo y de la tierra, no habita en templos hechos por manos humanas, ni es honrado por manos de hombres, como si necesitara de algo, pues él es quien da a todos vida, aliento y todas las cosas . . . para que busquen a Dios, si en alguna manera, palpando, puedan hallarlo, aunque ciertamente no está lejos de cada uno de nosotros. Porque en él vivimos, y nos movemos y somos; como algunos de vuestros propios poetas también han dicho: Porque linaje suyo somos" (Hch. 17:24–28).

Jesús descubrió Su propia divinidad, Su relación especial con el infinito. El descubrió que a través de la fe podía abrir puertas hacia la inagotable Mente de Dios y así encontrar creatividad renovada, un fluir de ideas poderosas y una percepción más allá de la comprensión del hombre Adán de Su época y la nuestra. Y sin embargo, El comprendió que éste es un Universo de ley y orden. El supo, como ningún otro hombre lo había sabido, que *lo que Dios ha hecho Dios puede hacer,* que lo que era verdad de El tiene que ser potencialmente la verdad de todo hombre.

Charles Fillmore, uno de los grandes gigantes espirituales de este siglo, dijo sobre Jesús:

El fue más que Jesús de Nazaret, más que ninguna otra persona que jamás haya vivido en la Tierra. Fue más que persona, según entendemos ese apelativo en su uso rutinario, porque en Su humanidad intervino un factor que le es extraño a la mayoría de las personas. Este factor fue la conciencia crística. El desenvolvimiento de esa conciencia por parte de Jesús le hizo Dios encarnado, porque Cristo es la Mente de Dios individualizada. No podemos separar a Jesucristo de Dios ni decir donde termina el hombre y empieza Dios en El. Decir que nosotros somos personas igual que Jesús lo fue no es exactamente cierto, porque El se había desprovisto de esa conciencia personal por la cual nos separamos a nosotros mismos de nuestro verdadero divino ser . . . Conscientemente, Jesús se hizo uno con el principio absoluto del Ser. El probó en Su resurrección y ascensión que El no tenía conciencia aparte de la del Ser, por lo tanto El era ese Ser para todos los fines y propósitos. *Sin embargo, El no logró nada más que lo que se espera de todos nosotros.*[1]

Cuando Jesús dice: "Sígueme", El se está refiriendo a nuestra aceptación del elevado nivel de conciencia que El alcanzó. Y porque la conciencia a menudo fluye en corrientes, podemos seguir el sendero de Su radiante conciencia. Tenemos que ver a Jesús como el gran descubridor de la Divinidad del Hombre, el pionero y el señalador del camino en el maravilloso mundo de lo interior. Tenemos que estudiar cuidadosamente y luego rechazar enfáticamente nuestra tendencia histórica de adorar a Jesús. Cuando El se convierte en el objeto de nuestra adoración, cesa de ser el señalador del camino para nuestra autorrealización y nuestro autodesenvolvimiento.

Jesús vino en un tiempo en que la muralla de separación entre el hombre y Dios era alta y ancha. El hombre estaba viviendo en la oscuridad de la ignorancia espiritual. Tenía un sentimiento intuitivo sobre un poder más elevado, una vida superior. Este sentimiento ha encendido los fuegos en cada altar a través de las edades; ha construido cada templo, articulado cada credo y sostenido cada oración. Pero siempre había un gran vacío separando hombre y Dios.

El descubrimiento de Jesús creó una brecha en el muro, "la pared intermedia de separación". En cierta forma, El creó una ventana en la pared, un gran ventanal de cristal a través del cual el hombre puede ver el vasto y bello panorama de la dimensión espiritual de la vida. Cuando El dijo: "Venid a mí", El estaba invitando a Sus discípulos de todas las épocas a venir y sentarse con El y mirar la infinita realidad de las cosas desde la perspectiva que El había encontrado. Su dedo está señalando hacia afuera, a través de la ventana, no hacia Sí mismo. "No me mires a mí", está diciendo, "mira al Espíritu al igual que Yo estoy mirando al Espíritu. Mírate a ti mismo en la luz del Cristo como Yo mismo me he visto en esta luz. Cree en mí y en las demostraciones de la Divinidad del Hombre que Yo he hecho, y comprende lo que esto en realidad significa: que tú tienes este mismo potencial dentro de ti. Lo que Yo he hecho, tú puedes hacerlo. Yo he creado el ventanal —vamos a mirar juntos a través de él. Nunca olvides esta ventana, porque es tu 'entrada y salida a todo lo que hay en Dios'".

El ventanal era para poder mirar a través de él, no era para contemplarlo. Los discípulos fueron lentos en comprender; pero la mayoría de ellos finalmente captó la visión. Ellos, a su vez, recogieron a otros discípulos que vinieron para mirar a través del ventanal y ver la realidad suprema de la unificación con Dios. Pasaron generaciones. La influencia contagiosa del descubrimiento inicial de Jesús se desvaneció lentamente. ¡Ah, sí! la gente todavía venía al ventanal, porque con el tiempo se convirtió en un ritual de adoración. Unos que otros todavía miraban a través del ventanal, pero la mayoría sencillamente fijaba la vista con asombro en el ventanal en toda su austeridad.

Con el correr del tiempo el ventanal se puso viejo, polvoriento y opaco. Ahora, ya casi nadie mira a través del ventanal. Es el objeto en vez del medio. Está adornado con oro y joyas. Se le convierte en altar. Es el punto focal de adoración en cada casa o catedral. Millones de millones de devotos a través de las edades han llegado a arrodillarse ante este ventanal, pero es sólo ocasionalmente que un pensador de mente clara limpia el cristal oscurecido y mira a través del ventanal. Todavía está ahí, y el maravilloso descubrimiento que hizo Jesús es aún tan pertinente a la vida del individuo como lo fue hace dos mil años. Cualquiera puede limpiar los conceptos polvorientos y tener una experiencia inmediata y directa de unidad con Dios. Tú puedes saber la Verdad y encontrar tu libertad para convertirte en lo que Dios te ha creado para ser.

Pablo, el gran líder cristiano cuyo despertamiento incluyó en parte su propio lavatorio de ventanas, parece señalar al gran descubrimiento de Jesús cuando dice:

> "En parte conocemos y en parte profetizamos; pero cuando venga lo perfecto, entonces lo que es en parte se acabará. Cuando yo era niño, hablaba como niño, pensaba como niño, juzgaba como niño; pero cuando ya fui hombre, dejé lo que era de niño. Ahora vemos por espejo, oscuramente; pero entonces veremos cara a cara. Ahora conozco en parte, pero entonces conoceré como fui conocido" (1 Co. 13:9–12).

El versículo de las escrituras que más se repite por los predicadores cristianos es Juan 3:16: "Porque de tal manera amó Dios al mundo, que ha dado a su Hijo unigénito, para que todo aquel que en El cree, no se pierda, más tenga vida eterna". Este se ha citado como prueba positiva de la divinidad de Jesús, y de Su especial dispensación como *el* Hijo de Dios. Sin embargo, fíjate como esto adquiere un nuevo significado cuando lo vemos a través de la percepción de Meister Eckhart, uno de los grandes místicos de la Edad

Media. El dice que Dios nunca engendró más que un Hijo, pero que lo eterno está por siempre engendrando al único engendrado.

El "unigénito" es el hombre espiritual, el principio crístico, el principio de la Divinidad del Hombre. El "único hijo engendrado" es aquello que es engendrado *únicamente* de Dios. Hay aquello en todos nosotros que es engendrado de muchas fuentes. Una persona puede ser engendrada de un padre alcohólico y así parecer que repite sus rasgos de debilidad. Otra puede ser engendrada de antepasados con el historial de una cierta enfermedad, así que acepta eso como su suerte en la vida. Y muchos de nosotros somos subliminalmente engendrados de la explotación por los anuncios en periódicos, revistas, radio y televisión, de tal modo que desarrollamos las motivaciones que el comercio cultiva para su propio beneficio.

Pero Juan 3:16 está diciendo: "El amor de Dios es tan grande, Su sabiduría tan infinita, que El le ha dado al hombre aquello que es puro y perfecto, aquello que es engendrado sólo de El. No importa las experiencias que un hombre tenga, él es ante todo una criatura de Dios, y siempre tiene dentro de sí el potencial infinito del Cristo. Quienquiera que cree esto acerca de sí mismo —realmente cree que es 'la entrada y puede convertirse en la salida de todo lo que es en Dios'— no morirá, sino tendrá vida eterna". Esto no es una prueba de la divinidad de Jesús. Es más bien la nueva exposición de Su descubrimiento de la Divinidad del Hombre, la cual El probó. El descubrió *aquello* en El mismo que era engendrado sólo de Dios, y lo creyó tan íntegramente que aun la muerte y la tumba no le pudieron retener.

Ralph Waldo Emerson dice: "Solo en toda la historia. El calculó la grandeza del hombre. Un hombre fue fiel a lo que está en mí y en ti. El vio que Dios se encarna a Sí mismo en el hombre, y por siempre jamás se adelanta nuevamente para tomar posesión del mundo".[2] Históricamente el relato del evangelio comienza con el nacimiento de Jesús y la tierna historia de la Navidad. Sin embargo, cuando uno está interesado en las llaves espirituales y metafísicas, tiene que empezar con el primer capítulo de Juan, que empieza con las palabras místicas: "En el principio era el Verbo, y el Verbo era con Dios, y el Verbo era Dios. Este era en el principio con Dios". Al confundir a *Jesús* y al *Cristo,* al confundir al hombre que aspiraba con el principio mediante el cual El conquistó, los teólogos han asumido que Juan se refiere a Jesús cuando usa "el Verbo". El griego *logos,* el Verbo, como se usa aquí significa la Mente Divina en acción, la idea divina arquetipo del hombre perfecto.

"Cristo" no es una persona. No es Jesús. Cristo es un grado de estatura que Jesús logró, pero un grado de estatura potencial que mora en todo ser humano. Pablo dijo: "Cristo en *vosotros,* esperanza de gloria" (Col. 1:27).

En él estaba la vida, y la vida era la luz de los hombres. [Juan, en el primer capítulo de su evangelio, todavía se está refiriendo al *logos,* el principio de filiación divina, el potencial del Cristo morador.] . . . Aquella luz verdadera, que alumbra a todo hombre, venía a este mundo. [Si algún hombre hace algo creativo o dinámico lo hace "no por mí, sino a través del Cristo que me fortalece."] En el mundo estaba, y el mundo por él fue hecho; pero el mundo no le conoció. [Este es el mundo de tu propio pensamiento, el mundo de tu experiencia que es moldeado por la conciencia. No importa cómo tú hayas pervertido el potencial de Dios en tu experiencia, el Cristo en ti es todavía tu genio creativo.] A lo suyo vino, y los suyos no le recibieron. Mas a todos los que le recibieron . . . les dio potestad de ser hechos hijos de Dios. [Tú eres un hijo perfecto de Dios por derecho del principio del Cristo por el cual eres creado y sostenido. Pero este potencial no se convierte en una influencia consciente y un poder práctico hasta que "lo recibes a El", o llegas a creer y actuar como si creyeras que eres la expresión ilimitada de la Vida, Substancia e Inteligencia infinita de Dios).

Y entonces en Juan 1:14 leemos: "Y el Verbo se hizo carne y habitó entre nosotros". Ahora, por vez primera, Juan está hablando de Jesús. Pero aun aquí la referencia es a Jesús después que El había abierto la brecha dentro de Sí mismo al espíritu, después que había hecho el gran descubrimiento de la Divinidad del Hombre y había llevado a cabo conscientemente la admonición de Pablo: "La palabra de Cristo habite en abundancia en vosotros"(Col. 3:16). Jesús se había elevado a Sí mismo a la conciencia total del Verbo, y así, en sus momentos de exaltación, El era el Verbo totalmente.

De seguro, cada hombre tiene que cumplir este pronunciamiento místico para sí mismo. "Y aquel Verbo se hizo carne y habitó entre nosotros." Nosotros también, como Jesús, tenemos que hacer el gran descubrimiento de la Divinidad del Hombre, y traer a la realidad en nuestra carne, el ideal del Cristo en nosotros. Porque este principio de la Divinidad del Hombre, comprendido por el mozalbete en las colinas de Galilea es un principio universal —es la ley de vida, la ley de *tu* vida. Por esta ley, por este principio del Cristo morador, puedes hacer todo lo que necesitas hacer. Hasta puedes hacer todo lo que hizo Jesús, y "mayores cosas que éstas harás".

Obviamente, ésta es una meta a largo plazo. No vamos a lograr esa hazaña divina en un día, o un año, o quizás una vida. Pero somos retados a proseguir "a la meta . . . del supremo llamamiento de Dios" (Fil. 3:14). A lo largo del camino hay libertad para nosotros y vida abundante. Lo importante es mirar hacia la dirección correcta —seguir adelante. Hablaremos acerca de esta dirección en el próximo capítulo.

## CAPÍTULO TRES

# La gran decisión

*Sabe esto, Oh hombre, ¡la única raíz del pecado en ti es desconocer tu propia divinidad!*

—*Autor desconocido*

RECIENTEMENTE, AL MANEJAR YO POR una tortuosa carretera de montaña, un cartel atrajo mi atención. Su mensaje era sencillo. "Arrepiéntete, el final está cerca." El aviso estaba bien colocado, si el propósito era motivar al viajero a volverse a Dios impulsado por el miedo que producen las curvas peligrosas que son bien cerradas y por el terraplén de barrancos. A mí siempre me apena esta modalidad de evangelización cristiana. Tengo la sensación de que eso desvía más a la gente "del camino" en vez de atraerla hacia él. Es una evidencia de cuán lejos se ha desviado el hombre de las sencillas enseñanzas que "en el monte y bajo el cielo" ofreció Jesús.

¿Qué enseñó Jesús realmente? La contestación no es fácil de formular, sencillamente porque hemos sido muy limitados por la religión *sobre Jesús.* Para la religión *de Jesús* sólo podemos volvernos a los cuatro Evangelios del Nuevo Testamento y leer las palabras como han sido registradas ahí.

Jesús no vino a fundar una religión nueva. El dijo: "No penséis que he venido a abolir la ley o los profetas; no he venido a abolir, sino a cumplir" (Mt. 5:17). El sólo buscó elevar el nivel de las enseñanzas de los profetas, de interpretar las verdades antiguas a la luz de la experiencia contemporánea. El no formuló credo alguno. El no creó ritos. El no desarrolló ninguna teología. El alfa y la omega de Su enseñanza era la Divinidad del Hombre. El dijo a la gente: "¿No está escrito en vuestra ley: Yo dije, dioses sois?" (Jn. 10:34). La Suya era una vitalizadora religión del Espíritu, guiando hombres y mujeres a una relación personal, directa e íntima con el Padre/donde el elemento de proximidad es lo más importante y no la mediación de alguna otra persona o agencia.

Ocasionalmente, oímos a alguien decir que "adquirió religión". ¿Qué significa esto? ¿Quiere acaso decir que ha desarrollado un nuevo sentimiento hacia la vida o que sencillamente se ha subscrito a un nuevo conjunto de "convicciones prefabricadas"? ¿Puede definirse la religión de una persona por la iglesia a la que asiste o el credo que acepta? ¿O está Christopher Morley en lo correcto cuando dice que tienes que adivinar según el modo en que te encuentras actuando?

El cristianismo no es un fin de por sí. Tú no puedes completar el trabajo de salvación o entrar al Reino de los Cielos con sólo unirte a una iglesia o profesar un credo. Lo que se llama "conversión" no es el final del camino. Quizás sólo sea encontrar un camino por el cual viajar. Para Jesús, la religión no era simplemente una forma de creer o adorar —era una forma de vivir.

Un viajero en la antigua Grecia se había perdido en el

camino y, tratando de orientarse, pidió instrucciones a un hombre en el camino que resultó ser Sócrates. "¿Cómo puedo llegar al Monte Olimpo?" preguntó el viajero. Se cuenta que Sócrates le respondió muy seriamente: "Solo haz que cada paso que des vaya en esa dirección".

Es probablemente cierto que cada hombre sabe intuitivamente que hay un camino elevado de recto vivir y que nunca está completamente satisfecho consigo mismo o con su mundo hasta que localiza el camino de su propio "Monte Olimpo". Puede ser que esa misma insatisfacción produzca ese anhelo indefinible, esa hambre y sed que causan los excesos que hoy plagan la humanidad. El hombre siente la urgencia interior pero generalmente se va por la dirección equivocada para satisfacerla.

Jesús dijo: "Entrad por la puerta angosta, porque ancha es la puerta, y espacioso el camino que lleva a la perdición, y muchos son los que entran por ella; pero angosta es la puerta y angosto el camino que lleva a la vida, y pocos son los que la hallan" (Mt. 7:13,14).

Este ha sido un tema familiar en el cristianismo fundamentalista. El camino "recto y angosto" ha sido presentado de tal manera que ha dejado al individuo "mojigato y con una mentalidad estrecha". Hoy, la rebelión es abierta contra ese tipo de religión.

Considera el grado de popularidad que la palabra "amplio" ha logrado. Es un adjetivo brillante. Para muchos, significa libertad de restricciones limitativas. Lo mejor que le puedes llamar a un hombre hoy es "tolerante" y lo peor que le puedes llamar es "intolerante".

Yo he oído a personas regocijarse en el hecho de que han encontrado una religión que es "tolerante", significando esto una religión que las acepta tal cuales son y que no hace esfuerzos por cambiarlas, una religión que les da libertad —la libertad de hacer lo que quieren. Pero la religión que no promueve la transformación no es en verdad religión. Es como si dijeras: "Encontré una escuela de ingeniería que es tolerante, que no hará esfuerzo alguno por cambiarme". Si existiese tal escuela, sería una pérdida de tiempo y de dinero matricularse en ella.

Sólo hay un camino bajo el sol por el cual el hombre puede llegar a su "Monte Olimpo" —es decir, lograr la realización y el desenvolvimiento de su divinidad innata (salvación en el sentido más verídico de la palabra)— y eso es lograr un cambio radical y permanente hacia lo mejor en su propia conciencia.

No hay otro camino. A través de las edades, el hombre ha estado tratando por cualquier medio concebible de lograr felicidad y seguridad. Es infinita la variedad de proyectos que ha diseñado para producir felicidad cambiando las condiciones externas, mientras el hombre interno permanece inalterado. El resultado siempre ha sido el mismo: fracaso total y completo.

Ahora sabemos que la naturaleza de nuestro ser es tal, que las condiciones externas sólo pueden ser modificadas por un cambio de conciencia. Y este cambio de conciencia es "la puerta estrecha" y el "camino angosto" del que habla Jesús. Y como Él dice, el número de los que lo encuentran es muy reducido. ¿Por qué es así? Por la "atracción" del camino del mundo que nos rodea. Pablo dice: "No os conforméis a este mundo, sino transformaos por medio de la renovación de vuestro entendimiento . . ." (Ro. 12:2). Aquí, en solo diez y seis palabras, Pablo revela tanto el problema máximo que enfrenta hoy la humanidad como la llave para la salvación del hombre. ¿Por qué no volvemos aun cuando sentimos que "el final está cerca"? Porque nos conformamos a "este mundo".

El pintor francés Daumier era criticado por sus amigos porque, con todo el talento que tenía, se había resignado al tipo de trabajo que se vendía rápidamente. El defendía su trabajo chabacano con la frase "Uno tiene que adaptarse a la época". Pero un buen amigo suyo, también un pintor notable, lo aturdió con la pregunta: "¿Y qué si esa época es la equivocada?"

Esta pregunta es un reto para la gente de hoy. Hay una norma de excelencia y rectitud más elevada que lo que indica la moda contemporánea. Una y otra vez, la excusa por la conducta, por la ética dudosa o por la indolencia en el trabajo es en efecto la misma frase, "después de todo, uno tiene que adaptarse a la época".

Un hombre de negocios me confió: "Hay ciertas cosas sobre la práctica de mi negocio que me disgustan mucho. No me atrevo a analizarlas muy a fondo a la luz de lo que mi corazón me indica es lo correcto, porque no dormiría por las noches. Pero, ¿qué puedo hacer? En el mundo de los negocios uno está obligado a hacer frente a la competencia para sobrevivir. La época declara que 'el grande se come al pequeño'. A mí no me gusta, pero no hay nada que yo pueda hacer. Es sólo que así son las cosas hoy".

Mucho de lo que podemos considerar como el aspecto sórdido de la vida se origina en la conformidad de "lo que se hace". ¿Cuántos jóvenes caen en el vicio de fumar y beber licor y de otras complacencias sencillamente porque "todo el mundo lo hace?" Y cuántos padres aceptan pasivamente estas cosas en las vidas de sus hijos, justificándolas al decir: "¿Qué se va a hacer? Así es que están las cosas hoy en día".

Son pocas las personas que de un modo u otro no son empujadas a conformarse con la época. Cuantos de nosotros sucumbimos a la llamada sutil de los anunciantes y así incurrimos en gastos innecesarios como automóviles, casas, podadoras y toda clase de artefactos que son más de lo que en realidad necesitamos, sólo porque "¡Uno no es socialmente aceptable si no vive a un cierto nivel!" En esencia lo que estamos diciendo es: "Uno tiene que ser parte de su época".

¿Pero qué ocurre si esa época no es la correcta? Lo que en verdad cuenta en la vida individual y en la vida de la sociedad no es el antojo pasajero sino la meta final hacia donde nos movemos. La consideración válida no debe ser "¿Qué está de moda en estos momentos?" sino más bien lo que necesita hacerse para el desenvolvimiento del divino potencial individual y colectivo.

Muchos pensadores contemporáneos han dicho que la época en que vivimos es una época sin normas, una época sin filosofía, una época en que el hombre está más interesado en los medios que en los fines; más preocupado por las herramientas que por el objetivo final, más interesado en el materialismo que en las cosas espirituales.

Jesús dijo: "¿De qué le servirá al hombre ganar todo el mundo, si perdiere su alma?" (Mt. 16:26). En la hora de la decisión personal hay momentos en que cada uno de nosotros se tiene que preguntar a sí mismo "¿Me conformaré con la norma humana de lo que se hace aun cuando esa norma no está de acuerdo con la norma divina según la he intuido?" No nos referimos únicamente a la ética religiosa y a las normas morales, tan importantes como son. El gran problema hoy en día yace no tanto en incluir la religión en el negocio y las relaciones humanas, sino en imbuir vida y luz a nuestra religión personal.

Cuando la religión de uno consiste mayormente en un "paquete" de filosofía al que uno ha dado asentimiento superficial, es comparativamente fácil bregar con ella sin comprometerse demasiado. Es el tipo de religión que puede echarse convenientemente a un lado cuando resulte ser desconcertante o que se puede usar como una señal de respetabilidad convencional que nos puede dar prestigio. Un personaje de Sinclair Lewis resume su religión diciendo que es honroso y beneficioso para el negocio propio el que lo vean asistiendo a servicios religiosos.

En su novela clásica *In His Steps* (Siguiendo Sus pasos), Robert Sheldon narra la historia de una comunidad de personas que resolvió hacer frente a todas las situaciones de la vida preguntándose: "¿Qué haría Jesús en este caso?" Esa es una práctica loable. Pero Jesús no impuso una norma crística —El sencillamente la siguió. La norma crística no es una serie de reglas fijas y absolutas de conducta ni simplemente un análisis de lo que Jesús hizo para que los hombres vieran. Es, más bien, un principio que Jesús reveló a través de su descubrimiento de la Divinidad del Hombre. Sus enseñanzas son la revelación de ciertos principios fundamentales pertenecientes al individuo, junto con las ilustraciones en cuanto a cómo aplicar mejor dichos principios en la práctica.

En ocasiones, todos cedemos a la tentación de perdonar

nuestros errores y debilidades con el pensamiento, "Después de todo, sólo soy humano. La norma divina es demasiado elevada. Es más de lo que puedo alcanzar. Además, ¿por qué desvelarme por ello? Todo el mundo comete errores". Pero el mayor error de todos es el creer que somos "tan sólo humanos". Nuestra humanidad es simplemente el grado que hemos alcanzado en la expresión de nuestra divinidad. Somos humanos en expresión pero divinos en creación e ilimitados en potencialidad.

La norma crística no es una restricción. Es un potencial inherente, es la ley del ser más elevado del hombre. Es la urgencia de ascender dentro del hombre, la que le mantiene insatisfecho con lo que es y hace y lo impulsa a lograr metas más elevadas de vivir y de ser. El verdadero logro, la meta hacia la cual los hombres encaminan todos sus esfuerzos y moldean sus luchas, se logra únicamente "abriendo un camino por el que pueda escapar el esplendor aprisionado" en cada experiencia de la vida.

"Arrepentirse" y regresar no significa abandonar toda esperanza de vida abundante y resignarse a la túnica de penitentes y a las cenizas. Significa dar la espalda al "camino ancho" de ocupaciones mundanas que alimentan los apetitos del ser humano pero que matan de hambre el alma. Significa darse cuenta de que la vida se vive de adentro hacia afuera, y determinar limpiar "primero lo de dentro del vaso y del plato, para que también lo de fuera quede limpio" (Mt. 23:26).

Quizás hemos estado viviendo superficialmente, persiguiendo metas artificiales, viviendo bajo normas falsas, conformándonos a los patrones aceptables a nuestro derredor. Arrepentirse significa abrir los ojos de la percepción espiritual y ver la vida en una nueva dimensión, ver las realidades escondidas de cada apariencia, resolver mirar hacia nuestro Monte Olimpo y hacer que cada paso que demos nos lleve en esa dirección. Jesús dijo "Y conoceréis la verdad y la verdad os hará libres" (Jn. 8:32). ¿Cuál es esta libertad? No es una licencia para vivir sin restricciones sino la motivación interna para domesticar el poder espiritual indisciplinado que llevamos dentro, para controlar nuestro potencial divino y para encaminarnos hacia nuestro mayor bien. Schiller sostiene que la libertad no es hacer lo que queremos, sino convertirnos en lo que debemos ser. Este es el significado de la palabra que hoy se debe difundir extensamente.

Ocasionalmente, el estudiante de la Verdad con una orientación cristiana se encuentra en dificultad emocional con el concepto de "aceptar a Jesucristo como su Salvador personal". A lo mejor pregunta: "¿Existe algún modo de seguir el sendero cristiano sin hacer una decisión por Cristo?" Debo responderle: "No, no hay la posibilidad de poder entender o demostrar lo que Jesús está enseñando a menos que se tome la gran decisión".

Sin embargo, vamos a estar bien seguros de nuestros términos. ¿Qué quiere decir "una decisión por Cristo"? Es posible que muchos que oyen la exhortación evangelista de "Confiesa que el señor Jesucristo es tu Salvador personal" estén pensando en un cuadro del hombre, Jesús, y postrándose emocionalmente ante El. Pero Jesús dijo: "Por qué me llamas bueno? Nadie es bueno sino uno: Dios" (Mt. 19:17).

Emilie Cady nos ayuda a traer la idea del Cristo dentro del contexto de nuestra experiencia:

Todos debemos reconocer que fue el Cristo interno lo que hizo a Jesús lo que fue; y ahora nuestro poder de ayudarnos y de ayudar a otros está en comprender la Verdad —porque es una Verdad ya sea que la comprendamos o no— de que este mismo Cristo que vivió en Jesús vive en nosotros. Es la parte de Sí mismo que Dios ha puesto dentro de nosotros, que siempre vive allí, como un inexpresable amor y deseo de precipitarse a la circunferencia de nuestro ser, o sea nuestra conciencia, como nuestra suficiencia en todas las cosas.[1]

El Cristo en ti *eres tú* en Dios. Es tu "esperanza de gloria" porque es tu verdadera raíz en la Mente Divina. Sin embargo, debes volverte consciente de esta raíz de tu ser, tienes que tomar la decisión de actuar como un ser espiritual en potencia. De cierto modo, tomar "la decisión por Cristo" es tan fundamental como encender una luz. Quizás estés interesado en la energía eléctrica de los circuitos. Quizás tengas la convicción de que puede brillar en la bombilla y alumbrar el cuarto. Pero al fin y al cabo sólo puedes tener luz cuando la enciendes.

Con todos los estudios que hay de Jesús, pocos han captado el verdadero significado de Su vida y enseñanza. Fue el hombre en la búsqueda, el hombre haciendo el gran descubrimiento de Su divinidad, el hombre abriendo brecha a través de la barrera sicológica entre el hombre y Dios, el hombre probando el Cristo en el hombre y su potencial inherente para el vencimiento, para vida eterna.

Hemos sido mal orientados por el enfoque de *Su* divinidad. Hemos pasado por alto el hecho de que El se centró en nuestra divinidad. El dijo, en efecto: "Tú puedes hacer lo que yo hago si tienes fe" —*si* tomas la decisión, la decisión por Cristo. Pero esto es sencillamente una decisión de aceptar el Cristo en ti mismo, de seguir la guía de Jesús y hacer el mismo descubrimiento de la *unidad* en ti mismo que El encontró en Su propio ser.

Una dama de la nobleza inglesa estuvo muchos años bajo el tormento mental de que si había un Dios o no. Porque la asediaba la duda, no encontraba paz mental. Un día, dejó su casa llena de huéspedes y corrió a un bosque. Ahí gritó con fuerza: "Dios querido, si es que existe un Dios, revélate a mí". Y de inmediato le pareció oír una voz diciendo: "Actúa como si Yo fuera, y sabrás que YO SOY". Esto cambió totalmente su vida y encontró gran paz.

Esta es una clave importante para comprender las enseñanzas de Jesús que tanto se han confundido. Jesús sabía que El tenía que darse cuenta de Su unidad con Dios, y que tenía que hacer el papel de esta unificación —en efecto actuar como si El fuera el "hijo unigénito de Dios". Así lo encontramos diciendo: "Yo y el Padre uno somos . . . Yo soy el pan de vida . . . Yo soy la luz del mundo . . . Yo soy la puerta de las ovejas . . . Yo soy el buen pastor . . . Yo soy la resurrección y la vida . . . Yo soy el Camino, la Verdad y la Vida . . . Yo soy la vid verdadera".

Y en Juan 8:24 leemos: "porque si no creéis que yo soy, en vuestros pecados moriréis". Los antiguos traductores, intrigados por la falta de un predicado, asumieron que faltaba una palabra. Cambiaron la declaración: "porque si no creéis que YO SOY . . ." para leer "porque si no creéis que yo soy él . . ." de ese modo, y sin querer, los traductores sellaron herméticamente el verdadero significado, haciendo que los evangelios concluyeran que Jesús era un designio especial de Dios.*

Para el no iluminado eso no tenía sentido alguno. Pero Jesús sabía que "YO SOY" es lo único que tiene sentido. Ese es el esfuerzo del hombre de relacionarse con lo absoluto, de afirmar su unidad básica con el Infinito. Y Jesús repitió esa afirmación básica una y otra vez. Jesús no afirmó "Yo soy la resurrección y la vida" porque El supiera que era más poderoso que la muerte. El llegó a vencer la muerte porque afirmó "Yo soy la resurrección y la vida". El era, después de todo, hombre llegando a ser Dios, hombre en la búsqueda, hombre en el proceso de vencer. El estaba ascendiendo la escalera de la Verdad mediante la fuerza de Su repetida declaración de *unidad* —"YO SOY la Verdad".

Jesús estaba diciendo (en Juan 8:24 de nuevo), "Si tú no te das cuenta de tu unidad básica con el Infinito, si no te identificas conscientemente con la Verdad afirmando 'YO SOY', te estarás relacionando con las cosas y condiciones materiales del mundo que traerán un foco de confusión que te guiará al deterioro y a la muerte. Si tú declaras: 'Yo soy cobarde, yo soy miedoso, yo soy débil, . . . tú 'morirás en tus pecados'".

Tomar esta gran decisión de relacionarte con el Infinito y de actuar como si fueras "el unigénito de Dios" requiere un cambio absoluto en tu manera de pensar. Como dice el letrero, tú tienes que "arrepentirte" —volver la espalda y ser transformado completamente en conciencia. Este es el tema de la conversación de Jesús en Juan 3:1-15 —la discusión

*En algunas biblias en español no aparece el objeto *él* en esa cita.

de Jesús con Nicodemo, fariseo estricto y miembro del Sanedrín, el judío gobernante en el tiempo de Jesús.

Nicodemo dijo: "Rabí, sabemos que eres un maestro inspirado; porque nadie puede hacer estas cosas que tú haces, si no está Dios con él". Y Jesús le dijo: "De cierto, de cierto te digo, que el que no naciere de nuevo no puede ver el reino de Dios". Nicodemo entonces presentó el argumento del hombre intelectual, "¿Cómo puede un hombre nacer siendo viejo? ¿Puede acaso entrar por segunda vez en el vientre de su madre, y nacer?" Jesús queda asombrado de que un hombre tan versado en la religión de los profetas no entendiera este principio de renacer.

No omitas este punto importante en la enseñanza del Evangelio. Es la base sobre la cual se funda la religión de Jesús. Jesús dijo más adelante: "Que si no os volvéis y os hacéis como niños, no entraréis en el reino de los cielos" (Mt. 18:3). El fue precedido por Juan el Bautista que predicó: "Arrepentíos, porque el reino de los cielos se ha acercado" (Mt. 3:2). Y fue seguido por Pablo que dijo: "Transformaos por medio de la renovación de vuestro entendimiento" (Ro. 12:2).

Un estudio cuidadoso del origen de las palabras revela un asombroso parecido entre "nacer de nuevo", "arrepentir", "virar" y "transformar". *Conversión* es el término usado corrientemente, pero desafortunadamente su significado generalmente se limita a dar de baja a una secta y subscribirse a un nuevo pliego de convicciones ya preparadas de antemano. La unidad esencial de significado en todos estos términos está en el contexto de "cambiar", "pensar de modo diferente" o "despertar". Quizás no hay nada que lo exprese tan significativamente como "Tienes que nacer de nuevo".

No es fácil para el hombre contemplar algo tan abstracto e inmaterial como el "Reino de los Cielos" de Jesús. Nos vemos pensando en términos de tiempo y espacio. ¿En dónde está? ¿Cuándo vendrá? No es fácil para el hombre con una conciencia humana concebirse a sí mismo como un ser espiritual. El pudo haber sido acondicionado en sus primeros años a aceptar a Jesús como divino, *El* Hijo de Dios. Pero "decidirse por Cristo" en sí mismo, creer en su propia divinidad, determinar pensar y actuar desde el punto de vista de su propia, innata unidad espiritual con Dios —esto no es fácil.

Así pues, Jesús dice: "Tienes que nacer de nuevo". El físico con el tiempo nace de nuevo a un mundo de átomos y partículas. El investigador médico nace de nuevo a un mundo de corpúsculos blancos y hemoglobina y ADN. Un actor nace de nuevo al mundo del teatro, de escenario, luces, maquillaje y fantasías. El hombre tiene que nacer de nuevo si quiere lograr una realización significativa de su propia divinidad y del Reino de Dios en él.

Todo el que se vuelve a la religión está motivado por la profunda urgencia de dejar que su divinidad trascienda su humanidad, para expresar más de lo que él es inherentemente. El rol de Jesús, si lo vemos en el contexto de esta gran idea de la Divinidad del Hombre, fue probar al hombre lo que el hombre *puede* ser. Y El dice: "No te engañes a ti mismo. Hay una sola manera de liberar tu potencial. Tienes que ser cambiado. Tienes que nacer de nuevo".

¿Cuál es el principio envuelto en este cambio? Si esta nueva vida, este nacer de nuevo, pudo lograrse por una persona, entonces tiene que ser posible para todos. Y *es* posible para todos porque todos los hombres son seres espirituales, ya lo sepan o no, ya actúen de ese modo o no. El hombre nace como un ser físico, pero lo físico es sólo la envoltura del hombre espiritual que él es y siempre ha sido. Considera la sencilla oruga. Es evidente que la oruga y la mariposa viven en mundos totalmente diferentes, y nadie diría que una oruga es una mariposa ni que una mariposa es una oruga. Y sin embargo, sabemos que la oruga y la mariposa son sencillamente distintos niveles de expresión de una entidad. La oruga *puede* volar, pero no como oruga —solamente como mariposa. Tiene el potencial, pero algo tiene que sucederle. Tú puedes hacer las cosas que Jesús hizo, pero el hombre que eres ahora no puede. Sólo cuando hayas "nacido de nuevo" a un nivel más elevado de conciencia.

Una oruga levantó la vista y vio una mariposa revoloteando. Movió su cabeza tristemente y dijo: "Nunca me pondrán allá arriba en uno de esos dispositivos". ¡Y es muy cierto! La oruga no puede levantarse en vuelo. Pero, según la oruga cambia su forma externa, entra en un nuevo mundo. De pronto hay un nuevo juego de principios funcionando y puede liberar una potencialidad totalmente nueva.

En la conciencia humana, el hombre está implicado en toda clase de limitaciones: pecado, enfermedad, privación. ¡Y con esta conciencia, todas las cosas que Jesús hizo eran absolutamente milagrosas! Mirando como lo haría un "simple gusano de tierra", ¡sólo imagina el cambiar el agua en vino, alimentar a cinco mil personas hambrientas con unos pocos panes y peces; curar a gente inválida y ciega de nacimiento! ¡Imposible! O por lo menos milagroso y más allá de toda posible duplicación. Sin embargo, Jesús bregó todo el tiempo con la naturaleza más elevada del hombre. El sanó, ayudó y transformó a las personas por el poder de *sus propias* naturalezas superiores y no por ningún poder especial que El tuviera.

Jesús sabía que cada cual lleva en sí mismo el nivel divino de ser, y que en la Divinidad del Hombre yace el poder ilimitado de curación. Es debido al potencial divino en ti que se puede decir, a pesar de cualquier pronóstico médico: "Tú puedes ser sano". A pesar de cualquier evaluación que podamos hacer de nuestras vidas desde el nivel humano, hay aquello en nosotros que transciende lo humano.

Tú no puedes hacer una mariposa de una oruga y no puedes hacer que un huevo extienda sus alas y flote sobre un desfiladero. Más aún —no puedes hacer un hombre bueno de uno malo. Esto es lógico desde el nivel humano de evaluación. Pero de algún modo más allá de lo comprensible la oruga se convierte en capullo y luego se escapa como criatura alada del aire, y el cascarón se quiebra y surge el ave, y el hombre malo de pronto ve un nuevo potencial en sí mismo y empieza a actuar desde ese potencial.

Cuando sabemos la Verdad de este gran potencial espiritual en nosotros que Jesús llamó el Reino de Dios en nosotros, estamos libres para convertirnos en nuestro ser ilimitado, libre para hacer cosas ilimitadas. Vemos las cosas bajo una luz diferente, reaccionamos a un conjunto de principios distintos, recurrimos a un potencial más elevado, un potencial que siempre ha estado dentro de nosotros, que siempre —en realidad— *ha sido* nosotros.

Thoreau habla sobre esto en uno de sus momentos más lúcidos:

Si uno avanza confiadamente en la dirección de sus sueños y trata de vivir la vida que ha imaginado, encontrará éxito inesperado en horas corrientes. Dejará algo atrás, traspasará una barrera invisible; leyes nuevas, universales y más liberales empezarán a regir en su interior y a su alrededor, o las viejas leyes serán ampliadas e interpretadas a su favor de modo más liberal; y él vivirá con la licencia de una orden de seres más elevados.[2]

Regresemos a la pregunta "¿Debo decidirme por Cristo?" La contestación es "sí", pero con un significado más profundamente místico, desprovisto de la emotividad que se relaciona con la personalidad de Jesús.

Muchas personas encuentran consuelo, fortaleza e inspiración en la aceptación emocional de Jesús como su "salvador personal". Y esto es bueno. Hay mucho que ganar con un profundo sentimiento interno de intimidad con el Maestro. Porque no queremos inferir aquí que el fundamentalista o el cristiano evangélico está equivocado. Está haciendo contacto con Jesús en un punto vital de gran ayuda. Pero nuestra tesis aquí es que *éste no es el alto nivel de conciencia que Jesús tenía en mente cuando Él dijo: "Sígueme".*

Tenemos que empezar a ver a Jesús como el gran descubridor de la Divinidad innata del Hombre, el supremo revelador de la verdad sobre el hombre, el pionero y el señalador del camino en la búsqueda de autorrealización y autodesenvolvimiento. Tenemos que verlo acercándose a Sus semejantes, incluyéndote a ti y a mí, y diciendo: "Ven y siéntate conmigo un rato y déjame ayudarte a ver como yo veo, a sentir la profundidad del Espíritu en ti como yo la he sentido dentro de mí. Déjame enseñarte el camino alto a tu propio Monte Olimpo. Déjame guiarte al mundo maravilloso del Cristo dentro de ti; donde sabrás, y sabrás que sabes, que eres una ilimitada expresión del Infinito. Y yo puedo asegurarte que cuando tú comprendas la Verdad como *Yo* la he comprendido, tú estarás capacitado para hacer todas las cosas que yo he hecho y aún mayores las harás".

Pero todavía tienes que tomar la gran decisión de afirmar tu unidad con el Infinito. Todavía tienes que creer que Yo Soy, y luego trabajar incansablemente para lograrlo. Tienes que reclamar tu libertad, comprendiendo que eso no significa hacer lo que quieras, sino convertirte en lo que debes ser.

Emilie Cady dice: "Ah, ¡Cómo en nuestra ignorancia hemos errado y mal interpretado a Dios, por consecuencia de lo cual hoy somos pigmeos cuando El nos quería hacer gigantes en amor y salud y poder al manifestar más de El a través de nosotros! No se lo permitimos porque hemos tenido miedo 'haz lo que quieras de mí; manifiéstate a Ti mismo a través de mí según Tu voluntad'".[3]

Podemos usar la frase "dejar ir y dejar a Dios actuar". De hecho, esto es poco más que una trivialidad hasta que tomamos una decisión consciente de permitir verdaderamente que Dios se haga cargo de cada área de nuestra vida. Podemos ser lentos en tomar esta decisión porque no nos damos cuenta de que sí es una decisión. En otras palabras, hay mucho más por considerar que meramente decirnos: "Quizás Dios pueda ocuparse de esto mejor que yo. Si El tiene algunas buenas ideas sobre el particular, con gusto las consideraré".

Es un asunto de resolución sincera para vernos a nosotros mismos bajo una nueva luz, la luz del Cristo y de nuestra propia unidad singular con Dios. Y entonces es la determinación de "actuar como si yo fuera y sabré que *yo soy*". Esta es la "gran decisión".

Estoy seguro que hay estudiantes no cristianos en la búsqueda que pueden estar leyendo estas líneas. A ustedes les quiero decir: "No resistan las palabras 'Jesús' o 'Cristo'". Es la idea, la Verdad espiritual, la relación divina lo que cuenta. Pueden hacer contacto con la dinámica cristiana aun si substituyen mentalmente las palabras "fuerza", "genio", "potencial" o algunos conceptos que les sean especialmente significativos.

Tan asombroso como puede parecer, un hombre puede abrazar a Jesús contra su pecho en adoración emocional y aun así no obtener la dinámica que Jesús vino a revelar, mientras que otro hombre puede hasta negar que Jesús vivió y sin embargo captar la esencia de Su gran Verdad. En lo que a mí respecta, la intimidad con Jesús es inestimable para ayudarme a "aprender de El", para saber la Verdad como El la supo. Pero estoy convencido que "aceptar a Jesús" no es indispensable para el estudiante en la búsqueda. La meta importante para todos es encontrar nuestra unidad con Dios. Al lograr esa unidad, estaremos haciendo lo que Jesús hizo, aunque no creamos en El.

No confundas el concepto de afirmar el Cristo interno con la aceptación tradicional de Jesucristo. Jesús es el hombre que se volvió divino por el descubrimiento de la dinámica innata dentro de todos los hombres. Pero Cristo es la autovivencia de Dios en el hombre. Esta es la relación de unidad entre Dios y el hombre. Jesús se tornó tan consciente de esta relación crística que no podríamos decir donde empezaba el uno y terminaba el otro. Por lo tanto, se convirtió en Jesucristo, una leyenda, pero más que esto, un estado de conciencia. Tú y yo podemos entrar a ese estado de conciencia. De seguro tendremos que hacerlo —quizás siguiendo la corriente de conciencia creada por Jesús, quizás encontrando el camino intuitivamente como El lo encontró. Pero todos tenemos que tomar la gran decisión de esforzarnos por lograr lo más elevado y de reclamar la divinidad dentro de nosotros.

## CAPÍTULO CUATRO

# El concepto singular de Jesús sobre Dios

*El punto de partida en la realización espiritual es la correcta comprensión del Unico que designamos como el Todopoderoso.*

*–Charles Fillmore*

JESÚS TENÍA UN CONCEPTO ESPECIAL sobre Dios. Para El, Dios no era un objeto de adoración sino una Presencia morando en nosotros, una fuerza rodeándonos, y un Principio por el cual vivimos. No es demasiado decir que cualquiera que capte la idea del concepto de Jesús se encontrará envuelto en una nueva conciencia que cambiará toda su vida. Nunca jamás volverá a ser el mismo.

Pregunta a cualquier persona si cree en Dios y probablemente te dirá: "Pues sí, ¡desde luego que creo!" No obstante, es improbable que se haya preguntado lo que significa Dios para él. En una encuesta reciente cerca del noventa por ciento de las personas a quienes se les preguntó: "¿Cree usted en Dios?" contestaron: "¡Sí!" Pero para la próxima pregunta: "¿Cuál es su concepto de Dios, y qué cree usted que Dios tiene que ver con su vida diaria?" hubo muy pocos comentarios.

Todos tenemos en cierta forma un concepto acerca de Dios —hasta un ateo. Puede que Dios no sea parte de su filosofía personal, pero aunque pase su tiempo denunciando a Dios, revela un concepto de un ser caprichoso e injusto, que él ha rechazado intelectualmente pero que por siempre sigue la pista de su vida. Un ateo declarado le confió a un reportero: "Gracias a Dios, yo soy ateo". Por lo menos, el ateo se ha ocupado en pensar profundamente en Dios. La mayoría de las personas no lo han hecho. Para ellas, cualquier referencia de Dios se encuentra en grabados como: "el que está allá arriba" o "alguien allá arriba me quiere". Los padres agravan su falta de la conciencia de Dios en sus propias vidas al amenazar a sus hijos: "Pórtense bien, que si no, Dios los castiga". Y, sin pensarlo bien, los amigos tratan frecuentemente de consolar a alguien que está de luto diciendo: "Dios se ha llevado a tu ser querido a Su regazo".

Lo que hace el concepto de Jesús acerca de Dios tan singular es que Su evangelio se contrapone con la deidad del Antiguo Testamento que arrasaba ciudades enteras, que era celoso, colérico, vengativo —que amaba y odiaba, creaba y destruía, bendecía y maldecía.

Hace algunos años se publicó una noticia sobre la profanación de un cementerio de una pequeña iglesia en Inglaterra. El ministro, naturalmente enfurecido por ese acto de vandalismo, se paró ante su congregación ese domingo, y de manera no tan comprensible, invocó una maldición "en el nombre de Dios" sobre los vándalos. Una cosa sabemos, esta maldición pudo haber sido en el nombre de su propio concepto de Dios, pero ciertamente no lo fue en el nombre del Dios de Jesús.

No hay que extrañarse de que algunos de nuestros teólogos vanguardistas hayan proclamado: "Dios está muerto". El Obispo John Robinson, en su libro *Honest to God* (Honestos con Dios), dice:

> La idea de un Dios espiritual o metafísicamente "allá afuera" no muere fácilmente. La mayoría de las personas se preocuparían seriamente por el pensamiento de que deba morir de un todo. Porque ese es su Dios, y no tienen nada que poner en su lugar. Y por las palabras "ellos" y "su" sería más correcto substituir "nosotros" y "nuestro". Porque es el Dios de "nuestra" crianza y conversación, el Dios de nuestros padres y de nuestra religión el que está bajo agresión. Cada uno de nosotros vive con algún cuadro mental de un Dios "allá afuera", un Dios que existe arriba y más allá del mundo que creó, un Dios "a" quien oramos, y a quien vamos al morir.

El problema estriba en que hemos sido acondicionados a pensar en el concepto de Dios del Antiguo Testamento. No se nos ha explicado debidamente que el Antiguo Testamento es la historia del desenvolvimiento de la idea de Dios y la relación del hombre con Dios.

En el Israel premosaico, se concebía a Dios como vinculado a los sitios, altares, árboles, pilares, pozos y otros objetos naturales. Y Moisés popularizó el Arca que se suponía que albergaba a Dios. Lo llevaban con ellos de un lado para otro en el Arca. Si el Arca era capturada, simplemente no podían ganar la batalla. Más tarde, el Arca recibió un lugar fijo en el Templo. Así, el Templo se convirtió en "la casa del Señor". Esa idea aún persiste hoy. Las personas se vuelcan en tropel a las iglesias, los templos, las sinagogas porque ésa es la manera de acercarse a Dios.

La mayoría de nosotros hemos crecido con un concepto primitivo de Dios —un gran Hombre, corpulento y bueno, pero aun así un hombre grande, dirigiendo el mundo desde afuera, un tipo de terrateniente en ausencia. Las actitudes de los niños hacia Dios no son substancialmente diferentes a las concepciones del hombre primitivo, que encontraba difícil concebir a Dios excepto como un ser adherido a algo que él podía ver —de ahí los ídolos y los fetiches.

Una niñita con lágrimas en los ojos se oponía a dormir en un cuarto oscuro. La madre trató de tranquilizarla recordándole que ella nunca estaba sola, que Dios siempre estaba en todo lugar. La niñita exclamó: "Pero yo quiero a alguien que tenga vida". Podemos sonreírnos, pero muchos de nosotros estamos influenciados por ese deseo de revestir a Dios de forma humana.

Las visualizaciones artísticas de la divinidad también han ejercido gran influencia sobre nosotros. Las pinturas al fresco de Miguel Angel en la Capilla Sixtina del Vaticano son un buen ejemplo. Cuando contemplaba esa tremenda obra de arte me dije a mí mismo: "Bellísima —pero espantosa". Es bella porque como arte es impresionante en diseño, profundidad, forma y proporción. Y con todo eso, es una demostración horrible del esfuerzo del hombre por definir lo indefinible —de visualizar el infinito en términos de sí mismo.

Desgraciadamente, el concepto de Dios que domina la mayor parte de la teología cristiana es el concepto primitivo del Israel premosaico. Y Jesús, con su concepto especial de Dios, nunca ha tenido un verdadero impacto en muchas iglesias cristianas.

Pero, ha habido modificaciones. Por ejemplo, considera la doctrina de la Santísima Trinidad. Dios en tres personas.

Pero, ¿qué significa esto? ¿Y cómo evolucionó tal concepto? Este es uno de los "grandes credos históricos". No parece preocuparle a muchos que esas doctrinas se crearon durante una edad de especulación —cuando los obispos de la iglesia se reunían en grandes cónclaves y discutían sobre la naturaleza de Dios y de Jesús.

Fue en reuniones así que se formularon la mayoría de las doctrinas de la iglesia. Esta fue la evolución de la doctrina *sobre* Jesús. Pero, ¿y qué hay de la doctrina *de* Jesús?

El Concilio de Nicea fue convocado en 325 D.C. por Constantino para asegurar la unidad en la grey cristiana para sus propósitos políticos. El Concilio se reunía con el propósito de forjar un concepto de Dios que fuera aceptable para todos los bandos —casi como una reunión obrero patronal de nuestros días. La historia registra que hubo una agria lucha y cuando Arrio se levantó a hablar, Nicolás de Myra le dio en la nariz. Finalmente se dieron los votos y por una escasa mayoría surgió lo que llegó a conocerse como la Doctrina de la Santísima Trinidad.

Así fue como, un grupo de hombres en un debate, decidieron la naturaleza de Dios para la eternidad. Ahora Dios se convirtió en tres personas: Padre, Hijo y Espíritu Santo. Nadie jamás lo ha entendido realmente y ha sido fuente de inagotables disputas y divisiones. Sí podemos y a veces hacemos un caso metafísico interesante sobre ello. Pero extrañamente, Jesús, que debería ser la figura central en cualquier teología cristiana, no tuvo nada que decir sobre la Trinidad. De ese modo, se hace obvio que Jesús fue relegado a un término secundario en la iglesia que surgió alrededor de El. El era importante únicamente como un elemento permanente, sentado junto al ventanal opaco a través del cual ya nadie podía ver.

Se parece mucho a una boda de sociedad que oficié hace algunos años. Era un espectáculo triste, a pesar de ser algo bello. Era bello porque se había empleado a un consultor nupcial muy caro que conocía muy bien su oficio. Lo tenía todo bellamente organizado y escenificado: trajes preciosos, música inspiradora y un espectáculo muy bien ensayado —porque eso es lo que era. Fue triste porque los pobres jóvenes que se casaban se encontraban reducidos a meras tuercas dentro de un engranaje. Se les hizo mover de acuerdo a indicaciones y ensayar cada movimiento, aun el abrazo final. Ciertamente, no podían sentir el impacto espiritual de este rato de consagración. Terminada la ceremonia, tuve un fuerte deseo de llevarlos afuera a un jardín para que pudieran sentir juntos la presencia de Dios y experimentar una verdadera unión en comunión. Ni eso fue posible, porque todos los presentes tenían que ser vistos (y fotografiados) saliendo de la iglesia en un llamativo desfile.

¡Cuán a menudo el servicio de adoración se convierte en un espectáculo, y aun la oración sencilla se convierte en una representación teatral, a pesar de la sinceridad y las buenas intenciones! Probablemente, el aspecto más débil del cristianismo hoy es que rara vez se oye una articulación clara del concepto de Jesús sobre Dios. En su mayor parte, la iglesia enseña el concepto del Antiguo Testamento —un Dios de los cielos, un Dios de venganza y cólera.

Es interesante contrastar el Dios del Antiguo Testamento con el concepto especial revelado por Jesús:

Estando los hijos de Israel en el desierto hallaron a un hombre que recogía leña en día de reposo. Y los que le hallaron recogiendo leña, lo trajeron a Moisés y a Aarón, y a toda la congregación; y lo pusieron en la cárcel porque no estaba declarado qué se le había de hacer. Y Jehová dijo a Moisés: Irremisiblemente muera aquel hombre; apedréelo toda la congregación fuera del campamento. Entonces lo sacó la congregación fuera del campamento, y lo apedrearon, y murió, como Jehová mandó a Moisés (Nm. 15:32–36).

Contrasta eso con un suceso acaecido mil quinientos años más tarde:

Aconteció que al pasar él por los sembrados un día de reposo, sus discípulos, andando, comenzaron a arrancar espigas. Entonces los fariseos le dijeron: Mira, ¿por qué hacen en el día de reposo lo que no es lícito? . . . También les dijo: El sábado fue hecho por causa del hombre, y no el hombre por causa del sábado (Mr. 2:23, 24, 27).

O escucha la oración de David, "el hombre querido por Dios", clamando venganza sobre sus enemigos:

Sean sus hijos huérfanos
    Y su mujer viuda.
Anden sus hijos vagabundos y mendiguen;
    Y procuren su pan lejos de sus desolados hogares.
Que el acreedor se apodere de todo lo que tiene,
    Y extraños saqueen su trabajo

No tenga quien le haga misericordia,
Ni haya quien tenga compasión de sus huérfanos.

Y entonces escucha a Jesús: "Pero yo os digo: Amad a vuestros enemigos, bendecid a los que os maldicen, haced bien a los que os odian, y orad por los que os ultrajan y os persiguen" (Mt. 5:44).

Un niñito, después de varias semanas de lecciones en la escuela dominical dedicadas al Antiguo Testamento, al llegar a la primera lección en el Nuevo Testamento, le comentó a uno de sus condiscípulos: "Muchacho, seguro que Dios fue mejorando según envejecía, ¿verdad?"

Ciertamente, la comprensión del Infinito por parte del hombre se desarrolló a través de los siglos. Esto no es raro. Desde el punto de vista científico, nuestro conocimiento de la tierra es muy diferente al de la gente de la época del Antiguo Testamento. El Génesis revela una tierra que es el centro del Universo con el sol y las estrellas que cuelgan en el cielo y con el firmamento formando una bóveda sobre la tierra y Dios en algún lugar por allá arriba detrás del cielo. Hemos recorrido un largo trecho en el área de la ciencia. Y el concepto especial de Jesús está distante, pero muy distante, del concepto de los días de Moisés.

En su conversación con la mujer en el pozo de Samaria, Jesús dijo: "Dios es Espíritu; y los que le adoran, en espíritu y en verdad es necesario que adoren". La palabra en latín *spiritus* de donde tenemos nuestra palabra "espíritu" viene de una raíz que significa "respirar, soplar, vivir". Espíritu, entonces, es el principio de vida, el soplo divino que Dios está exhalando *como* hombre y el Universo. La palabra "espíritu" implica informe, no específico, no restringido, ili-

mitado. Cuando Jesús dijo: "Dios es Espíritu" no estaba
dando una definición. No se puede definir a Dios. Jesús estaba simplemente dando una guía para dirigir nuestros pensamientos lejos de la forma finita, o de pensar en Dios como
un superhombre.
Cuando pensamos en Dios como persona, El siempre
está "allá arriba" o "allá afuera". Estamos por siempre buscando para encontrarlo, para alcanzarlo, para influenciarlo.
Cuando el primer cosmonauta ruso giró en órbita alrededor
de la tierra, a su regreso dijo: "No hay Dios, porque no le vi
allá afuera". El *estaba* buscando, así que quizás él también
dice: "Gracias a Dios que soy ateo". Puede que él no encontrara a Dios, pero con cada aliento y cada pensamiento,
él lo expresaba. Puede que no viera a Dios, pero tampoco
vio la gravedad. Y si no hubiese habido gravedad, quizás
Iván todavía estuviera viajando hacia el olvido.
Paul Tillich, un agente catalítico para el pensamiento
teológico progresivo de los tiempos modernos, se refirió a
Dios como el "Fundamento de nuestro mismo ser". En su
libro, *The Shaking of the Foundations* (El sacudimiento de
las fundaciones), él dice:

> El nombre de esta infinita e inagotable profundidad
> y fundamento de todo ser es Dios. Esa profundidad es
> lo que la palabra Dios significa. Y si esa palabra no
> tiene mucho significado para ti, tradúcela y habla de
> las profundidades de tu vida, de la fuente de tu ser, de
> tu máxima inquietud, de lo que tú tomas seriamente
> sin reservas mentales. Quizás para poder hacerlo ten-
> gas que olvidar todo lo tradicional que has aprendido
> sobre Dios, a lo mejor la palabra misma. Porque si

sabes que Dios significa profundidad, sabes mucho sobre El. No puedes entonces considerarte ateo o incrédulo. Pues no puedes pensar ni decir: ¡La vida no tiene profundidad! La vida es superficial. El ser mismo es sólo superficie. Si pudieras decir esto en completa seriedad serías un ateo; de otro modo no lo eres. El que sabe sobre profundidad sabe sobre Dios.[2]

Tú no tienes que buscar "allá afuera" para encontrar el *principio de vida.* "Más íntimo es El que la respiración, y más cerca que las manos y los pies." El principio está personalizado en lo que Jesús denominó "El Padre en mí". Este *principio de vida* trabajando en ti y como tú, es toda sapiencia; "... vuestro padre sabe de qué cosas tenéis necesidad, antes que vosotros le pidáis" (Mt. 6:8). Busca por siempre expresarse y lograrse a sí mismo en y a través de ti: "... porque a vuestro Padre le ha placido daros el Reino" (Lc. 12:32). Y es la fuente de cualquier poder creativo que tú parezcas tener: "... Nada hago por mí mismo ..." (Jn. 8:28). "Las palabras que yo os hablo, no las hablo por mi propia cuenta, sino que el Padre que vive en mí, él hace las obras" (Jn. 14:10).

Tú no puedes separarte jamás de Dios porque tú eres una expresión de Dios, la mismísima autovivencia de Dios. Dios no te puede abandonar del mismo modo que no te puede abandonar la ley de gravedad. Como una expresión de Dios, tú eres Dios expresándose a Sí mismo *como* tú. Y tu deseo más profundo debería ser dejar que El lo haga a Su manera. Meister Eckhart lo sintió así cuando dijo que Dios espera una sola cosa de ti y esa es que dejes de pensar en ti mismo como un ser creado y permitas que Dios sea Dios en ti.

Toma una hoja de papel y córtala en pedazos. Ahora

tienes un papel fragmentado, dividido. El papel es la suma de todos los fragmentos. Eso es división. Pero Espíritu puede ser individualizado. Esto significa que puede manifestarse en muchas partes, en un número infinito de personas, con cada una conteniendo la esencia del todo. Cada una es *spiritus* y el todo no desmerece nada por haberse dividido. Tu verdadero ser, el Cristo, el hombre espiritual, es la individualización de Dios. Tú eres la Presencia de Dios en el punto donde estás. Así pues, es verdad en ti, al igual que lo era en Jesús: "Yo y el Padre uno somos". Eres una parte individualizada, pero el todo está siempre en la parte, por lo tanto, Dios está dentro de ti. Sin embargo, Dios no está en ti del mismo modo que una pasa en un panecillo. Eso no es unidad. Dios está en ti como el océano está en la ola. La ola no es ni más ni menos que el océano expresándose como una ola.

A veces, en el estudio de metafísica, el celo es tan marcado por borrar la idea de un Dios personal que hablamos de Dios como Mente, Dios como Principio, Dios como Substancia —pero no enfatizamos Dios *como yo*. Aun cuando nos referimos a Dios como Mente, es mente en algún sitio. Podemos usar afirmaciones en lugar de la vieja forma de oración de súplica, pero puede ser que aún estemos esforzándonos por alcanzar a Dios "allá afuera".

Aunque Dios no es una persona, Dios es personal. No hay nada impersonal acerca de la Mente de Dios en mí. Es mi mente en el nivel de Dios como Mente, pero *es* mi mente. Yo soy sostenido por el *principio de vida*, pero ese principio se expresa como yo. *Es* mi vida. Soy yo. Esta es la gran idea unitiva que Jesús enseñó. "Yo y el Padre uno somos" —no dos sino uno. El Padre en mí *es mi Ser* en una dimensión más elevada de vivir.

El concepto especial de Jesús acerca de Dios revela un nuevo concepto de oración. La oración usualmente ha sido dirigida *"a"* Dios. Así pues, la oración típica implora y aboga, está encubierta por un fraseo piadoso, se entona cuidadosamente y usa "repeticiones vanas". Jesús dice: "Vuestro Padre sabe de qué cosas tenéis necesidad, antes que vosotros le pidáis" (Mt. 6:8). En el concepto de Jesús, la oración no es para Dios, sino para ti. Tú oras, no para cambiar algo en la Mente de Dios, sino en la tuya propia.

Las oraciones de Jesús no se asemejaban a lo que se había oído antes de Su tiempo. Es obvio que perturbaba el conservadorismo fariseo. Jesús parecía tener un ego inflado. Estaba tan seguro de los resultados de sus oraciones que Sus esfuerzos casi parecían insolentes. Ante la tumba de Su amigo que había muerto hacía tres días, El oró: "Padre, gracias te doy por haberme oído. Yo sé que siempre me oyes". Y entonces El pronunció la palabra, "¡Lázaro: ven fuera!" con completa confianza (Jn.11: 41, 43).

¿Cómo podía El estar tan seguro? ¿Por qué está el matemático tan seguro de sus cómputos? ¿Por qué está tan confiado en que el principio sostendrá sus conclusiones? Simplemente porque sabe que es principio. Jamás se le ocurre acusar al principio de matemáticas de ningún error que pueda hacer. Jamás se le ocurre señalar los errores en su libro mayor al principio de matemáticas. Para él, eso es la cosa más infalible del mundo. Y así era la oración de Jesús.

Jamás se le ocurrió a Jesús señalar que Dios causara la muerte de Lázaro. Otros hombres pudieron haber pensado que era la voluntad de Dios, y que por algún sabio e insondable propósito Suyo, Dios había arrebatado este joven de sus hermanas en la flor de su vida. Los hombres podían pensar eso, pero no Jesús. La única cosa fija en la Mente de Jesús era que "No es la voluntad de vuestro Padre . . . que se pierda uno de estos pequeños" (Mt. 18:14). Jesús interpretaba la voluntad de Dios de acuerdo al Principio Divino y no de acuerdo al viejo concepto de Dios como Jehová. A Jesús jamás se le ocurrió que Dios llevaría la victoria a posarse sobre el estandarte de un ejército a expensas de su contendiente.

Hablando en términos científicos, para poder tener *un dios* tiene que haber un Principio Divino incambiable que no causa mal, ni enfermedad, ni pobreza, ni pena, ni perplejidad. En Santiago 1:17 leemos: "Toda buena dádiva y todo don perfecto desciende de lo alto, del Padre de las luces, en el cual no hay mudanza ni sombra de variación".

Recientemente leí una oración de un hombre inteligente y sincero. Le hablaba a Dios: "Ah, Señor, Le pedimos que en toda Su clemencia y ternura y cariño interceda con esas naciones en pugna para traer paz en vez de guerra; para cambiar los corazones de los hombres de modo que el amor tome el lugar del odio, el enojo y la maldad". Ahora bien, ésta es una oración perfectamente maravillosa bajo el viejo concepto; y una muy típica en nuestros días de seguidores de la religión sobre Jesús. Pero no es científica. Se refiere a un Dios que es variable, que puede guiar a una persona y limitar a la otra, que puede decir "sí" a algunos y "no" a otros.

Cuando Jesús dice: "Dios es Espíritu y los que le adoran, en espíritu y en verdad es necesario que le adoren", El está diciendo: "Si queremos paz, tenemos que adentrarnos en el espíritu de paz y afirmar la Verdad sobre ello". En Dios, "en quien no hay variación", la paz es constante.

A menudo se hace la pregunta: "¿Por qué Dios no detiene la guerra?" No hay guerra en Dios. ¿Por qué no contesta tu problema el principio de matemática o evita que obtengas las contestaciones equivocadas? No hay contestaciones equivocadas en el principio. Si Dios conociese la guerra, o si el principio de matemáticas conociese contestaciones incorrectas, entonces el mundo estaría en estado caótico. El agua fluiría monte arriba y la tierra desaparecería en el espacio para perderse en un viaje loco hacia la nada. La oración nunca puede influir en Dios para ser menos que Dios o más que Dios. Dios es luz y paz y amor y sabiduría. No importa quién esté orando o por qué motivo, la contestación tiene que ser luz y paz y amor y sabiduría.

Por eso Jesús usa el sol como símbolo para Dios ". . . que hace salir su sol sobre malos y buenos, y llover sobre justos e injustos" (Mt. 5:45). Los rayos del sol brillan en la cama del hospital, en la celda de la prisión, en el palacio y en la choza. El sol resplandece donde quiera que el hombre lo permite. Y así es con la gran esencia que es Dios. No hay lugar donde Dios no esté. El no es selectivo. El está ahí donde quiera que alguien abre su mente para aceptar lo "interno" de sí mismo. Y aunque la mente esté cerrada, El está ahí de todos modos —porque siempre hay una realidad más allá de cada apariencia, siempre hay un nivel "interno" en cada hombre.

En la raíz del concepto especial de Jesús sobre Dios habla un conocimiento de integridad cabal, o sea, una unidad espiritual con Dios y con toda la creación de Dios. Pablo se refiere a este conocimiento especial: "Dios en quien vivimos y nos movemos". En otras palabras, nosotros vivimos y nos movemos y tenemos nuestro ser en un océano infinito de inteligencia y vida y substancia, y somos una ola dentro de ese océano en el cual la inteligencia, la vida y la substancia se proyectan a una vivencia como las personas que somos. Cuando nos damos cuenta cabal de esta unidad, somos transformados de la personalidad a la individualidad. En un sentido, esto coloca el Universo entero a nuestra disposición y dice: "Hijo, tú siempre estás conmigo y todas mis cosas son tuyas" (Lc. 15:31).

Jesús dio una prueba de la visión cósmica de unidad, donde todos los hombres son uno en Dios. Mientras hablaba a la multitud en una ocasión (Mt. 12:46), alguien vino a El y dijo: "Tu madre y tus hermanos están afuera y te quieren hablar". Y El dijo: "¿Quién es mi madre y quiénes son mis hermanos?" Y extendiendo Su mano hacia Sus discípulos dijo: "Estos son mi madre y mis hermanos". Jesús estaba simplemente explicando que en la conciencia cósmica de unidad con el todo, tú estás tan cerca del hombre en otro extremo del mundo como lo estás de tu vecino próximo. Y eres igualmente parte de la familia divina de una persona que nunca antes has visto como lo eres de un pariente cercano.

Si vuelas sobre la costa del área de Nueva York, ves muchas islas: Manhattan, Bedloe, Staten, Long y Fire. ¿Y qué son éstas? Son sencillamente porciones de la tierra proyectadas sobre la superficie del agua. Bajo el agua, todas ellas son parte de la tierra común. De igual modo, todos los hombres son proyecciones de Dios a una expresión consciente. Como lo dice Pablo: un cuerpo en el cual todos somos miembros (Ro. 12:4, 5).

Esta es la visión que se trasluce a todo lo largo de la obra de Walt Whitman, uno de los grandes poetas americanos. El dice: "En todos los hombres yo me veo a mí mismo. Ni un grano más ni un grano menos. Y el bien o el mal que digo de ellos lo digo de mí". La gente no le comprendió y todavía no lo hacen. Del mismo modo, la gente tampoco entiende las palabras de Jesús: "En cuanto lo hicisteis a uno de estos mis hermanos más pequeños, a mí lo hicisteis" (Mt. 25:40).

Cuando los teólogos gritan: "Dios está muerto", si eso te perturba, ¿por qué así? Si tú te has encontrado en la Presencia, no hay debate intelectual sobre Dios que pueda alterar tu sentimiento interno de unidad. El teísta que empieza a sonar como un ateo tiene un problema —pero es *su* problema. ¿Por qué apropiártelo?

Quizás estás perturbado porque has estado apoyado en un Dios del intelecto, un Dios del cual se ha predicado interminablemente, pero un Dios cuya presencia jamás has experimentado. Así pues, perturbadora como te pueda parecer la idea, Dios está muerto para ti, si estás dormido a la actividad de la Presencia en ti. Si, como el Hijo Pródigo, estás viviendo en una "provincia apartada" de materialidad y superficialidad, entonces para todos los fines y propósitos no hay poder más allá de lo humano en ti, no hay potencial infinito, y la oración es ridícula. Si no estás consciente de la dimensión superior de tu naturaleza, entonces, en lo que a ti concierne, no existe.

Pero cuando vuelves en sí, cuando despiertas, cuando súbitamente cobras vida a lo interno en ti, a tus profundidades, entonces Dios es muy real para ti —no como persona separada de ti, sino como dimensión agregada a ti, como una presencia viviente por siempre contigo.

Ahora, cuando dije que si estás espiritualmente dormido no hay poder más allá de lo humano en ti, esto no es exactamente verdad —por una razón muy especial, es decir, la actividad de lo que se ha llamado *la gracia de Dios*. Este aspecto de la creación divina del hombre desafortunadamente se ha hecho demasiado dogmático teológicamente o demasiado místico metafísicamente. Tenemos que entender "gracia" porque es una faceta importante del concepto especial de Jesús acerca de Dios.

Tú eres el amado de Dios —simplemente porque eres la actividad de Dios pasando por sí misma y expresándose *como* tú. Dios te ama porque Dios es amor y por lo tanto, amor es tu verdadera naturaleza. Meister Eckhart lo expresó bruscamente cuando dijo que él nunca daba las gracias a Dios por amarle, porque Dios no puede evitar hacerlo ya que Su naturaleza es amar. "Con amor eterno te he amado" (Jer. 31:3). Su amor es incambiable y sin variación. No puede haber nada menos que amor en Dios.

¿Por qué es tu mano favorecida como parte de tu cuerpo? Porque *es* tu cuerpo expresándose como una mano. Así la mano no sólo tiene la fuerza y creatividad requeridas para alguna actividad, sino que también tiene el sentimiento y la ternura. Es una mano, ¡pero también eres *tú*!

La voluntad de Dios es el anhelo incesante del creador de lograrse a Sí mismo en y a través y como aquello que El ha creado/La voluntad de Dios para ti es perfecta vida, perfecta sabiduría, perfecto amor/Esta voluntad o deseo divino es tan fuerte que se filtra aun por nuestras mentes cerradas voluntariamente. Una persona podría afirmar continuamente: "Yo quiero morir —yo no quiero vivir". Por la ley de acción mental, los pensamientos siempre tienden a expresarse en una experiencia. Sin embargo, esta persona piensa en la muerte pero sigue viviendo. ¿Por qué? Porque la voluntad de Dios por la vida trasciende aun el deseo del hombre por la muerte. Esto es Gracia.

La gracia revela una insinuación elevada de la idea de karma, el interminable ciclo de causa y efecto. Es cierto: "Según el hombre pensare, así es él" y "De acuerdo a lo que siembres, eso cosecharás". Pero el deseo de Dios en ti de lograr expresión perfecta es tan intenso que jamás recoges en su totalidad una cosecha de error y siempre recoges más de lo que siembras del bien. ¿No es esto maravilloso? Parecería negar el aspecto "principio" de Dios, pero no, no lo hace. Simplemente evidencia el hecho de que todos somos una parte mucho mayor de este principio que lo que hasta ahora hemos reconocido.

Hay una ley de conciencia. Jesús lo hace muy claro, y trataremos esto en detalle más adelante en el libro. Pero todos somos mejores de lo que creemos. Tenemos pensamientos más elevados de lo que hemos realizado. Y ninguno de nosotros es tan bajo o tan ruin como se cree ser. Algo de nuestras profundidades está siempre filtrándose y convirtiéndose en parte de nuestra conciencia total. Así pues, el pensamiento más vil es modificado por el amor de Dios en nosotros, sencillamente porque somos realmente mejor que ese pensamiento.

La gracia, el favor divino, la actividad del amor de Dios, trabaja para nosotros continuamente. No depende de ninguna fe u oración especial de parte nuestra. Si logramos mayor poder a través de la fe o la oración, lo logramos por la ley de la causalidad. Levantamos nuestra conciencia y recibimos la acción correspondiente de la ley divina. Pero la gracia trabaja más allá de y en adición a la ley. No quebranta la ley, sino la cumple en términos de sostener al hombre a pesar de él mismo, como la flotabilidad del agua, que devuelve al hombre a la superficie si trata de permanecer sumergido a la fuerza.

La gracia nos llega a todos: por la gracia de Dios el criminal que ha quebrantado la ley todavía es el amado de Dios, y puede encontrar perdón y transformación por una actividad de amor que trasciende la ley. La gracia es una explicación de una faceta maravillosa de la actividad de Dios. No es algo por lo cual tienes que trabajar. No puedes detenerla y no la puedes poner a funcionar. Simplemente, es algo que es. Es una explicación de por qué las cosas jamás son totalmente irremediables, por qué no hay condición alguna que en realidad sea incurable, y "Todas las cosas le son posibles a los que creen".

Charles Fillmore dice:

> Tenemos que descartar la idea de que Dios castiga al hombre de algún modo, o que El ha hecho santos de algunos y retenido Su gracia de otros, o que accederá a nuestros deseos y cambiará leyes para satisfacernos, o que somos tratados injustamente porque nuestra pobreza o enfermedad no se ha removido a pesar de numerosas súplicas. Es necesario voltear el orden total de nuestro pensamiento en ese respecto. Dios está más dispuesto a dar que nosotros a recibir, y de hecho, El ha colocado cada deseo en nuestra mano esperando que nos coloquemos en la debida actitud mental para lograrlos. Pues Dios no es materia, ni Sus regalos consisten de cosas ya hechas; Dios es

Espíritu y los que reciben Sus dones lo hacen en Espíritu; y a través de la sabiduría y la comprensión espiritual que se derrama en la conciencia, crean el logro a través de la acción mental.

Para Jesús, Dios no era simplemente un objeto de adoración, sino el principio mismo por el cual vivimos. Céntrate, mientras más tiempo mejor, en la idea de tu unidad con Dios. Esa es la base de la enseñanza de Jesús y el fundamento mismo de la Vida Abundante que El promete.

Recuerda que Dios está en ti como el océano está en la ola. No hay forma posible de separar la ola del océano y no hay modo alguno en que puedas ser separado de Dios. Porque eres la actividad de Dios en manifestación, no hay ningún lugar en todo el mundo donde puedas acercarte más a Dios que ahí adonde estás ahora mismo. Puedes llegar a estar más consciente de Dios, pero jamás puedes cambiar esa intimidad que es la Presencia de Dios en ti. Esta es la gran Verdad que Jesús vino a enseñar.

## CAPÍTULO CINCO

# De miserables pecadores a maestros

*Yo digo que aún ningún hombre ha sido ni la mitad de lo devoto que debe ser, ninguno ha adorado ni con la mitad del fervor necesario, ninguno ha empezado a pensar cuán divino el mismo es y cuán seguro es el futuro.*

—*Walt Whitman*

EL CRISTIANISMO HA SIDO EXCLUSIVO y sectario, pero si el concepto de Jesús sobre la Divinidad del Hombre fuese claramente comprendido y diseminado extensamente, Su enseñanza se extendería al mundo y crearía una gran revolución espiritual. El enseñó: "Conoceréis la verdad y la verdad os hará libres" (Jn. 8:32). El hombre desea liberarse de la escasez, la enfermedad, la opresión, y sobre todo de sus propios miedos. La religión acerca de Jesús no ha abierto el camino a esa libertad. Sin embargo, en la simple pero dinámica enseñanza de Jesús, tenemos un mensaje que es universal y práctico. Contiene las llaves del reino de la salud y prosperidad y paz y libertad.

El tema central del cristianismo ha sido el pecado y el mal. Hemos oído más sobre el infierno que sobre el cielo, más sobre el diablo que sobre Dios. Y aunque se nos ha presentado el cuadro del dominio de Jesús, el hombre se ha delineado como un pobre, miserable pecador. Ha

69

habido una especie de desesperanza en la actitud del cristianismo hacia el hombre. Es como si se nos enseñara que el hombre es un pecador, el mismo ayer, hoy y por siempre; y que todo a lo que podemos aspirar es convertirnos en un buen pecador.

Recientemente, un hombre me confió sus sentimientos hacia la religión y la iglesia. El decía: "Yo desistí de la iglesia hace muchos años y le diré por qué. Yo acostumbraba asistir fielmente cada semana; y domingo tras domingo oía el mismo disco rayado sobre la maldad del hombre, de cómo todos somos miserables pecadores, indignos de acercarnos a Dios. Finalmente me enfrenté a mí mismo con la pregunta: '¿Por qué debo ir a la iglesia semana tras semana para que el sacerdote me diga lo malo que soy? Yo ya sé eso. Lo que necesito es alguien que me diga del bien que hay en mí y me ayude a alcanzarlo. Y si no hay nada bueno en mí, ¡lo mejor que puedo hacer es olvidarme de todo esto!'"

¿Cómo llegó a suceder esto en el cristianismo? Jesús descubrió una dimensión divina en el hombre y probó que el hombre puede vivir en ella y lograrse a sí mismo a través de ella. Más que esto, creía en un Cristo repetible, pues dijo: "Sed, pues, vosotros perfectos, como vuestro Padre que está en los cielos es perfecto" (Mt. 5:48). ¿Hubiera dicho eso si hubiese tenido la más mínima duda del potencial del hombre? ¿Y por qué decir que el hombre podría hacer todo lo que El hizo y más, si no hubiese estado absolutamente convencido de la Divinidad esencial del Hombre?

Un estudio histórico de la evolución de los "credos históricos" de la iglesia cristiana es asombrosamente revelador —quizás sorprendente y perturbador. La doctrina del "pecado original" no surgió de las enseñanzas de Jesús.

Fue la creación deliberada de teólogos en la etapa temprana del cristianismo. Fue formulada con el sincero deseo de contrarrestar una tendencia a la racionalización entre los eruditos cristianos. En la "edad de la especulación" empezó a insinuarse en el movimiento cristiano la tal llamada herejía del gnosticismo. *Gnosis* significa conocimiento. Los gnósticos sentían que ellos tenían un conocimiento superior producto de la iluminación interna, y por lo tanto se creían superiores a los cristianos, e iguales o superiores a Jesús.

Esto era una herejía para los líderes cristianos y, para cortar ese movimiento entre los teólogos liberales, los líderes de la iglesia se reunieron y diseñaron decretos que afirmaban que Jesús era "Dios mismo", que El era Dios que había bajado de "allá arriba", se había revestido de hombre y caminado entre los hombres. Pero El no era humano en modo alguno.

Para establecer una diferencia inequívoca entre Jesús y los otros hombres, se formuló la teoría de la degradación del hombre, el pecado original por el cual el hombre estaría por siempre maldecido con el estigma de la humanidad. Se elevó a una posición central un versículo del Salmo 51: ". . . en maldad he sido formado, y en pecado me concibió mi madre". ¡Cuánto se ha enfatizado este punto desde los púlpitos cristianos: "formado en maldad y en pecado concebido!"

De hecho, esa frase está tomada fuera del contexto de la naturaleza inspiracional de los salmos. No hay duda de que en el eterno canto del alma del hombre, algunos salmos alcanzan el cenit. Pero algunos de los salmos son cánticos de dolor y desesperación. Tal es la naturaleza del Salmo 51.

Natán, el profeta, acaba de regañar a David por su maliciosa acción de enviar al esposo de Betsabé a su muerte en batalla para él poder quedarse con ella. David está lleno de remordimiento, y en el Salmo 51, está monologando sobre sus pecados. En tus momentos depresivos, ¿no te has dicho jamás?: "¡Ah, no valgo nada! ¡Quisiera no haber nacido!" David se está imaginando que ciertamente tiene que haber nacido en pecado y en pecado haber sido concebido para haber cometido tal bajeza.

Aquí hay una de las muchas paradojas que podemos encontrar en la aplicación teológica de la Biblia. Nunca presentaríamos la acción de David de robarse la esposa ajena como una ley para todos los hombres de todos los tiempos. ¡Seguro que no! Y sin embargo, tomamos sus palabras de remordimiento y desesperanza para darles un lugar central en nuestra teología. Sencillamente, no tiene sentido, pero eso es exactamente lo que ha sucedido.

Tiene aún menos sentido cuando recordamos otro soliloquio de David expresado en un momento en que estaba en un alto estado de conciencia. En el Salmo 8 encontramos una contradicción total del Salmo 51 y un grandioso tributo a la Divinidad del Hombre:

> Cuando veo tus cielos, obra de tus dedos,
> La luna y las estrellas que tú formaste,
> Digo: ¿Qué es el hombre, para que tengas de él
>   memoria,
> Y el hijo del hombre, para que lo visites?
> Le has hecho poco menor que los ángeles,
> Y lo coronaste de gloria y de honra;
> Le hiciste señorear sobre las obras de tus manos;
> Todo lo pusiste debajo de sus pies.

La pregunta, "¿Qué es el hombre?" donde probablemente esté mejor contestada es en la afirmación más majestuosa en toda la Biblia: "Y creó Dios al hombre a su imagen, a imagen de Dios lo creó; varón y hembra los creó" (Gn. 1:27). La "imagen" es el hombre como Dios lo ve. La "semejanza" es aquello que el hombre tiene que desarrollar en su propia mente y hacer palpable en su cuerpo y asuntos. El destino del hombre es producir una semejanza en lo externo de la imagen que lleva dentro de sí mismo. Esto es precisamente lo que hizo Jesús.

Los teólogos declararon que Jesús era Dios convertido en hombre. Pero Jesús sabía que Dios ya se había convertido en hombre cuando El primero sopló el aliento de vida en Su imagen y esa imagen se convirtió en alma viviente. La idea de Jesús de Sí mismo no era la de Dios súbitamente convertido en hombre; sino del hombre, ya imagen de Dios, convirtiéndose semejante a Dios. Recuerda que Jesús oró: "Padre, glorifícame tú al lado tuyo, con aquella gloria que tuve contigo antes que el mundo existiera" (Jn. 17:5).

El propósito del proceso espiritual evolutivo en ti es producir un hombre que manifieste en su totalidad la vida interna del espíritu. Y las enseñanzas de Jesús versan sobre técnicas que puedes usar para realizar ese proceso en y a través de ti.

Vemos, pues, que el corazón y la esencia de la enseñanza de Jesús no incumbía Su *propia* divinidad, sino la divinidad del hombre —el principio de divina filiación. El descubrió este principio en general, y el potencial divino en El mismo en particular. El demostró el Espíritu de Cristo en acción, en Su propia vida. Pero Su ministerio fue dedicado a enseñar la universalidad del principio y a ayudar a la gente a levantarse de sus pecados al autodominio. "Y nada será imposible para ti." ¡Nada!

Tenemos que aceptar esta idea en nuestra conciencia —que el hombre, hecho a la imagen y semejanza de Dios, no es un asunto de frases idiomáticas. Es un hecho práctico, una Verdad dinámica. Cuando la gente quiso apedrear a Jesús por decir que Dios era su Padre (Jn. 10:34), Él respondió citando del Salmo 82: "Yo dije: dioses sois". Y Él añadió: ". . . la Escritura no puede ser quebrantada" (Jn. 10:35). Estaba diciendo: "Yo sólo estoy diciendo de mí lo que nuestra propia ley dice de ustedes. Yo no me estoy presentando como una excepción sino como un ejemplo de lo que en verdad es la naturaleza del hombre".

Charles Fillmore, poseedor de un agudísimo discernimiento de la Divinidad del Hombre, escribe:

> Lo que hizo Jesús lo podemos hacer todos nosotros, y es razonable decir que el Suyo es el nivel normal para cada individuo y que cualquier otra expresión de vida es anormal, el resultado de insuficientes elementos crísticos . . . No tenemos que buscar a otro para poder presenciar el Cristo, como hizo Juan el Bautista, sino tenemos que buscar el Cristo en nosotros mismos, precisamente como el hombre, Jesús, encontró el Cristo en El mismo.[2]

La palabra "Cristo" es un problema de semántica. Debido al acondicionamiento a lo largo de nuestras vidas, la mayoría de nosotros pensamos en "Cristo" y "Jesús" como sinónimos. Para que no se piense que estamos haciendo un gran problema de un asunto insignificante, tenemos que enfatizar que esta distinción es el eje sobre el cual gira todo el mensaje del evangelio. A menos que estemos firmes en este punto importante, la estructura total de la Divinidad del Hombre se desmorona.

¡Aclara bien este punto en tu mente! Entrénate al respecto. Te darás cuenta de la frecuencia con que se nubla o se confunde totalmente esta distinción. Oirás referencias de "Cuando Cristo estaba vivo . . ." "Cuando Cristo caminaba por el mundo, etc."

Cristo no es una persona, sino un principio. Cristo es un nivel de la particularización de Dios en el hombre, el punto focal a través del cual se proyectan todos los atributos de Dios a la vivencia. Cuando Pablo dice: "Cristo en ti, tu esperanza de gloria", no se está refiriendo a Jesús. Jesús descubrió el principio crístico dentro de El mismo. Pero lo reveló como un principio que incluía a toda la humanidad al revelar la nueva dimensión de la divinidad. Cristo en ti es tu esperanza de gloria porque es aquello de ti que es de Dios y *es* Dios proyectándose a lo visible como tú. Cristo en ti es tu propia unidad espiritual con el Infinito, la llave a la salud y al éxito.

Cristo en ti es "la luz verdadera que alumbra a todo hombre" (Jn. 1:9). En otras palabras, este punto de luz en el corazón del hombre que Pablo llamó el Cristo, también estaba en Lao-tze, en Confucio, en Zoroastro, en Buda, en Platón, en Emerson, y (en un sentido muy real) en ti y en mí.

La diferencia entre Jesús y cada uno de nosotros no yace en nuestra inherente capacidad espiritual, sino en su demostración. Poncio Pilato y Jesucristo eran uno en lo que atañe al Ser, pero eran polos opuestos en lo que respecta a la manifestación. Sin embargo, tenemos que darnos cuenta de que el principio de la Divinidad del Hombre ha de extenderse a Pilatos y a Judas y a un Hitler o un Eichmann modernos, o deja de ser un principio. Todo hombre es un ser espiritual. Cada hombre es innatamente bueno. Cada hombre es Cristo en potencia. Pero son muy pocos los que saben esto, y menos aún los que triunfan en expresar algún grado notable de la perfección del Cristo morador. No es que queramos menospreciar a Jesús. Eso no lo podríamos hacer, ni aunque lo quisiéramos. No estamos rebajándolo a nuestro nivel, sino mostrando que podemos elevarnos al Suyo. Bajas y ruines como pueden ser las acciones del hombre a veces, aun así es hijo de Dios. El todavía tiene el potencial del Cristo en él. Y es esta la esperanza sin la cual la religión cristiana no tiene gran sentido.

No es difícil averiguar la opinión de Jesús a este respecto. El dijo (aunque algunos quisieran que lo olvidásemos) que hasta el último de nosotros puede hacer y ser lo que El reveló si nos mantenemos donde El se mantuvo y vemos como El vio y nos asimos de la Verdad como El lo hizo. Jesús no ignoró ni negó la debilidad del hombre y su obvia pecaminosidad. Pero El tampoco insistió en que el hombre estaba atado a la debilidad ni que era pecador incurable. El implicó muy fuertemente que el pecado es simplemente la frustración del potencial divino en el hombre y que lo que llamamos mal es simplemente el encubrimiento del bien.

El corazón de Jesús se manifestó a la gente porque El veía que ellos no estaban viviendo a la altura de lo mejor en ellos. Así pues, El les motivó a recoger su cama y andar e irse y no pecar más. No sostuvo ningún debate para evaluar si el individuo merecía o no ser sanado. Esta era una de las cosas que perturbaba a los fariseos. Ellos creían que El estaba usurpando el poder de Dios para perdonar pecados. Pero verás, Jesús creía en la divinidad de cada individuo, en el derecho innato de cada persona a la salud y al logro. El insistía que el poder que lo sostenía a El también puede inspirar y sostener a cada uno de nosotros hasta lograr una expresión beneficiosa del impulso creativo que reside en nosotros. Esto no significa que todos podemos convertirnos en un Miguel Angel o un Einstein o un Schweitzer. Ni lo querríamos así, porque eso sería imitar y Emerson probablemente estaba en lo cierto al decir que la imitación es suicidio. Pero hay un potencial divinamente inspirado hacia una expresión creativa en cada uno de nosotros, que el mundo necesita y aguarda.

Jesús vio la divinidad en la gente, y estimuló a los hombres a ver el bien, el ser de Dios, en toda persona con quien entraran en contacto. Esto es lo que obviamente tiene en mente el escritor noruego Henrik Ibsen, cuando habla de ver a un empleado detrás de un mostrador o a un jornalero en las minas y contemplarlo como un futuro Lincoln o Beethoven. El siente que el hombre puede poseer la potencialidad de un transfigurado genio o santo, mártir o héroe, hombre de estado o poeta.

Esto es lo que Jesús tenía en mente. Por eso, El no estaba bregando con magia, ni cometiendo blasfemia en Sus enseñanzas y ministerio. Estaba diciendo: "Tú puedes estar libre de pecado, tú puedes vencer, tú puedes sanarte, no porque yo soy algo especial, sino porque tú eres algo especial —porque eres, después de todo, un hijo de Dios".

Una bombilla, una simple y común bombilla de las que tenemos en nuestras casas, tiene el potencial de difundir la energía de luz para iluminar una habitación. Si el filamento está bien y las conexiones están hechas, y la corriente eléctrica debidamente enchufada, la bombilla tendrá luz —ya sea grande o pequeña, redonda o cuadrada, amarilla o blanca, y no importa cómo se haya usado en el pasado. Iluminará, simplemente porque es, después de todo, una bombilla eléctrica.

Tú puedes ser sanado, no importa quién seas o qué hayas sido o hecho, si haces el contacto con la "misma luz que alumbra a cada hombre que viene al mundo" —sencillamente, porque eres un hijo de Dios. Es tan simple como eso. Y ésta es la llave a la dinámica potencial del cristianismo.

Sí, la gran Verdad que Jesús enseñó y demostró es asombrosamente sencilla. Es sencilla, pero no es fácil. No es realmente complicada aunque es cierto que a veces complicamos su sencillez. Quizás nuestro problema es que perdemos perspectiva en una búsqueda intelectual por un laberinto de complicada metafísica. Las grandes profundidades de la ley cósmica enseñadas o implicadas por Jesús se reducen a conceptos simples. Pero cuando los tenemos de esa manera, no nos queda nada por hacer sino vivirlos —y ¡esto no es fácil!

Ni una persona en un millón vive a la altura de lo mejor que hay en ella. La gran sabiduría de las edades aún yace aprisionada en las profundidades de la capacidad mental del hombre, la gran posibilidad de salud y curación y vida eterna aún está sin descubrir en las profundidades de la vida interna del hombre, y la gran llave al éxito y la opulencia todavía descansa dentro del potencial inexplorado del hombre. Oliver Wendell Holmes obviamente tenía esto presente al escribir:

Algunos hacen vibrar la cuerda mágica,
Y la Fama se jacta de alcanzarlos:
—¡Ay de aquellos que nunca cantan,
Sino que mueren con toda su música en ellos!³

Cuando medimos al hombre desde el punto de vista humano, terminamos con una tabla de limitaciones. Cuando le medimos desde el criterio de la Divinidad del Hombre, tenemos que concluir, con Jesús, que "todas las cosas son posibles". ¿Cómo te estás midiendo a ti mismo? Cualquiera que sea tu reto ahora, cualquier deseo que albergues, aun cuando su logro luzca como una imposibilidad humana —recuerda el principio de divinidad. Contémplate en términos de lo que puedes ser. Mira en derredor. ¿Ha logrado  algún otro lo que tú deseas? Entonces recuerda que lo que Dios ha hecho, Dios puede hacer. Pregúntate a ti mismo, ¿podría haber hecho esto Jesús? Si la contestación parece ser "Sí", entonces recuerda que El insistió en que todo lo que hizo, ¡tú también lo puedes hacer! Tal modo de pensar te podrá parecer extraño. Hasta te podría parecer sacrílego. Motívate tú mismo a seguir pensando tales pensamientos hasta que se vuelvan una segunda naturaleza para ti, porque eso es exactamente lo que es el Cristo en ti.

Una vez Jesús le preguntó a Sus discípulos (Mt. 16:13–17): "¿Quién dicen los hombres que es el Hijo del Hombre?" Ellos dijeron: "Unos, Juan el Bautista; otros, Elías; y otros, Jeremías o alguno de los profetas". El les dijo: "Y vosotros, ¿quién decís que soy yo?" Es posible imaginar el embarazoso silencio mientras los discípulos descifraban Su significado y buscaban una contestación. Fue Pedro el que se atrevió a responder: "Tú eres el Cristo, el Hijo del Dios viviente". Le respondió Jesús: "Bienaventurado eres, Simón, hijo de Jonás, porque no te lo reveló carne ni sangre, sino mi Padre que está en los cielos".

Su intención aquí es decir que no importa a quien estemos valorando, no podemos en verdad comprender al hombre por nuestro conocimiento de sus antecedentes o por nuestro análisis intelectual de su carácter. La única evaluación correcta de cualquier hombre es en términos de lo que él puede ser, de su potencial. Jesús le está diciendo a Pedro: "Tú no llegaste a una contestación debido a mi personalidad, ni mi estatura física ni por ningún detalle observable por medio de los sentidos. Has tenido una revelación interna de la divinidad dentro de mí. Has visto el Cristo, no por visión corriente sino por visión interna".

Tengamos cuidado en este punto, no sea que perdamos de vista el principio de la Divinidad del Hombre. Este incidente se ha usado mucho para probar que Jesús era el Cristo de Dios, que El era Dios bajando de "allá afuera" para vivir como un hombre por un tiempo. Repasa nuevamente el incidente y notarás que es Pedro y no Jesús quien está siendo alabado. Jesús había probado Sus capacidades divinas una y otra vez al mirar en el corazón de las personas y extraer de ellos su grandeza inherente. Pero ahora es Pedro el que tiene un destello de percepción espiritual y quien ve más allá de la persona a lo real, a lo divino, en Jesús. Pedro revela su propia divinidad sólo por el hecho de ver la divinidad de Jesús.

Jesús está encantado con esta evidencia de percepción espiritual. Le dice: "Tú eres Pedro, y sobre esta roca edificaré mi iglesia, y las puertas del Hades no la dominarán. Y a ti te daré las llaves del reino de los cielos . . . y todo lo que desates en la tierra será desatado en los cielos" (Mt. 16: 18–19).

Es lamentable que la confusión sobre este punto haya sido responsable del desarrollo particular de la iglesia cristiana. Se ha aceptado inequívocamente que Jesús está diciendo: "Pedro estoy tan orgulloso de ti que voy a construir mi organización eclesiástica sobre ti". Tan literalmente se ha aceptado así, que se asume que la Iglesia de San Pedro en Roma está construida sobre la tumba de Pedro.

¿Qué tenía en mente Jesús? Primero que nada, tenemos que recordar que el hombre que llamamos Pedro en realidad se llamaba Simón. "Pedro" fue un sobrenombre que se usó sólo después de este incidente. La primera vez que se usó fue cuando Jesús dijo: "Tú eres Pedro y sobre esta roca edificaré mi iglesia". El no estaba dando un nombre al hombre, sino alabando una cualidad desplegada por el hombre. La cualidad era *petros,* un término parecido a nuestra palabra "fe" —significa estabilidad como de una roca.

Jesús está alabando a Simón (Pedro) por ser estable y perceptivo. Y El está diciendo que es sobre este tipo de percepción que la iglesia tiene que construirse. Nosotros leemos en la palabra "iglesia" todo lo que ha llegado a significar desde entonces a través de los siglos. Pero en aquel tiempo, no había un precedente. La palabra "iglesia" entonces significaba "los llamados hacia afuera". Conocedores de que Jesús siempre trataba con los pensamientos más bien que con las cosas, podemos ver que estaba tratando con el conjunto de ideas en la conciencia espiritual. Pablo tiene que haber captado este significado porque dijo: "¿No sabéis que sois templo de Dios y que el Espíritu de Dios está en vosotros?" (1 Co. 3:16).

La "iglesia" que Jesús habla de construir es la vida interna del hombre. Está diciendo que para edificar esta vida interna tenemos que desarrollar la percepción de vernos a nosotros mismos y a los demás en el contexto de la Divinidad del Hombre. De hecho, parece evidente que Jesús le está dando a Simón (Pedro) una meta que alcanzar. Lo menos que Pedro demostraba era un carácter firme como de una roca. El era el más impetuoso e inestable de todos los discípulos. Probablemente Jesús había estado preocupado por él. Pero en este destello de percepción desde su naturaleza interior, "Pedro" había dado señal de su potencial interno. Jesús estaba feliz, y le dio un tratamiento de oración para fortalecer su conciencia de fe y de estabilidad. Sucesos posteriores nos muestran el esfuerzo de Pedro para corresponder a ese alto nivel de confianza depositado en él, pero finalmente llegó a demostrar todo lo que Jesús había reclamado para él y más aún. Cuando lo enfocamos bajo esa luz, hay esperanza para ti y para mí, ¿no es así?

Considera la pregunta: ¿Qué es el hombre? No lo que es este hombre o aquel hombre, en cuyo caso nos podrían afectar consideraciones de "carne y hueso". Sino ¿qué es el hombre en general? Esto no es fácil de decir porque hemos visto tantos niveles diferentes de expresión del hombre. Aún al considerar un hombre en específico, vemos la representación de sus posibilidades en varios grados de manifestación. Es como tratar de contestar la pregunta: ¿Qué es un diente de león? Es una semilla diminuta. Es un retoño verde que brota de la tierra. Es como un girasol dorado en miniatura. Y es una mota que se desintegra en un aguacero de diminutas joyas plateadas cuando sopla la brisa. Pero ¿qué es un diente de león? *Es la representación total.*

¿Qué es una bellota? Es un roble en cierne. ¿Qué es un huevo? Es la primera etapa en un desempeño que producirá un ave. ¿Qué es un hombre? Un hombre es lo que él puede ser. ¿Y qué es eso? Sólo la percepción espiritual lo puede decir. Contesta la pregunta desde el nivel "carne y hueso", y definirás al hombre como limitado a una parte de su función eterna. Pero el discernimiento espiritual revela que el hombre es "El Cristo, el hijo del Dios viviente".

En toda experiencia, la vida te pregunta: "¿Quién crees tú que eres?" El reto es para que te aquietes y reflexiones calladamente sobre el hombre total que eres. En lo humano, puedes estar muy enfermo, desilusionado, incapacitado. Pero eso es sólo una ojeada del eterno desempeño del alma en su viaje hacia el dominio. ¿Es el diente de león el pequeño retoño únicamente? ¿Eres tú exclusivamente la persona limitada que pareces ser, o que crees que eres? ¡No! Eres todo lo que puedes ser. ¿Y qué puedes ser? Desde el punto de vista de tu divinidad puedes ser una perfecta, saludable, confiada, radiante expresión del Dios viviente.

Así pues, cuando la vida demanda de ti: "¿Quién crees tú que eres?" habla la palabra de Verdad. Afirma para ti mismo: "Yo soy un ser espiritual. Yo soy íntegro y libre. Yo soy competente y estoy seguro de mí mismo. Soy el amo de mi vida".

La ciencia está a punto de descubrir la llamada "teoría del campo de vida". Esta se basa en la conjetura de que según el diente de león se mueve a través de toda su función —o su pequeña sinfonía de vida— hay un patrón electromagnético que rodea el proceso y se convierte en el director y en la partitura musical. La ciencia puede estar dando prueba del "Reino de los Cielos" que Jesús describió como localizado "dentro de ti". Bien puede ser que el "campo de fuerza" sea la divina actividad que se está especializando como tú. Es lo que tú puedes ser. Es la totalidad que está en ti aun cuando experimentas limitaciones. Pablo quizás tenía esto en mente al decir: "Sin discernir el cuerpo del Señor . . . hay muchos enfermos y debilitados entre vosotros" (1 Co. 11:29, 30).

Adolf Poremann, el distinguido zoólogo de la Universidad de Basilea, da un ejemplo emocionante de la evidencia de un cuerpo electrodinámico en su libro *New Paths in Biology* (Nuevos senderos en biología). Nos pide que consideremos el planario. Este es un gusano plano que se encuentra en la grava de río. Es una de las criaturas más insignificantes. Si nos sentimos inclinados a retroceder a la referencia del hombre como "gusano del polvo", considera el planario.

Si cortas un planario por la mitad, encuentras que cada mitad se desarrolla en un gusano completo. La parte del frente adquiere un nuevo cuerpo y la parte de atrás organiza para sí una nueva cabeza, íntegra con cerebro. Vamos a reflexionar sobre esta declaración asombrosa: "la parte de atrás organiza para sí una nueva cabeza". ¿Qué es este "ser" que crea un nuevo cerebro —un cerebro que tiene que guiar todo el organismo regenerado? ¿Cómo puede crear un cerebro, sin un cerebro para guiar el proceso? Este proceso de regeneración nos explica el proceso sanador del cual depende nuestra propia curación y bienestar diario cada día de nuestras vidas, y nos coloca cara a cara con el secreto del ser dentro de nosotros, la divinidad interna.

Cuando estás afrontando algún reto limitativo o tragedia, cuando te sientes fuertemente tentado a contestar la pregunta de la vida: "¿Quién crees tú que eres?" con la evaluación más baja posible de la "carne y sangre" —considera el planario. El todo está en el fragmento. Aun cuando "pierdes tu cabeza" hay una fuerza direccional dentro de ti. El todo está siempre en el fragmento. Lo que puedes ser es lo que ahora eres aunque no lo sepas y no lo estés sintiendo. Hay ayuda para ti, hay curación para ti, hay guía para ti. Y esta ayuda y curación y guía está en ti, en el Reino del Cielo en ti, en el cuerpo del Señor en ti, en el Cristo en ti. Pero esto eres tú. Reclámalo. Afirma la Verdad de tu integridad ahora.

Obviamente no vemos esta potencialidad en la vida de muchas personas. No es fácil verla en ninguna persona, ni aun en nosotros mismos. Por eso dice Jesús: "No juzguéis según las apariencias, sino juzgad con justo juicio" (Jn. 7:24). El está diciendo: "No te dejes engañar por la fachada, por la personalidad o superficialidad tuya o de otros. Siempre hay eso de ti que es más fuerte que tus debilidades, más sabio que tu insensatez, mejor que tus acciones".

Hasta el criminal es mucho mejor de lo que él cree ser. El también es una "composición", pero interpreta mal las notas y crea una disonancia. El Gran Maestro lo vería con percepción espiritual y llamaría la divinidad en él como llamó a Lázaro de la tumba. Le diría al hombre: "Tú eres un hijo de Dios, pero no lo has sabido. Has estado actuando la parte de debilidad, pero eres realmente fuerte. Acepta este ser de Dios de ti como tú, y vete y no peques más". Los criminólogos tienen que saber y trabajar con la metafísica del hombre si han de tener éxito en resolver los problemas del crimen en nuestros días. Las prisiones tienen que convertirse en instituciones de aprendizaje elevado, donde se acondicione al criminal a conocerse a sí mismo como una persona íntegra, donde se le enseñe a conocer y liberar los niveles superiores de su naturaleza.

Hemos estado encadenados a una desafortunada creencia en "gente buena" y "gente mala" y en "gente fuerte" y "gente débil". Asumimos que los problemas del mundo son causados por los "malos" y los "débiles". Este concepto tiene que cambiarse. Quizás sea una de las brechas más importantes que haya que abrir en nuestro tiempo. En el concepto de la Divinidad del Hombre, no hay gente mala ni débil. Unicamente hay gente buena expresándose a sí misma sólo parcialmente, y gente fuerte frustrando su potencial de fortaleza.

Muchos se opondrán diciendo: "¡No seas ridículo! ¿No es un hecho que este hombre que cometió ese crimen que aparece en la primera plana del periódico de hoy sea un criminal?" Es cierto que el hombre es un criminal en el nivel humano de su ser. Su función es antisocial, y evidencia depravación de valores morales o espirituales. Sí, todo esto es un hecho sobre ese hombre. Pero, ¿cuál es la Verdad respecto a él? ¿Otra vez qué es el hombre? El hombre es lo que él puede ser. ¿Qué es este hombre? Es un buen hombre, ignorante de su innata bondad, expresándose a sí mismo incompletamente, frustrando su divino potencial. Aceptado, él ha actuado el rol de criminal vicioso. Pero, ¿qué vamos a hacer con él? ¿Encerrarlo? ¿Encadenarlo? ¿Castigarlo? Pero, ¿puede esto realmente corregirlo? ¿Le cambiará su opinión de sí mismo?

¿Queremos en realidad separar lo malo de lo bueno, la paja del grano, de modo que los buenos puedan disfrutar de la vida en libertad? Si es así, ¿quién va a decidir lo que es malo? ¿Es todo blanco o negro? Hitler tomó la decisión de separar la raza "aria" de aquello que era "impuro". Hasta pensó en los viejos y los débiles como "malos" en términos de una raza perfecta. Aun con nuestro elemento criminal, ¿se trata sólo de crimen u honestidad? ¿Y qué hacemos con el criminal? La solución de Hitler fue aterradora, pero ¿qué solución le podemos encontrar?

El hecho es que todo nuestro programa de tratar con la delincuencia y el crimen ha estado basado en un esfuerzo irreal e inmaduro de remover la aberración de nuestra vista. El niño desobediente le recuerda al padre su propia debilidad, así es que "enciérralo en su cuarto hasta que aprenda su lección". ¿Cuál lección? ¿Qué es malo y débil? Si un padre no cree que todos los niños son innatamente buenos y fuertes, ¿qué esperanza puede haber para la sociedad?

Si realmente queremos ayudar a la gente en su "función" discordante tendremos que desarrollar la visión interna que Jesús alabó en Pedro, de modo que miremos más allá de la apariencia de "carne y sangre" y veamos el Cristo, el hijo del Dios viviente. Tendremos que desarrollar la percepción para intuir la dimensión espiritual de sus vidas, para verlos íntegros, para saludar la divinidad en ellos. Un niño entra corriendo a la casa después de haber estado jugando en la canaleja del carbón. Su madre exclama: "¡Tú eres un niñito sucio!" Pero él no es un niñito sucio. Es un niño con manos y cara sucias. Lávalo y vístelo y veremos que se revela bajo la superficie el buen niñito que siempre ha sido. Hay muchas personas con manos y caras sucias, pero no hay gente sucia.

El poeta-filósofo alemán Goethe, sostiene que cuando aceptamos a un hombre como es, lo hacemos peor; pero cuando aceptamos a un hombre como si ya fuese lo que debiera ser, le hacemos lo que puede ser. El niño que es tomado sólo como es, cuya potencialidad es ignorada o menospreciada, permanece donde está o quizás da marcha atrás. Pero el niño que es tratado como que ya es lo que debe ser, a menudo empieza a hacer el más asombroso progreso hacia lo que puede ser.

Jesús resume Su enseñanza de la Divinidad del Hombre en la parábola del Hijo Pródigo. La historia dice, muy sencillamente, que el hombre es un ser espiritual pero tiene que estar "enchufado". Si se separa de su fuente, llega a "conocer la escasez". El hijo menor cogió su herencia y se fue a una "provincia apartada" donde vivió perdidamente. Viviendo en la circunferencia de la experiencia, sólo se podía identificar a sí mismo desde la "observación de carne y sangre". Así, llegó a vivir en la escasez, como nos sucede siempre que olvidamos quienes somos.

El hijo y el padre en la historia son realmente una sola persona. Ellos representan: (1) tu integridad o sea el Cristo en ti y (2) el nivel actual de tu "función" (eso es, lo humano y lo divino en ti). La conciencia humana llega a creer, con Yeats, que la llave de la vida y el vivir no está en el centro sino en algún sitio afuera en la circunferencia giratoria. Esta es la primera etapa de lo que termina en enfermedad, fracaso, infelicidad y confusión interna y externa.

Finalmente, él "volvió en sí". De pronto, después de mucho sufrir vio su experiencia como lo que era, y se vio a sí mismo como lo que él era. Había sido como si hubiera estado soñando y se hubiera despertado. El dijo: "Me levantaré e iré a mi Padre". Esto indicaba la firme resolución de regresar en conciencia a la persona íntegra que él era en realidad. Y cuando de hecho retornó, fue grandemente bendecido. El niñito sucio era únicamente un niño con cara y manos sucias.

A pesar de la pecaminosidad del hombre, la depravación,

la enfermedad, la desesperación, él puede "volver en sí" en cualquier momento y encontrar curación, porque el hombre es un ser espiritual. No hay pecado imperdonable, no hay criminal incorregible, no hay condición incurable. Esta es la conclusión obvia a derivarse de la parábola del Hijo Pródigo, y del principio de la Divinidad del Hombre que ella expresa. Jesús está diciendo que cualquier hombre puede volver en sí y liberar su divinidad innata. Esta es la meta de cada persona, y cada experiencia en la vida, difícil como pueda parecer, es una oportunidad de dar el paso que conduce hacia la "gloriosa posibilidad" que eres.

Ernest Holmes ha dicho:

Escondida en la mente del hombre hay una Divinidad; encarnada en ti y en mí, hay aquello que es la encarnación de Dios. Esta Divina Filiación no es una proyección de aquello que es distinto a nuestra naturaleza, no es una proyección de lo Divino a lo humano. Dios no puede proyectarse El mismo fuera de Sí mismo; Dios sólo puede expresarse El mismo dentro de Sí mismo. No hay y no puede haber tal cosa como un individuo diferente o desunido que estuviera separado del Universo . . . El hombre no es un individuo en Dios, porque esto presupondría aislamiento, separación y desunión. El hombre es una individualización de Dios. No hay Dios más allá de la Verdad, y ninguna revelación más elevada que el reconocimiento de la Divinidad en nosotros.[4]

Hay una preciosa palabra hindú de bienvenida o saludo *Namaskar* (se pronuncia "nummusKAR"). Literalmente significa "yo saludo la divinidad en ti". El uso de esa forma de saludo edificaría la percepción que Jesús estaba alabando en Pedro. ¡Qué maravilloso si pudiéramos acercarnos a cada persona con quien tenemos que establecer una relación en la conciencia de "Tú eres el Cristo, el Hijo del Dios viviente". ¡Namaskar!

El uso de este saludo nos ayudaría a expresar lo mejor en nosotros y nos ayudaría a recordar el tratar a otras personas como almas y no personalidades. Sería una buena afirmación para usarse cuando nos encontramos molestos o enojados con alguien. Más rápido que contar hasta diez, podemos decir, "¡Namaskar!" Saludo la divinidad en ti.

Podríamos usarlo para nosotros mismos al despertar en la mañana. ¡Namaskar! "Saludo la divinidad en mí. Soy fuerte y capaz. Puedo hacer todo lo que necesito hacer hoy. Mi mente está alerta, mi cuerpo vital y saludable y mi camino estará salpicado de oportunidades maravillosas. No importa lo que este día me traiga, hay algo en mí que es lo suficientemente grande para enfrentarlo, vencerlo y ser bendecido por ello. ¡Namaskar!"

No importa donde estés o lo que puedas ser, no importa lo mucho que hayas perdido o lo poco que hayas ganado, no importa cuán lejos creas hallarte de las alturas que has fijado para ti o que sientes que Dios ha establecido para ti, el poder de llegar a ser es tu herencia divina. Tú puedes superarte, triunfar, ser sanado —si crees en tu divinidad, la bendices, actúas como si fuera lo real y verdadero de ti y continúas en el esfuerzo de "abrir un camino por el cual pueda escapar el esplendor aprisionado".

Aquel cuyo corazón está lleno de bondad, y verdad;
aquel que ama a la humanidad más que a sí mismo,
y no puede encontrar sitio en su corazón para odiar,
puede ser otro Cristo. Todos nosotros podríamos ser
los Salvadores del mundo, si creemos
en la Divinidad que en nosotros mora
y la adoramos, y clavamos nuestras densas
    personalidades,
nuestra impaciencia, nuestra avaricia y nuestras
    metas indignas,
en la cruz. El que le da amor a todos
da bondad por desamor, sonrisas por ceños
    fruncidos,
nuevo valor a todo corazón abatido,
y fortalece la esperanza y disemina alegría por
    doquier,
él, también, es un Redentor, Hijo de Dios.

                    —*Ella Wheeler Wilcox*[5]

## Capítulo seis

# Las asombrosas bienaventuranzas*

S I DESEAMOS CONOCER LA FILOSOFÍA básica de un científico o de un político o de un sabio, es lógico estudiar sus discursos —especialmente los que van dirigidos a los miembros de su propia profesión. Así, pues, parecería igualmente lógico, si queremos averiguar lo que en verdad enseñó Jesús, dejar de un lado por un rato los volúmenes de sermones y ensayos de Jesús, y estudiar el único sermón de Jesús que quedó totalmente registrado: Su inmortal Sermón del Monte.

El Sermón del Monte es un escrito magistral; bien detallado y bien organizado (Mateo, capítulos 5 al 7). El Dr. George Lamsa es de la opinión que Jesús tenía un manuscrito cuidadosamente preparado para este sermón en particular, y muy posiblemente cayó en manos de Mateo. Es un punto interesante, ya que Mateo es el único es-

---

*En inglés el autor separa esta palabra en dos y añade una T —Be Attitudes— que tiene el mismo sonido, pero otro significado: "Actitudes de Ser".

critor que anota este sermón sin abreviar. Una versión más corta aparece en Lucas 6:17-49, que aparenta haber sido copiada de la versión de Mateo.

La introducción al sermón, propiamente dicho, es un poema en prosa de ocho versos que se ha llamado "Las bienaventuranzas" y que es un sumario general de la religión de Jesús. El no empieza diciendo: "Tú debes hacer esto" o "Tú no harás aquello". Ese era el estilo de "la ley y los profetas" que enfatizaban la conformidad a prácticas externas tales como guardar el Sábado o celebrar la Pascua.

Jesús no habla de conformar sino de transformar. Pablo refleja este ideal cuando dice: "No os conforméis a este mundo, sino transformaos por medio de la renovación de vuestro entendimiento" (Ro. 12:2). El viejo orden le enseñaba a los hombres qué hacer. Pero Jesús les enseñó qué ser, cómo pensar. Así pues, el bosquejo de Sus ideales es una serie de actitudes de ser, de estados de mente que claramente prometen resultados determinados que siguen a ciertos cambios internos.

Jesús no enseñó teología ni doctrina. Su enseñanza es sencilla, directa y práctica. Todas las complejidades, las formas, las ceremonias, el ritual, las prácticas y las vestimentas, se han ido añadiendo a través de los largos años de la evolución de la religión sobre Jesús. Jesús no autorizó tales cosas.

Nos dice Emmet Fox:

Hombres realmente sinceros, por ejemplo, se han designado ellos mismos líderes cristianos, con los más imponentes y presuntuosos títulos, y después se han vestido de hábitos elaborados y suntuosos para impresionar así a la gente, a pesar de que su Maestro en el lenguaje más sencillo, ordenó estrictamente a Sus discípulos que no hiciesen nada de eso. "Mas vosotros no queráis ser llamados Rabí; porque uno es vuestro Maestro, el Cristo; y todos vosotros sois hermanos".

Las bienaventuranzas (las *actitudes de ser*) comienzan con la palabra "bienaventurados, que se usa con el significado de "bendecidos". Es una palabra importante. Bendecir es "alabar, engrandecer, ensalzar; conceder la providencia su protección o colmar de bienes". Así, "bendecido" hace una promesa maravillosa, diciéndote lo que te sucederá si acondicionas tu mente a la aceptación total de esas actitudes. En cada caso, a través de las ocho *actitudes de ser,* el "bendecido" es la definición, en una palabra, de todo el bien que llegará a ti si comprendes y vives esas asombrosas actitudes de SER.

*Bienaventurados los pobres de espíritu:*
*porque de ellos es el reino de los cielos.*

Hemos estado por mucho tiempo sobreponiéndonos al mal entendido que ha estigmatizado esta bienaventuranza. A través de las edades del cristianismo, ser pobre ha sido una virtud. "Sufre pacientemente tu pobreza de hoy, porque en algún cielo futuro tendrás tu recompensa." Este tema ha prevalecido a lo largo de la enseñanza sobre Jesús. Pero es un mal entendido del significado implícito en estas palabras significativas.

La raíz de la palabra que se traduce como "espíritu" es traducible más exacta y expresivamente como "orgullo"

—"pobres en orgullo". Jesús dice: "de ellos es el reino de los cielos". Pero ten presente que "cielos" como Jesús usa el término, no es un lugar en la bóveda celeste ni una recompensa en la vida por venir. La palabra "cielos" viene de una raíz griega que significa "en expansión". Así pues, Jesús está hablando del potencial en expansión dentro del individuo —dentro de ti. "Cielos" es el potencial del Espíritu en ti que está envuelto dentro de tu naturaleza humana.

Ser pobre en espíritu u orgullo significa no desear más el ejercitar tu voluntad personal en la búsqueda por la autorrealización. Tú no puedes tomar las puertas del cielo por asalto. No puedes lograr una comprensión de Dios a través del intelecto únicamente. Eruditos de todas las épocas han pasado innumerables horas tratando de racionalizar o de definir intelectualmente a Dios. Nadie lo ha logrado jamás. La historia registra que en cierta ocasión un grupo de teólogos debatió por varios días sobre cuántos ángeles podían bailar en la punta de un alfiler. Este fue un esfuerzo sincero, pero mal dirigido, de encontrar a Dios a través de la razón.

"Bendecidos son los pobres en orgullo." Bendecidos son aquellos que pueden abandonar el esfuerzo por comprender intelectualmente, que aceptan las cosas profundas del espíritu como un niño. Bendecidos todos aquellos que son educables, de mente abierta, receptivos a la Verdad, dispuestos a renunciar las opiniones y los prejuicios preconcebidos y a abrigar un nuevo concepto de la vida.

Si vas a la Universidad hoy, y quieres comprender la nueva ciencia del Universo a la luz de lo que se ha desarrollado en la Epoca Atómica, tendrás que abandonar muchas ideas que quizás aprendiste como hechos ciertos en cursos de química o física hace veinticinco años. En otras palabras, antes de poder entender lo que se está enseñando, tienes que ser educable, tienes que ser "pobre en orgullo", tienes que estar dispuesto a decir: "Yo no sé la respuesta, pero estoy dispuesto a aprender". Esta no es una actitud mental fácil de asumir. El saber realmente la Verdad significa mucho más que conocer la Verdad. Puedes leer muchos libros y aprobar muchos cursos de estudio. Hasta puedes conseguir una buena comprensión de principios metafísicos. Pero, para saber la Verdad, tienes que proseguir, más allá del final del libro, más allá de la finalización del curso. Tienes que seguir adelante hasta que verdaderamente caigas en cuenta. La Verdad no es algo hacia lo cual tú vas, sino algo que viene a ti. Es una revelación interna.

Un joven rico se acercó a Jesús en cierta ocasión para convertirse en discípulo. Jesús le dijo al joven que tenía que vender todas sus posesiones y darlo todo a los pobres y entonces regresar para unirse al grupo. Se nos cuenta que el joven "se puso muy triste porque era muy rico". Es una historia triste. El joven, sencillamente no comprendió. Jesús no quiso decir que uno tiene que ser pobre para ser un seguidor de la Verdad.

Jesús se refería a las posesiones de la mente —equipaje mental. Y ahí el joven estaba recargado. Su problema no era asunto de posesiones de valor intrínseco, sino de la mente llena de valores falsos, incluyendo la noción de que las riquezas eran la llave a su seguridad. Podríamos decir que él no tenía grandes posesiones. ¡Las grandes posesiones lo tenían a él! Jesús, simplemente estaba poniendo a prueba al joven para ver si estaba listo para caminar el sendero de disciplina de mente y espíritu. Si el joven hubiera podido renunciar a sus riquezas, no lo habría tenido que hacer. El que no pudiese hacerlo, indica que no podía entrar a dimensiones más elevadas de espíritu. Es una historia triste y solemne, con profundas implicaciones personales.

"Bendecidos son los pobres en espíritu", que están receptivos al fluir de bien a través de ellos y que reconocen a Dios como la fuente. "De ellos es el reino de los cielos" —ellos de seguro liberarán el esplendor aprisionado en sus propias profundidades.

Así pues, he aquí la primera *actitud de ser* en la forma de un tratamiento afirmativo:

* YO ESTOY ACCESIBLE Y RECEPTIVO A LA AFLUENCIA Y A LA EFUSION DE TODO LO QUE EXISTE EN DIOS.

*Bienaventurados los que lloran:*
*porque ellos recibirán consolación.*

Esto generalmente se ha interpretado como: "Tú eres ricamente bendecido por tener tragedia y sufrimiento ahora, porque tu recompensa vendrá en un cielo futuro". Siempre me apena el leer u oír palabras de "consuelo" para los enfermos que dicen que "tu deber es estar enfermo, es tu cita con el cielo" y que "no hay otro camino al cielo que el sufrimiento". Y la parte triste es que estos pensamientos se ofrecen en el nombre de Jesucristo.

Pero eso no es en modo alguno todo lo que Jesús tenía en mente en esta actitud de ser. Jesús no está diciendo que al hombre le es necesario sufrir o experimentar tragedias, porque no puede haber sufrimiento ni sentido de tragedia para el que entiende la dinámica de su divinidad innata. El que en verdad se conoce a sí mismo, no caerá víctima de la pena o el desconsuelo, porque siempre será el amo de sí mismo en toda circunstancia.

Sin embargo, la pena y el infortunio, causados por el pensar equivocado, pueden ser útiles. Muchas personas se niegan a abrir sus mentes a la Verdad hasta que se sienten de espaldas a la pared, hasta que "están de rodillas". En este caso, la pena puede ser algo bueno porque una bendición puede surgir del hecho de que en la desesperación de su sufrimiento están dispuestas a dejar ir.

Jesús nos está diciendo que hay dos maneras por las cuales podemos llegar a un conocimiento de la Verdad y experimentar la liberación de nuestro poder interno: (1) Podemos ser "pobres en espíritu" y simplemente dejar ir instantáneamente con la receptividad de un niño, y dejar a nuestro ser crístico expresarse, o (2) podemos resistir la Verdad de nuestra divinidad hasta que nuestra vida sea devastada por los frutos del pensar equivocado, tales como: enfermedad, sufrimiento y fracaso. Entonces, en estas experiencias podemos encontrar que nuestra propia voluntad se resquebraja y es reemplazada por un nuevo deseo de buscar la Verdad absoluta de Dios. Así pues, Jesús está diciendo: "El hombre que sufre es afortunado, porque en su dolor, puede llegar a experimentar la presencia de Dios en su vida".

No es cierto que Dios envía problemas al hombre, ni que el hombre no puede alcanzar el cielo del logro sin retos. Sin embargo, lo humano en nosotros tiende a estacionarse en hábitos y rutinas y a resistir el crecimiento que demanda el potencial en expansión de nuestra propia divinidad. Por lo tanto, puede ser que cuando nos viene un problema serio, eso sea una bendición fortuita ya que nos impulsa a "activar el don de Dios" dentro de nosotros.

Así pues, la segunda *actitud de ser* puesta en forma de tratamiento es:

• YO ESTOY AGRADECIDO POR LOS RETOS QUE ME
   LLEVAN MAS ALLA DE MI ADVERSIDAD A LA
   OPORTUNIDAD QUE DIOS ME OFRECE.

*Bienaventurados los mansos:*
*porque ellos recibirán la tierra por heredad.*

Desde el punto de vista humano, esta declaración o promesa es ridícula. No hay duda que el agresivo y no el manso es el que hereda y posee la tierra. En realidad, el individuo común tiene muchos momentos de desaliento cuando cavila sobre las grandes injusticias de la vida, porque "aquellos" siempre parecen tener las oportunidades.

Algunos han pensado que Jesús está hablando sobre un futuro milenio cuando sucederán estas cosas, cuando el quieto y el tímido tendrán la ventaja y el agresivo y el arrogante perderán su poder. Pero Jesús insistió en que "El reino de los cielos está a la mano". Sus enseñanzas siempre versaban sobre el ahora de la experiencia.

Jesús no está hablando sobre la "mansedumbre" como un acercamiento a la gente. El se está refiriendo a una actitud hacia Dios. Jesús era humilde hacia Dios. El sabía que "por mí mismo, nada puedo hacer". Reconocía que El era sólo el hijo de un sencillo carpintero, que había encontrado su unidad espiritual con Dios, y con este descubrimiento había interceptado los secretos del Universo.

El gran tenor Roland Hayes, cuando se presentaba por primera vez ante su audiencia en un concierto, acostumbraba hacer una pausa cerrando los ojos para observar un minuto de silencio. En cierta ocasión un reportero le preguntó sobre ello. Hombre humilde, Hayes titubeaba en revelar su secreto. Finalmente admitió que oraba. Cuando le preguntaron cómo oraba, él respondió: "Simplemente me pongo en silencio y en actitud receptiva digo: 'Señor, eclipsa a Roland Hayes, para que la gente pueda oír sólo a Ti'". Esta es la mansedumbre que compele a Dios.

La palabra griega *praeis,* que nosotros traducimos "manso", tiene la connotación de "domesticado", desde el punto de vista de enjaezar aquello que es salvaje y desenfrenado. Las cataratas del Niágara son un ejemplo de poder en bruto y desenfrenado. Hay fuerzas tremendas envueltas en la arremetida del río Niágara sobre las cataratas. Esta vasta energía se desperdició por millones de años hasta que construimos varias plantas para enjaezar ese poder para producir electricidad. Hoy las cataratas están "domadas", según el agua hace mover grandes turbinas para generar electricidad para muchas ciudades del Este del país. Dependemos grandemente de la electricidad, como lo verificó el gran apagón de 1965. Así, la mansedumbre de las cataratas del Niágara ha heredado la tierra.

Mansedumbre es una sensitividad o entrega de conciencia a la influencia de algo. Cuando Jesús dice: "Bienaventurados los mansos", El no quiere decir entrega a personas, sino a Dios. El mejor conductor de electricidad es la substancia que es menos resistente al fluir de la corriente eléctrica. De igual modo, el mejor conductor de poder divino es la persona que no resiste el fluir del poder divino. Esta actitud viene de una convicción de que Dios es siempre la contestación a las necesidades humanas y de una disposición de someterse de todo corazón al fluir del Espíritu en y a través de nosotros.

El hombre que está "peleando por sus derechos" está trabajando del modo equivocado. La única manera de estar seguro de que obtenemos nuestros "derechos" en la vida es "enchufar" y dejar que la divina actividad de luz y amor se exprese a través de nosotros para hacer las cosas de la manera correcta y perfecta en el momento correcto y perfecto. El artista, el compositor, el científico, todos los investigadores demuestran esta actitud de mansedumbre hacia la ley, hacia la fuente interna de ideas. Einstein dijo que grandes ideas vinieron a él después que se había relajado y había cesado de buscar afanosamente su objetivo. La mente mansa o receptiva induce a las ideas de Dios.

La conciencia mansa no está centrada en sí misma. Está centrada en Dios. Es humilde en el reconocimiento de limitaciones humanas pero confiada en la convicción de recursos divinos. Esta persona no teme a la opinión pública, ni a la resistencia —ni tan siquiera al fracaso. Porque el éxito para esta persona no es asunto de aceptación pública sino de aceptación de Dios.

Sin embargo, la verdadera mansedumbre no es un despliegue de humildad o de autodegradación arrogante para atraer atención. Cuando Tomás Mann visitó América por primera vez, un literato de Hollywood se rebajó a sí mismo ante el novelista, insistiendo que él no era nada, una mediocridad, que su obra no podía mencionarse al mismo tiempo que la del Maestro. Mann le escuchó con infinita paciencia y cortesía, pero al finalizar la fiesta se dirigió a su anfitrión y amigo diciendo: "Ese hombre no tiene derecho a empequeñecerse tanto. El no es tan grande".

/Comprende que la gran fuente de sabiduría es la intuición, la gran fuente de visión es el discernimiento, la gran fuente de poder es el innato poder espiritual./Trabaja diligentemente para lograr esta conciencia de mansedumbre que es el "domar" o aprovechar tu potencial interno —y te convertirás en un maestro en tu campo. "Heredarás la tierra."

Ahora, vamos a convertir esta bienaventuranza en una *actitud de ser*. Afirmemos:

• ESTOY EN ARMONIA CON DIOS —AQUELLO QUE ES INSPIRADO POR DIOS Y DIRIGIDO POR DIOS PREVALECERA.

*Bienaventurados los que tienen hambre y sed de justicia: porque ellos serán saciados.*

Es importante que recordemos una y otra vez en nuestro estudio de los Evangelios, que Jesús está tratando con una sola cosa: "estados de conciencia". Como se usa aquí, la palabra "justicia" simplemente significa "recto pensar".

Hemos tenido cantidad de "actitudes confusas" sobre la justicia. Hemos pensado que esto se refiere a vivir por un código religioso, a ir a la iglesia, a cargar un devocional debajo del brazo, a hacer todo lo que se relaciona a la aceptación formal de creencias religiosas. Es desafortunado que para muchos la religión es un gran cliché y su práctica es la repetición de pomposas trivialidades. Esto está muy lejos del concepto de justicia de Jesús.

Jesús trata con las actitudes y no con las trivialidades. Las actitudes correctas son las que hacen a un triunfador. Las actitudes correctas son las que hacen y mantienen la buena salud. Las actitudes correctas son las que hacen posible que una persona controle los excesos en el beber, comer o fumar. No importa cuál pueda ser tu necesidad, tú puedes ser "transformado por la renovación de tu mente". Una actitud correcta es la llave a cualquier bien deseado.

"Pero", está diciendo Jesús: "tienes que tener hambre". Puedes desear curación y afirmar vida e integridad para ti mismo. Pero es necesario que tengas "hambre y sed" de salud, que la desees sobre cualquier otra cosa, que la desees lo suficiente como para descartar las emociones de autosufrimiento y la satisfacción que resulta de la compasión y la atención de otros.

A veces se dice que un atleta "no tiene suficiente hambre". Con esto se quiere decir que no está dando lo mejor de sí, no está actuando al máximo de su capacidad porque está satisfecho consigo mismo e indiferente. No es siempre el más fuerte ni el más rápido ni el mejor el que gana en atletismo, sino aquel que tiene el deseo más profundo.

Tener "hambre y sed de justicia" es querer ser ayudado y sanado hasta el extremo de renovar la mente. Si una persona está por el suelo, la única forma de salir de ahí es mirar hacia arriba y tratar de agarrarse de algo más elevado. Se le puede ayudar. Puede levantarse del fango de la vida, pero primero tiene que empezar a tener pensamientos que corresponden a estar "fuera-del-fango". Esto es cierto en todo nivel de la experiencia humana. Si una persona está enferma en mente o cuerpo, antes de poder salir del padecimiento de la enfermedad, tiene que empezar a pensar en sí misma como libre de eso. Tiene que elevar su visión. Tiene que concebir la posibilidad de algo diferente en su vida. Tiene que desearlo lo suficiente como para esforzarse por alcanzarlo —y esa aspiración, es en efecto, la aceptación.

Se cuenta de un maestro místico en la India que usó una técnica interesante para impresionar a sus estudiantes con la importancia del "hambre y sed de justicia". Llevaba a un estudiante al río, le metía la cabeza bajo el agua y ahí lo sujetaba a la fuerza hasta que los pulmones estaban casi por explotar. Finalmente después de dejarlo levantarse, el maestro le preguntaba: "¿En qué estabas pensando? ¿Qué querías más que ninguna otra cosa en el mundo?" La contestación del estudiante era siempre la misma: "¡Aire!" "¡Quería aire!" Le decía el maestro: "¡Ah! Cuando tú desees a Dios tanto como hace unos minutos deseabas aire, entonces serás saciado".

La idea fundamental de la enseñanza de Jesús es que el hombre es esencialmente una criatura divina. El potencial para ser íntegro está por siempre con él y dentro de él. Así pues, la ayuda y sanación no dependen de ningún acto especial o de la voluntad de Dios. Son un asunto exclusivo de la fe y la visión de la persona, de su deseo y aceptación, de su "hambre y sed de justicia". Si los hombres cumplen su parte, la promesa es "serán saciados".

Por lo tanto, he aquí otra vital *actitud de ser* para ser incorporada en nuestra conciencia:

* YO BUSCO CON TODA MI MENTE Y CORAZON,
   Y ENCONTRARE.

*Bienaventurados los misericordiosos:
porque ellos alcanzarán misericordia.*

Esta actitud revela la ley de conciencia. Si quieres ser amado, tienes que amar; si quieres amigos tienes que ser amigable; si quieres trato justo, sé justo. La vida se vive de adentro hacia afuera. No siempre podrás cambiar el mundo que te rodea, pero siempre podrás cambiar tus pensamientos acerca del mundo; y al hacerlo, cambias tu mundo, que es el mundo de tu pensar.

Esta es una lección fuerte para la mayoría de nosotros, porque no estamos acostumbrados a creer que podemos resolver nuestros problemas con la gente y con el mundo mediante un ajuste interno. Nos inclinamos a pensar "Si mi esposa dejara de protestar . . .; si mi jefe me dejara tranquilo . . .; si el tiempo no estuviera tan malo como usualmente está . . .; si esto o lo otro o lo de más allá sucediera, entonces yo sería feliz".

Jesús está enfatizando que lo que viene a ti es lo que tu conciencia ha atraído para ti. Puede que no te guste lo que ves en tu mundo, pero tus actitudes y reacciones han sido la fuerza de atracción. Tú puedes cambiar el patrón de atracción y así cambiar tu mundo. Es por eso que Jesús luego dice: "Ama a tus enemigos y ora por los que te aborrecen" —no porque ellos se lo merezcan, sino porque tú tienes que subir un escalón en conciencia para evocar un funcionamiento más alto de la ley. Mientras tengas un enemigo, también tienes enemistad. Podemos debatir si el enemigo causó la enemistad o si la enemistad atrajo al enemigo. Pero todo eso se vuelve académico si tú quieres la libertad lo suficiente como para dar el primer paso —neutraliza el patrón mental de enemistad dentro de ti. Cuando no tienes enemistad, no tienes enemigos —en lo que a ti concierne.

A menudo, debido a un sentimiento de insuficiencia como persona, formamos nuestras actitudes después de haber "evaluado" nuestro mundo. Y por lo tanto decimos: "Hay peligro ante mí, así pues, tengo miedo, las personas me miran fijamente, así pues, estoy consciente de mí mismo; las personas parecen menospreciarme, así pues, estoy lastimado; dicen que vamos a entrar en una recesión económica, así pues, estoy preocupado". Este es un enfoque muy corriente, pero totalmente irreal, de la vida.

Decide la clase de mundo que quieres experimentar, la clase de amigos que quieres tener, el éxito que quieres lograr y la clase de condiciones que te gustaría ver manifestadas en tu hogar, tu vecindario, tu oficina —y empieza a pensar la clase de pensamientos que las atraerán a ti por la fuerza irresistible de conciencia.

Y la consecuencia natural maravillosa de esta ley es que cuando construyes una conciencia de amor, justicia, amistad y paz, ya no buscas ni te identificas con ninguna aparente enemistad o injusticia en otros. Tú realmente caminas dentro de un círculo mágico de protección. Atraes hacia ti la mejor clase de gente, y atraes lo óptimo de todas las personas con quienes te asocias.

Vamos a construir esta actitud de ser en nuestra conciencia:

* MANTENGO MIS PENSAMIENTOS CENTRADOS SOLO
EN AQUELLAS
COSAS QUE DESEO VER MANIFESTADAS EN MI VIDA.

*Bienaventurados los de limpio corazón:
porque ellos verán a Dios.*

En el nivel humano, el contacto del hombre con el mundo que le rodea es a través de los sentidos, predominantemente la vista. En este nivel, él ve el bien y ve el mal, y la vida es una experiencia precaria. Pero la vida es un todo, aunque el hombre sólo vea una parte. Así, Jesús dice: "No juzguéis según las apariencias, sino juzgad con justo juicio" (Jn. 7:24). El está diciendo, no permitas que lo aparente obstruya lo real.

El hombre humano defenderá su evaluación de los hechos de la vida. "Las cosas son como son y no hay nada que yo pueda hacer sobre el particular", dirá él. Sin embargo, lo que los ojos reportan es determinado por lo que la mente cree. Shakespeare refleja este concepto cuando dice que nada es bueno ni malo, sólo el pensar lo hace así.

Esta *actitud de ser* sugiere la tremenda percepción de la naturaleza interior que será tuya cuando desarrolles pureza interna de pensamiento. "Levanta tus ojos" y centra tu pensamiento en lo bueno, lo verdadero, lo bello y verás a Dios. Esto requiere disciplina de pensamiento, porque no es fácil ver belleza en lo feo, vida en la enfermedad o abundancia en la pobreza. "Levantar tus ojos" significa salirte del fragmento e ir al todo, de la proyección defectuosa a la imagen que está siendo proyectada, de la suma incorrecta al principio matemático.

Tenemos una paradoja. Se nos dice: "A Dios nadie lo ha visto jamás" (Jn. 1:18), mas aquí se nos promete que los "puros de corazón verán a Dios". La contestación es simple, pero no debemos tomarla a la ligera porque se comete un error bastante común. Tú no puedes ver a Dios con los ojos humanos en el sentido de localizarlo en un lugar, manifestándose como una forma. Dios no es para ser visto con los ojos físicos, pues Dios es un todo del cual el hombre es una parte. Cada parte es una manifestación de Dios, una expresión de la Mente infinita, una animación de la vida de Dios, una actividad de la Substancia Divina. Así, toda parte contiene la esencia, y por lo tanto el potencial del todo. Si el hombre está consciente del total dentro de sí mismo, entonces él es íntegro. Fue en esta conciencia que Jesús declaró: "El que me ha visto a mí ha visto al Padre".

Cuando el hombre aprende a ver en la conciencia de Dios, entonces ve más allá de las apariencias al potencial innato de todo lo que aparece. "Recto juicio" es ver desde la conciencia de Dios. Y este es el significado de "Bendecidos los de limpio corazón; porque ellos verán a Dios". Cuando tú eres puro de corazón, cuando estás inalterablemente convencido de que "Hay una sola Presencia y un solo Poder, Dios, el bien, omnipotente", entonces ves a Dios en todas partes, ves el bien por dondequiera. Sin embargo, estás viendo las cosas, no como ellas son, sino como tú eres.

Este modo de ver es una visión interna que influye en la perspectiva. Los ojos físicos dejan de ser órganos de impresiones sensoriales. Se convierten en canales para la expresión de poder interno. El "ver" se convierte en una proyección actual del poder de Dios —un poder de bendición. Cuando tú eres de "limpio corazón", cuando estás establecido en el principio espiritual, contemplas todas las cosas desde la conciencia de Dios. Jesús vio a Dios, o sea el bien, en todos los hombres. Rehusó aceptar la creencia en el hombre parcial de pecado, o de debilidad o de aflicción. El vio el hombre íntegro dentro de la parte, y esta "visión" fue la llave de Su poder sanador.

El hombre no está en el mundo para corregirlo, sino para verlo correctamente y la visión correcta es el pasaporte de la ilusión al cielo del logro. Si tú quieres cambiar el mundo, o ser una influencia para el cambio, tienes que empezar dentro de ti mismo, cambiando tu modo de ver el mundo. Regresa al principio —un Universo íntegro, un hombre íntegro. Mira en esta pureza de conciencia y proyectarás un poder sanador o integral.

Muchos predicadores enfocan su visión en, y semana tras semana predican sus sermones sobre, el pecado y el mal. A la iglesia le haría bien embarcarse en una "nueva evangelización" basada en la omnipresencia de Dios, el bien, y en la práctica de ver la vida desde el punto de vista más elevado en vez de desde el más bajo. La gente necesita ser entrenada para desarrollar una visión orientada espiritualmente que les guíe hacia una perspectiva positiva, creativa y amorosa. Cuando suficientes personas tengan este entrenamiento, y desarrollen la habilidad de ver desde la conciencia de Dios y de proyectar esa conciencia al ver la profundidad en cada experiencia y tratar con lo más elevado en cada hombre, entonces, pronto empezaremos a ver el desenvolvimiento progresivo del milenio del Cielo en la tierra.

Esta es una *actitud de ser* tremendamente importante. Vamos a ponerla en una afirmación útil para el tratamiento de uno mismo:

* YO VEO EL MUNDO, NO COMO ES, SINO COMO YO SOY, Y YO ESTOY EN UNIDAD ESPIRITUAL CON DIOS.

> *Bienaventurados los pacificadores:*
> *porque ellos serán llamados hijos de Dios.*

Esta es una llave importante para el poder potencial de Dios en el hombre. El hombre es un ser espiritual, un verdadero hijo de Dios en espíritu —pero sólo se convierte en ello de hecho y en expresión cuando está en armonía con el Infinito y expresa su potencial divino de amor y paz. Esto exige mucha meditación y oración científica, el acondicionamiento diligente de la mente para aceptar y liberar nuestro dinámico potencial divino.

El hombre ha funcionado por tanto tiempo en el nivel de humanidad, que se le hace difícil reconocer alguna cosa más grande en él mismo. Puede decir que cree en Dios, pero es un Dios "allá afuera" a quien rinde homenaje de oración. En realidad no espera ninguna intervención divina en las necesidades humanas, porque realmente no ha creído en Dios en sí mismo.

Es por eso que existe una necesidad tan urgente por la revelación de Jesús acerca de la Divinidad del Hombre. El hombre necesita saber que puede resolver su profunda frustración en cuanto a las prolongadas súplicas por ayuda que hace a los cielos indiferentes. Existe ayuda para él más allá "del final de la soga"./Esta ayuda no viene a él sino a través de él./En otras palabras y como lo expresó un científico recientemente: "Quizás Dios hará un milagro para nosotros si no se lo hacemos muy difícil". Hay un poder hacedor de milagros dentro de cada hombre, pero tenemos que condicionar la mente para recibirlo y expresarlo.

La paz que anhelamos y necesitamos en el mundo es aquella que "sobrepasa todo entendimiento". No puede llegar por tratados o acuerdos, o por guerras y líneas fronterizas. La paz sólo se podrá lograr cuando los hombres estén receptivos a ella y se conviertan en pacificadores por el proceso de expresarla desde adentro.

Hay una llave importante en esta *actitud de ser* que no debe pasar desapercibida: los pacificadores no sólo son llamados hijos de Dios. Ese es el resultado que viene más tarde. El primer paso es —se tienen que llamar a sí mismos hijos de Dios. Este es el paso de acción: llámate a ti mismo hijo de Dios. Afirma para ti mismo que eres potencialmente divino. Declara para ti mismo: "Yo soy un ser espiritual con el potencial para la paz y armonía y vencimiento dentro de mí mismo en todo momento. Yo soy un centro irradiador de luz, vida y sabiduría divinas". De este modo, mantenemos la luz encendida.

Llámate a ti mismo hijo de Dios —y créelo— y te convertirás en un verdadero pacificador. Esto no es algo que tienes que hacer con el mundo que te rodea. De la manera más dramática, el mundo que te rodea se cambiará "en un abrir y cerrar de ojos" a medida que tú cambias. La luz eléctrica no tiene que entrar al cuarto y tratar de borrar la oscuridad. Cuando la luz se enciende, resplandece, y la oscuridad desaparece. Es tan simple como eso —pero no es fácil.

Así pues, trabajemos para incorporar esta *actitud de ser* en nuestra conciencia, cosa de tomar nuestro lugar en el mundo como proveedores de luz más bien que como abastecedores de oscuridad:

* YO SOY UN HIJO DE DIOS Y ACTUO COMO TAL.
  YO SOY UN CENTRO QUE IRRADIA PAZ Y AMOR.

*Bienaventurados los que padecen persecución por causa de la justicia: porque de ellos es el reino de los cielos. Bienaventurados seréis cuando por mi causa os insulten, os persigan, y digan toda clase de mal contra vosotros, mintiendo. Gozaos y alegraos, porque vuestra recompensa es grande en los cielos; porque así persiguieron a los profetas que vivieron antes de vosotros.*

A primera vista esto parecería ser completamente inconsistente con las actitudes de ser de Jesús hasta ahora. Y ciertamente, una aceptación literal de esto ha llevado a miles de personas a lo largo de los siglos del cristianismo a aceptar el martirio con pasividad estoica. Afortunadamente, esto no es, en forma alguna, lo que Jesús tenía en mente.

Ahora bien, debemos encararlo, hay retos en vivir la vida recta o de rectitud. Un jovencito que es ridiculizado por sus amigos de menos principios porque no participa en sus fechorías, está siendo perseguido por causa de su rectitud. Un jefe inescrupuloso exige a una mujer que participe en ciertas actividades. Ella rehúsa y es despedida. Está siendo perseguida por causa de su rectitud.

No obstante, hay una aplicación más profunda y significativa de esta actitud de ser. El énfasis es en actitudes. Tiene que ver con nuestro pensamiento. La persecución sucede dentro de nuestra mente, y el perseguidor es un pensamiento errante de nuestra propia mente.

Cada vez que sigues un rumbo de justicia, o de recto pensar, al empezar un programa de disciplina y autorrestricción, invariablemente te tropiezas con la oposición de tus propios pensamientos estáticos. En física, para mover algo que está quieto o para detener algo que está en movimiento, tienes que sobreponerlo a la inercia. La fuerza de inercia mantiene una cosa en descanso o en movimiento hasta que una fuerza externa actúa sobre ella. Hay una clase de inercia mental que resiste cualquier cambio. Hasta para el esfuerzo de mejorar tu vida necesitarás entablar combate con los estados de mente que han dirigido la clase de vida que ahora estás experimentando.

Sin lugar a dudas, Pablo estaba perplejo ante esta inercia mental cuando dijo: "No hago el bien que quiero, sino el mal que no quiero, eso hago . . . pues según el hombre interior, me deleito en la ley de Dios; pero veo otra ley en mis miembros, que se rebela contra la ley de mi mente, y me lleva cautivo . . ." (Ro. 7:19, 22, 23).

Jesús experimentó el reto de la inercia mental según la narración de Su lucha con "Satanás" en el desierto. ¿Qué es la tentación sino la atracción de inercia de estados limitados de conciencia que resisten el alcance ascendente de las más elevadas aspiraciones del hombre? Jesús había captado el ideal de la Divinidad del Hombre, y había dirigido Su curso en dirección del logro personal. Pero Satanás, la conciencia humana de Jesús, estaba diciendo: "No seas tonto. Tienes poderes fabulosos con los cuales puedes controlar el mundo. Puedes ser rico y poderoso". Pero la "fuerza externa" de la fe y la visión inamovibles de Jesús venció el tirón de inercia del hombre humano. El dijo: "Vete, Satanás" (Mt. 4:10).

Así, cuando Jesús dice: "Bienaventurados aquellos que han sido perseguidos por causa de la justicia", El está diciendo: "No hay nada malo en ser tentado en tu interior. Es una indicación de que tratas de alcanzar cosas mayores aunque el hombre humano te esté halando para mantenerte en niveles más bajos". La persona que es totalmente negativa no es tentada. No hay necesidad de tentación porque está constantemente envuelta en la negación. Dondequiera que haya tentación, hay aspiración. Dondequiera que haya una conciencia de debilidad humana, hay una evidencia de una divinidad que despierta.

Es muy posible que cuando te declares por la Verdad y emprendas un programa de automejoramiento por la auto-rrealización y la disciplina de tu pensar, experimentarás los "flechazos" de la conciencia humana tirando en contra tuya. Jesús está diciendo: "No te preocupes por eso y no lo combatas en modo alguno. Eres bendecido porque la persecución representa la primera reacción a la 'fuerza externa', y esa fuerza es de origen divino. 'Mayor es el que está en vosotros, que el que está en el mundo'" (1 Jn. 4:4).

Jesús está diciendo en esta *actitud de ser:* "Has puesto la mano en el arado, así pues, no mires atrás. Estás en el camino, y la persecución interna de los pensamientos belicosos de la mente humana son prueba de ello. Abrete camino más allá del tirón de la inercia de tu humanidad a la liberación de tu divinidad".

Esta es una gran *actitud de ser* y muy importante. Démosle algún pensamiento serio en un autotratamiento a esta exposición afirmativa de la última *actitud de ser:*

* EN MI BUSQUEDA DE LA VERDAD AVANZO MAS ALLA DE MI HUMANIDAD A UN CONOCIMIENTO CADA VEZ MAS PROFUNDO Y A UNA CRECIENTE LIBERACION DE MI DIVINIDAD POTENCIAL.

## Capítulo siete

# Tu pensamiento es tu vida

*El don supremo de Dios para el hombre es el poder de pensar, por medio del cual puede incorporar en su conciencia la Mente de Dios.*[1]

—*Charles Fillmore*

Estamos viviendo en una época de descubrimientos. Raro es el día que pasa sin que los medios noticiosos no informen sobre el descubrimiento de una nueva estrella, técnica, cura o proceso. El ritmo del descubrimiento científico y tecnológico es casi increíble. La automatización de los sistemas de producción, la información computarizada, la transportación supersónica, la comunicación por satélites, la exploración del espacio, nuevos usos para la energía nuclear —todo el desarrollo de los últimos veinticinco años— son sólo el comienzo. Se estima que el cuerpo total del conocimiento humano se duplicó entre 1775 y 1900. Se volvió a duplicar nuevamente entre 1900 y 1950, otra vez entre 1950 y 1958, y ahora se cree que la duplicación ocurre cada cinco años.

Esto es atribuido a la curiosidad del hombre y a su implacable búsqueda de entendimiento. Pero es importante reconocer que los descubrimientos en el mundo que nos rodea son realmente autodescubrimientos. Nosotros no creamos el caudal de conocimiento. El hombre simplemente está obteniendo sabiduría de aquello que siempre ha sido. En realidad nada ha cambiado en la naturaleza del Universo en los últimos dos mil años, pero nosotros hemos abierto nuestros ojos para ver las cosas más íntegramente.

Encerradas en la superconciencia del hombre están las contestaciones a todos los problemas y el secreto de todos los misterios que la humanidad pueda encarar jamás. El hombre es un ser que piensa. La misma palabra "hombre" viene de una antigua palabra sánscrita que significa literalmente "pensar". A través del pensar, el hombre tiene la posibilidad de conocer a Dios y de expresar la sabiduría de la Mente Divina. El hombre es la concentración máxima de energía divina en el Universo. El es el más grandioso recurso natural. Y el mundo de las posibilidades en el hombre sigue siendo la gran frontera.

Jesús fue el Cristóbal Colón del alma. El cruzó la frontera de la mente y descubrió un nuevo mundo dentro de Sí mismo. El comprendió que el hombre tiene la responsabilidad de mantener su mente centrada en Dios, de modo que el Cielo de las posibilidades innatas se pueda desenvolver hasta la expresión. Comprendió que la mente es el puente entre el hombre y el Infinito, y que el elemento importante en la religión no es simplemente fervor y sentimiento, sino los pensamientos y las actitudes de la persona.

• El Sermón del Monte de Jesús es el bosquejo de Verdad metafísica más articulado y más práctico que el hombre conoce. El propósito no es tanto el hombre en general como *tú* en particular. La técnica no es teología o simbolismo, sino el poder moldeador de tu propio pensamiento.

*Vosotros sois la sal de la tierra; pero si la sal pierde su sabor, ¿con qué sera salada? No sirve más para más nada, sino para ser echada fuera y pisoteada por los hombres* (Mt. 5:13).

En el fondo, Jesús era un revolucionario. Quería encender el mundo, cambiar el viejo orden y establecer el reino de la rectitud en la tierra. Sin embargo, la Suya era una revolución espiritual. Su deseo no era derrocar gobiernos. Su objeto era cambiar pensamientos. Aquí le hablaba a discípulos y seguidores, y les decía que no hacía falta grandes números para cambiar el sistema del mundo. Al igual que sólo hace falta una pizca de sal para cambiar el sabor del guisado, así un puñado de discípulos dedicados, pueden cambiar la conciencia del mundo.

En Levítico (26:7, 8) leemos: "Perseguiréis a vuestros enemigos, que caerán a espada delante de vosotros. Cinco de vosotros perseguirán a cien, y cien de vosotros perseguirán a diez mil, y vuestros enemigos caerán a filo de espada delante de vosotros". Los enemigos son las actitudes y las creencias antagónicas en el mundo y la espada es la palabra de Verdad.

"Ustedes son centros radiantes de la Verdad en el mundo", Jesús está diciendo, "pero estad bien seguros de que vuestra conciencia de la Verdad es dinámica y no estática". Tu conocimiento de la Verdad tiene que guiarte, antes que nada, al autoconocimiento. En tu estudio de la Verdad, recuerda: "Sabiduría ante todo; adquiere sabiduría; y sobre todas tus posesiones adquiere inteligencia". Si coleccionamos Verdad como quien colecciona hechos, llenamos libretas de notas, llenamos estantes de libros, cubrimos las paredes con certificados de cursos de estudios que hemos aprobado, y entonces ciertamente, la sal perderá su sabor.

La referencia a la sal pisoteada por los hombres es la sal sin sabor que se recogía en el Lago Afaltite y se regaba por el piso del Templo para evitar resbalones cuando llovía. La sal de por sí es un alimento inservible. Su valor estriba en su capacidad para sazonar los alimentos y satisfacer el apetito. Muchos otros estudiantes sinceros "del camino" *leen mucho pero hacen poco.*

Jesús te reta a ti, el estudiante, a aceptar la responsabilidad de traer la levadura espiritual de la Verdad al mundo. Como dice Chaucer en relación al clero: "Si el oro enmohece, ¿qué hará el hierro?" Si tú que crees en la divinidad del hombre y la omnipresencia de Dios, no actúas como si lo creyeras, entonces qué esperanza hay para el mundo?

Cuando tú estás sazonado con la sal de la Verdad, tu propio caudal de conocimiento de pronto revela una nueva dimensión. El principio de relatividad se hace práctico en un nuevo concepto de *unitividad.* Llegarás a ver que al igual que la partícula subatómica no tiene existencia fuera del campo electromagnético que mantiene al átomo íntegro, sino que *es* el campo expresándose como una partícula, así el hombre no tiene existencia fuera de Dios, sino que *es* la actividad de Dios expresándose como hombre. Todas tus realidades científicas de pronto cobran vida, se convierten en potencias dinámicas. Y con esta introvisión más profunda, te conviertes en una influencia sazonadora en el mundo. Te conviertes en un pacificador.

*Vosotros sois la luz del mundo; una ciudad asentada sobre un monte no se puede esconder. Ni se enciende una luz y se pone debajo de una vasija, sino sobre el candelero para que alumbre a todos los que están en casa. Así alumbre vuestra luz delante de los hombres, para que vean vuestras buenas obras y glorifiquen a vuestro Padre que está en los cielos* (Mt. 5:14–16).

Realmente nosotros no sabemos mucho sobre la luz. Los científicos dicen que es "un fenómeno electromagnético" pero entonces admiten libremente que en realidad no saben lo que es. Sabemos que las ondas de luz viajan 93 millones de millas del sol a la Tierra en siete minutos, trayendo luz y vida a todos; que un pedazo de carbón es sólo la luz del sol almacenada que brilló en la tierra hace millones de años —y que ese carbón se puede revertir a luz y energía por el proceso de combustión.

De igual modo, no sabemos mucho sobre el potencial de Dios en el hombre, "la luz que alumbra a cada hombre que viene al mundo". Pero vemos esa luz en el amor y el gozo y el resplandor en los rostros de la gente, y la vimos en la vida de Jesús. Dentro de la misma naturaleza del hombre, de todo hombre, hay almacenada substancia o energía divina, que al igual que el carbón en la tierra, se puede remover y liberar para iluminar las vidas y alumbrar el camino de los hombres.

Pablo dijo: "Te aconsejo que avives el fuego del don de Dios que está en ti . . ." (2 Ti. 1:6). Y realmente, ¿no fue esa la verdadera misión de Jesús —ayudar a todas las personas a descubrir la energía de la luz en ellas y dejarla brillar? Hay reservas de luz en ti, pero tienen que ser descubiertas y liberadas.

La casa a que se refiere la cita bíblica, de acuerdo al Dr.

George Lamsa, era una edificación cuadrada lo suficientemente grande para acomodar de cuarenta a cincuenta personas. En la casa había tantas velas o lámparas como el número de familias que moraban en ella. En algunas casas vivían de tres a siete familias. La lámpara se colocaba en algún portalámpara sujeto a un poste. Daba su luz a la familia y no podía evitar irradiar alguna luz hacia otras secciones de la casa.

En ocasiones, familias pobres que no tenían aceite para el combustible no podían encender sus lámparas y dependían de la de su vecino. Se sentaban en la oscuridad en espera de que llegara otra familia a encender su lámpara para ellos poder ver. En una casa pacífica, la gente compartía gustosa con sus vecinos. Sin embargo, había algunos egoístas que preferían no prender una luz y permanecer ellos mismos en la oscuridad antes de permitir que su luz brillara en la casa de otro. Podían hasta llegar al extremo de hacer sus cosas bajo cubierta de alguna cesta para que su luz no brillara para otro.

A través de este ejemplo llamativo, Jesús nos dice que tú no puedes esconder la espiritualidad. Los estudiantes de la Verdad a veces se avergüenzan de que sus familias o sus amigos conozcan de esta preocupación suya, y por lo tanto titubean en definirse positivamente por la Verdad ante una situación negativa. Jesús dice: "¡Agárrate de la Verdad y deja que suceda como tiene que ser!"

Por otra parte, tenemos el estudiante que se siente compelido a comunicar la Verdad a sus familiares y seres queridos. A menudo, por su celo excesivo, aquellos a quienes está tratando de ayudar o de influenciar, se vuelven antagónicos a todo lo que se relaciona con la Verdad.

En ambos casos, la contestación es "Deja que tu luz brille". En realidad, tú no necesitas poner la Verdad en palabras. Emerson se refiere a la posibilidad de que lo que tú eres grita tan fuerte que no es posible oír lo que dices. Esto pone el énfasis donde debe estar —en ser, en vez de en hablar.

Ante cada concepto espiritual que te motive, aquiétate y reflexiona tranquilamente sobre ello hasta que algo suceda en tu interior. Cuando leas algo que te parezca extrañamente familiar, algo inspirador e inolvidable, es porque las palabras han activado la conciencia a un nivel más profundo de espiritualidad dentro de tu ser. Liberar este potencial innato es el objetivo de todo estudio. Las palabras del maestro, el libro, el curso de estudios —aun las palabras de la Biblia— no son el propósito de tu búsqueda, sino los medios hacia el fin de una revelación personal de la Verdad.

La persona que siente la compulsión de presentar la Verdad a otros bien puede ser aquella que está teniendo dificultad en verla trabajar en su propia vida. Conoce una gran cantidad de detalles sobre la Verdad. Y tiene "antigüedad". Puede repetirte una y otra vez que lleva "treinta años" estudiando metafísica. Esto puede ser un paralelo de los israelitas que estuvieron cuarenta años en el desierto. Habían salido con el propósito de encontrar su "Tierra Prometida", pero a pesar de que pasaron sus vidas en la frontera, muy pocos se pudieron movilizar para "entrar y poseer la tierra".

Jesús te está hablando a ti que eres tímido para decir la palabra de Verdad, y también a ti que hablas demasiado *acerca de* la Verdad. "Tú eres la luz del mundo." ¿No es este un pensamiento maravilloso? La luz del mundo es el mismísimo espíritu de Verdad. Tú eres la mismísima actividad de Dios en expresión, así es que no hay lugar donde la luz de Dios esté más presente que ahí donde tú estás. Y no hay nadie más privilegiado que tú para irradiar la luz. "Deja que tu luz brille."

*No penséis que he venido a abolir la ley o los profetas; no he venido a abolir, sino a cumplir, porque de cierto os digo que antes que pasen el cielo y la tierra, ni una jota ni una tilde pasará de la ley, hasta que todo se haya cumplido* (Mt. 5:17, 18).

Un rebelde, un pensador individual, siempre es peligroso. Obviamente, los dirigentes del Templo se preocupaban porque Jesús se atrevía a dejar a un lado la forma y el ritual y las reglas seculares de adoración, y tratar con la pura Verdad. Ellos no podían comprender a un hombre que "enseñaba como quien tiene autoridad y no como los escribas" (Mt. 7:29). ¿Cómo podía atreverse un hombre a presumir que la Verdad brotaba de dentro de Su propio interior?

Cualquiera que sea la definición que mantenemos, Jesús era un místico. Se ha dicho que un místico es alguien que ya no está mistificado —por religiones, por teologías, por doctrinas. Los dirigentes del Templo estaban mistificados por el misticismo de Jesús, y estaban mistificados por sus propios credos. Esos hombres eran personas sinceras. El Templo era el repositorio de los hechos acumulados acerca de Dios, y el conjunto de este tipo de conocimiento era tremendo. Los gobernantes eran los guardianes de las llaves, esto es, eran los defensores de una fe que ellos no entendían. ¿Cómo, entonces, podrían comprender a uno que sí entendía?

La "ley y los profetas" se refiere a las Escrituras judías.

Jesús dice que la ley fundamental no se puede cambiar. El está diciendo: "Yo no estoy empeñado en refutar las Escrituras ni en destruir la Verdad como la enseñaron los profetas. Yo quiero ayudarte a comprender la ley espiritual, cosa que las promesas de tus propias Escrituras puedan ser cumplidas —y ahora".

Las leyes del universo no pueden ser destruidas, simplemente porque *son* leyes. Los hombres pensaron que Jesús destruyó la ley antigua sólo porque la cumplió tan fácilmente e hizo cosas tan asombrosas. La visión le era restaurada al ciego, las multitudes hambrientas eran alimentadas milagrosamente, aun los muertos eran devueltos a la vida. Por dondequiera que El pasaba, dejaba un rastro de milagros desconcertantes a Su paso.

Pero los milagros son milagros solamente porque no entendemos el proceso envuelto. El diccionario define la palabra "milagro" como: "Un efecto en el mundo físico que sobrepasa todos los poderes humanos o naturales conocidos y por lo tanto se atribuye a una agencia sobrenatural". En los días de Jesús el haber levantado un teléfono y conversado con un ser querido a miles de millas de distancia, hubiera sido un milagro. Pero hoy en día, aun el más pequeño entre nosotros hace uso frecuente del teléfono y simplemente lo da por sentado como parte de nuestra forma moderna de vida. Lo imposible se ha convertido en factible a través de la investigación científica. Cuando tú haces uso del teléfono hoy, tú no quebrantas la ley según la entendió el hombre en el pasado. Antes bien, tu cumples la ley al aplicarla con la comprensión de una dimensión más profunda.

De hecho, Jesús no hizo nada que ya no hubiese sido

vaticinado por los antiguos profetas. En todo caso, El aceptó la visión profética y declaró: "Ahora es el tiempo". El proclamó que la Verdad debe emancipar a todo hombre del cautiverio de la enfermedad o la pobreza. El sabía que el motivo por el cual las personas no estaban demostrando las posibilidades prometidas por sus profetas no era que Dios estaba reteniendo, sino que ellos no estaban cumpliendo con el espíritu de la ley.

Jesús sabía que el Espíritu en el hombre es un poder hacedor de milagros. El sabía que nosotros no experimentamos este poder porque hacemos que las cosas sean difíciles para que el Espíritu se exprese. Nos juzgamos a nosotros mismos y al mundo por las apariencias. Medimos las posibilidades del hombre por sus experiencias pasadas, antes que por su potencialidad innata. Dios puede hacer un milagro para ti si tú no se lo impides. Esto es lo que Jesús estaba diciendo una y otra vez. Conoce la Verdad sobre ti mismo, sobre el innato potencial de tu propia divinidad. Conoce la ley divina y abre tu visión interna para ver la vida desde una dimensión más elevada. "Conocerás la Verdad y la Verdad te hará libre."

Jesús enseña entonces una gran Verdad mística:

> *De manera que cualquiera que quebrante uno de estos mandamientos muy pequeños y así enseñe a los hombres, muy pequeño será llamado en el reino de los cielos; pero cualquiera que los cumpla y los enseñe, éste será llamado grande en el reino de los cielos* (Mt. 5:19).

Este es un punto vital que fácilmente puede ser mal entendido y que usualmente lo es. Antes que nada, miremos esa palabra "quebrante". Mi diccionario indica más de cuarenta significados distintos. Quebrantar los mandamientos puede significar violar, disolver o anular, suspender temporalmente, o penetrar o abrirse un camino. En el contexto general de la enseñanza de Jesús es obvio que aquí El tiene ese último significado en mente. Está hablando sobre quebrantar los mandamientos en una forma comprensible. Los está aclarando. Un mandamiento es tanto una aserción dogmática en un catecismo como una ley fundamental de vida. Antes que la ley pueda cumplirse, hay que abrir camino a través de la concha dogmática y realizar nuestra unidad espiritual con el principio subyacente.

Jesús era, ante todo, un maestro, y es el deber de todo maestro quebrantar los mandamientos y enseñarles a otros cómo hacerlo. Jesús les enseñó a los hombres cómo pormenorizar los cristalizados credos de religión para conocer la Verdad inherente en ellos. Les enseñó a los hombres cómo quebrantar la ley del sábado cumpliéndola. "El sábado fue hecho por causa del hombre, y no el hombre por causa del sábado" (Mr. 2:27). En este sentido, es el propósito de este libro quebrantar todos los mandamientos, esclarecerlos, simplificarlos y hacerlos utilizables y demostrables.

En segunda instancia, vamos a recordar que "cielo", como Jesús usa el término, se refiere a un potencial presente en vez de a un lugar futuro. El dijo: "El reino de los cielos se ha acercado" (Mt. 3:2). El reino de los cielos siempre está dentro de la creación tal como el roble siempre está en la bellota. El todo siempre está en el fragmento. El hombre divino que tú puedes ser es siempre el potencial profundo dentro de ese hombre luchador humano que ahora eres.

Podríamos tener una visión más clara de la intención de

Jesús aquí si pensamos en "lo menos en el reino" como "por lo menos está en el reino". El cielo siendo el potencial innato, lo menos en el potencial significaría el punto de partida para su liberación. Jesús está diciendo simplemente que cualquiera que abra el camino de dogma a conciencia, en sí mismo o para otros, a través de sus esfuerzos por enseñar, está "por lo menos" en el sendero correcto.

El "grande en el reino de los cielos" se refiere a los que están trabajando activamente con las leyes espirituales fundamentales y aplicándolas. En un caso "quebrantamos los mandamientos" al pormenorizarlos en comprensión práctica. En el otro caso "lo hacemos y enseñamos", o sea, de hecho trabajamos diligentemente con esa comprensión en la dirección de nuestros sueños.

> *Por tanto os digo que si vuestra justicia no fuera mayor que la de los escribas y fariseos, no entraréis en el reino de los cielos* (Mt. 5:20).

La palabra clave aquí es "justicia"*. Esto siempre ha significado guardar los mandamientos de un modo literal. Significaría asistir a la iglesia regularmente, llevar una Biblia bajo el brazo, cubrirse la cabeza al entrar al templo y cumplir con las muchas observaciones sectarias.

Esta clase de justicia no es mala. De hecho, es una disciplina excelente. Sin embargo, la disciplina es como un enrejado cuyo propósito principal es sostener el crecimiento de un rosal. Pero si no sembramos y alimentamos

---

*En inglés, en vez de justicia se lee rectitud. El autor explica rectitud como "recto uso".

la rosa, el enrejado pierde todo valor. Los escribas y los fariseos eran unos magníficos constructores de enrejados. Bajo su cuidado, un enrejado estaba muy bien cuidado, y hasta claveteado con joyas preciosas, pero no había rosas.

Jesús está diciendo que tu justicia tiene que lograr una nueva dimensión o no habrá un verdadero crecimiento de la flor de tu propio ser crístico. Para Jesús, justicia (rectitud) significaba la práctica real en el pensamiento de nuestra e-sencial unidad espiritual con Dios. Es el recto uso de la ley espiritual. Es un enrejado concebido para el esfuerzo disciplinado de sostener la mente centrada en Dios, de pensar correctamente, de "practicar la presencia de Dios" al "pensar Sus pensamientos según El".

Tenemos que estar en constante vigilancia contra la tendencia humana de crear patrones de conducta. Aun la sincera afirmación de Verdad, si se repite por largo tiempo, puede convertirse en el objeto en vez de en el medio de adoración. Quizás necesitemos ir ocasionalmente a nuestro jardín de conocimientos acumulados de la Verdad y tumbar nuestros enrejados para reconstruirlos únicamente cuando puedan dar apoyo al crecimiento de las flores de discernimiento espiritual.

*Oísteis que fue dicho a los antiguos: "No matarás", y cualquiera que matare será culpable de juicio. Pero yo os digo que cualquiera que se enoje contra su hermano, será culpable de juicio; y cualquiera que diga: "Necio" a su hermano, será culpable ante el concilio; y cualquiera que le diga: "Fatuo", quedará expuesto al infierno de fuego (Mt.5:21–22).*

Jesús da un buen ejemplo de quebrantar los mandamientos. Le da al mandamiento "No matarás" un campo de aplicación completamente nuevo al elevarlo de su modo de uso en el nivel social y moral, a un área de experiencia mental y espiritual. No se podría decir en modo alguno que El quebrantó o anuló el mandamiento, sino que lo trajo vívidamente a la experiencia de todo hombre. Ha sido demasiado fácil decir: "Yo guardo los mandamientos; yo nunca he matado a nadie". Pero en su forma amplia, eso ya no es suficiente.

Jesús dice que el crimen o el robo y hasta el adulterio son actos del pensamiento. En lo que a la ley mental concierne, quebrantamos la ley o nos quebrantamos nosotros contra ella, cada vez que pensamos en términos negativos o destructivos. Tu pensamiento es tu vida. Uno puede guardar todos los mandamientos de su Biblia, y todavía sentir el juicio del fuego del infierno en su experiencia. Triste como es el ver a una persona "justa" sufriendo así, la contestación es muy simple: No basta con "guardar el mandamiento en la Biblia". Tenemos que sacarlos de la Biblia y quebrantarlos uno por uno —desmenuzarlos en reglas prácticas para vivir y pensar.

Cuando Jesús se refiere a "juicio" y a "infierno de fuego", se está refiriendo a estados de conciencia. El juicio está en nosotros mismos. Cada acto se completa por sí mismo. Cada día es un día de juicio. El hombre no es castigado por razón de sus pecados, sino por ellos mismos. Y el castigo es el fuego infernal de conflictos internos que producen tensión, dolor, enfermedad física y problemas humanos de escasez y fracaso.

Jesús está sencillamente apuntando hacia el hecho de que todos nosotros hacemos muchas matanzas que no caen bajo la restricción del mandamiento según se ha aceptado tradicionalmente. Cada pensamiento destructivo es un pensamiento que mata y "hay que pagar las consecuencias". Cuando nos permitimos a nosotros mismos caer en excesos emocionales de ira, odio, amargura y miedo, no hay modo de escaparse —tendremos que pagar el "oculto impuesto al lujo por el pensar negativo". En otras palabras, no puedes tener tus resentimientos favoritos y también tener paz mental.

Es interesante saber que en un tiempo la versión aceptada de la Escritura leía: "cualquiera que se enoje contra su hermano *sin motivo* . . ." Un estudio cuidadoso luego reveló que las palabras "sin motivo" habían sido añadidas por los traductores por alguna razón que sólo ellos conocían. Obviamente, pensaron que ahí faltaba algo. Jesús tenía que haberse referido a la persona que se enoja sin justa causa, porque ciertamente hay muchas ocasiones en que uno tiene el perfecto derecho de estar perturbado, molesto y enojado. Y así el traductor hizo un pequeñísimo cambio en la Escritura, racionalizando la creencia en una justa indignación.

Sí, tú tienes un "derecho perfecto" de enojarte por alguna injuria que te han hecho, pero también tienes el derecho al desorden nervioso o a las úlceras estomacales que serán la consecuencia inevitable. Porque siempre estamos tratando con la ley. Tu responsabilidad para contigo mismo tanto como ante la ley divina, es mantenerte internamente equilibrado y mantener pensamientos positivos y amorosos, a pesar de la injusticia o el desorden a tu alrededor.

¡Esta es una encomienda muy grande! Pero por otra parte estamos tratando con un inmenso principio maravilloso, la divinidad del hombre. Si tú recuerdas quien eres, y mantienes tu contacto interno, no te dejarás arrastrar a las experiencias del nivel de pensamiento de otro. Las afrontarás en tu propio nivel, porque tu pensamiento es tu vida.

Hay un proverbio chino que dice: "Un hombre no puede evitar que los pájaros vuelen sobre su cabeza, pero sí tiene el derecho de decidir si han de anidarse en su cabellera". Si hay alguien que te fastidia o exaspera, es porque tú estás quebrantando el mandamiento "No matarás" a un nivel espiritual. Puede que la persona sea aparentemente irritante, pero cuando se convierte en perturbación para ti, es tu pensamiento sobre ella lo que constituye el problema. Cambia ese pensamiento y así cambias toda la experiencia.

> *Por tanto, si traes tu ofrenda al altar y allí te acuerdas de que tu hermano tiene algo contra ti, deja allí tu ofrenda delante del altar y ve, reconcíliate primero con tu hermano, y entonces vuelve y presenta tu ofrenda* (Mt. 5:23–24).

La oración es del espíritu, no es una forma. Si nosotros oramos "Perdónanos nuestras deudas así como nosotros perdonamos a nuestros deudores" y no perdonamos a nuestros deudores, ¿a quién estamos engañando? Jesús nos reta aquí a romper la cáscara de la oración formal y a llevar a cabo la ley de conciencia espiritual.

Jesús dice que el gran regalo que tenemos que ofrendar ante el altar de la oración interna es el corazón puro —y no un regalo material como apaciguamiento de un estado mental que no tenemos ningún deseo de abandonar. En la Verdad, llegamos a saber que podemos tener la demostración de nuestros deseos o de nuestra indignación; pero no podemos tener ambos.

Trataremos más detalladamente el concepto de Jesús sobre la oración en un próximo capítulo. El está enfatizando que ni aun la oración nos puede relevar de la responsabilidad de pensar rectamente. La oración puede y debe ayudarte a restablecerte en la conciencia espiritual y en una correcta actitud mental. Pero, está diciendo El, si estás orando por armonía en una relación en la cual todavía albergas sentimientos de enojo hacia las personas implicadas, mejor arreglas esos pensamientos, o te puedes olvidar de todo el asunto. Porque la oración cambia las cosas sólo al grado en que te cambia a ti.

*Ponte de acuerdo pronto con tu adversario, entre tanto que estás con él en el camino, no sea que el adversario te entregue al juez, y el juez al guardia, y seas echado en la cárcel. De cierto te digo que no saldrás de allí hasta que pagues el último cuadrante* (Mt. 5:25–26).

Es necesario recordarnos que aquí Jesús habla del pensamiento y de las leyes de acción mental. Hay dos palabras claves aquí: (1) "de acuerdo", que significa arreglarse con, poner fin a; y (2) "adversario", que significa tus pensamientos o reacciones adversas a personas o a situaciones.

Su referencia al adversario entregándote al juez y al guardia y a la prisión es una buena ilustración. Quiere decir que cuando a tu mente viene un pensamiento negativo o un temor, si no te arreglas con él y le pones fin rápidamente, te puede conducir a la enfermedad o a la falta de armonía en muchas formas.

En cada experiencia que encaramos, siempre hay un momento en que los problemas finales existen sólo como posibilidades iniciales. En todas las enemistades entre los pueblos, en todas las guerras entre naciones, en todos los problemas emocionales de los individuos siempre hubo un tiempo en que la incomprensión se pudo haber tornado en comprensión, cuando la envidia se pudo haber convertido en respeto, cuando la resistencia se pudo haber disuelto con amor. Jesús está diciendo: "No lo aplaces. Cuando empieces a percibir sentimientos adversos dentro de ti hacia alguien, trata con ellos inmediatamente. Si no lo haces, el fuego se extenderá y a la larga quedarás apresado en una experiencia difícil".

"Ponte de acuerdo rápidamente" —coloca tu mente en un estado de amor y comprensión y no resistencia. El único modo de lograrlo es ponerle fin al pensamiento adverso y ponerse de acuerdo con Dios, la Verdad. Una mujer que conozco tiene una frase favorita: "¡Yo estoy de acuerdo con Dios únicamente!" Ese es su modo de "practicar la Presencia". Ella comienza su día sabiendo que "Hay una sola Presencia y un Poder en mi vida, Dios, el bien, omnipotente". Y ella mantiene esta idea viva al enfrentar cada experiencia de cambio o de reto, con su afirmación: "Yo estoy de acuerdo con Dios únicamente".

Cuando encuentres que te estás volviendo hostil, resistente, envidioso o colérico, cuando las semillas del conflicto empiecen a revelarse en ti, ponle fin inmediatamente al "ponerte de acuerdo con Dios". Afirma tu unidad con la Mente Infinita y los inagotables recursos de amor y paz.

Si alguien está criticándote, "ponte de acuerdo rápidamente" —que significa "ponte neutral". Trata prontamente con la tendencia a encolerizarte y a resentir la persona, para que puedas manejar impersonalmente la crítica. Puede ser un comentario provechoso que significará una bendición para ti. Si no está justificado, lo puedes descartar fácilmente sin aversión personal.

En todo caso, si no haces ese arreglo rápido —si no te deshaces del adversario de tu propia reacción negativa justo en su comienzo, bien que te puedes crear un veneno interno que exigirá un precio fantástico en términos de paz y bienestar. Con sufrimiento y cólera, puedes cargar con esa persona a cuestas por años. Pero todo está en tu mente, porque tu pensamiento es tu vida.

Imagina que tienes un pensamiento súbito de coger un resfriado o sobre la seguridad de tu empleo. Jesús dice: "Trata con eso y dale fin a ese pensamiento inmediatamente. No te demores y no cedas ante él".

Todo contagio comienza en la mente. Hay un momento en que puedes decir "no" a toda aflicción física que viene a ti. Controla ese pensamiento de temor rápidamente y afirma: "Yo soy un ser espiritual, y por lo tanto, no aceptaré este pensamiento de debilidad".

Toda escasez y dificultad financiera comienza en la mente. Ante el primer indicio de ansiedad, inquietud, miedo o preocupación sobre dinero o trabajo, justo allí dile "¡no!" a toda cadena de negatividad. Entonces dile "sí" a Dios, al bien, a la abundancia, a tu seguridad personal. Afirma: "Yo estoy de acuerdo con Dios solamente".

El peligro está en dejar esos pensamientos de miedo y preocupación en nuestras mentes. Necesitamos ser severos con nosotros mismos. Tenemos que tomar acción inmedia–

tamente. Levántate y habla la palabra "paz" a las tormentas del pensamiento humano.

Esto se ilustra en la narración de Jesús con Sus discípulos en el tormentoso mar de Galilea (Mr. 4:37-41). Jesús estaba durmiendo en la popa de la barca cuando se levantó la tempestad. Los discípulos tenían miedo, así que despertaron al maestro diciendo: "¡Maestro!, ¿no tienes cuidado que perecemos?" Jesús se levantó, "reprendió al viento y dijo al mar: ¡Calla, enmudece! Entonces cesó el viento, y sobrevino una gran calma. Y les dijo: ¿Por qué estáis así amedrentados? ¿Cómo no tenéis fe?"

Esta dramática historia revela el poder de la ley del acuerdo. Jesús fue Maestro de la situación porque El era Maestro de Sus propios pensamientos. Siempre estaba de acuerdo con Dios. Se mantenía a Sí mismo sintonizado, en estado de unificación espiritual con Dios. Esto lo lograba por la disciplina de períodos frecuentes de meditación. Así pues, ante una crisis El estaba preparado, porque El "oraba anticipadamente".

Observa cuidadosamente que Jesús no dijo: "Bueno, muchachos, no nos exaltemos mucho. Las cosas nunca son tan malas como aparentan. De algún modo saldremos de esto". El no aceptó el pensamiento de peligro de ninguna forma, no permitió que el pensamiento acerca de la tormenta ocupara Su mente de ningún modo como algo de qué preocuparse. En un acuerdo perfecto con Dios, El simplemente habló la palabra enérgica de poder, y la tormenta cesó.

Jesús siempre demuestra el objetivo más alto, la meta más absoluta que debemos alcanzar. Todos estamos en el camino, pero a lo mejor nos resta un largo trecho para alcanzar esa encumbrada meta. Posiblemente, algunos de nosotros en la situación de la tormenta, aun a través de la fe, podríamos considerar los botes salvavidas como nuestro medio de escape. Y, si ése es nuestro nivel de conciencia, entonces esa misma ley de acuerdo funcionará para nosotros también. Estaremos libres de miedo y preocupación mientras hacemos los preparativos para abandonar el barco, o botamos el agua de la quilla, o transmitimos nuestro S.O.S. a través de la radio de onda corta.

En el mundo actual, hay mucho desacuerdo entre la gente y entre las naciones. Se habla mucho de sentar ambas partes en la mesa de negociaciones. Más allá de eso, a menos que exista por lo menos un acuerdo para estar en desacuerdo pacíficamente, hay poca esperanza de lograr armonía.

Las reglas para todas las negociaciones o conferencias de paz deben incluir el acuerdo de que se tratarán, unos a otros, en el nivel de su innata divinidad. Este acuerdo llevaría a la premisa inicial que sería esencialmente una oración aunque no se invocara como tal —el pensamiento de que Dios está en ambos lados de la mesa. Esto llevaría a que se escuche abiertamente los puntos de vista del otro. Nos llevaría a tratarnos unos a otros verdaderamente como personas más bien que como personalidades caprichosas. Llevaría al amor y la comprension entre la gente a pesar de sus puntos de vista. Y esto llevaría a una convergencia gradual de enfoques basados en la conciencia de unidad de metas a largo plazo.

"Ponte de acuerdo con tu adversario rápidamente", recordando que el adversario no es la persona o situación frente a ti, sino más bien tu reacción, o tu sentimiento hacia ella. "Pueden suceder situaciones a tu alrededor, y pueden sucederte a ti, pero lo único que en realidad cuenta, son las cosas que suceden *dentro* de ti". No siempre podemos controlar lo que nos sucede. Pero podemos controlar lo que pensamos acerca de lo que sucede —y lo que creemos *es* nuestra vida en cualquier momento determinado.

## CAPÍTULO OCHO

# La ley de no resistencia

E N SU *OUTLINE OF HISTORY* (Esquema de la historia), H. G. Wells da los nombres de quienes él cree han sido los seis hombres más importantes que han vivido, y el nombre de Jesús encabeza la lista. El dice que Jesús tiene el derecho al liderazgo humano por Su doctrina de no resistencia, "la mayor verdad jamás anunciada por el hombre". Los otros en su lista son Buda, Asoka, Aristóteles, Roger Bacon y Abraham Lincoln. Una lista interesante de personas de una gran diversidad de ambientes —obviamente seleccionados porque tomaron poco del mundo y le dejaron mucho.

Abraham Lincoln fue un hombre de gran humildad y gran fortaleza, grande en su no resistencia y en sus logros. En cierta ocasión se le preguntó por qué no reemplazaba a un miembro de su gabinete político que se le oponía constantemente. En forma típica, Lincoln respondió con una historia.

"Hace algunos años, yo iba pasando por un campo donde el campesino trataba de arar usando un caballo muy viejo y senil. Noté que había un moscardón posado en uno de sus lomos, y ya iba a espantarlo cuando el campesino me detuvo: '¡No se te ocurra molestar a esa mosca, Abe! Si no fuera por ese moscardón este viejo caballo no se movería ni una pulgada!'"

Lincoln está diciendo que las personas difíciles con quienes tenía que trabajar le proveían los retos que le obligaban a buscar dentro de sí mismo mayor fortaleza. Así pues, estaba alcanzando grandes logros, no a pesar de, sino a causa de sus mismos opositores. Se necesita ser un gran hombre para ver y admitir tal cosa. Esa "espina en la carne" que resistimos tan tenazmente puede ser más importante de lo que creemos en las metas que alcanzamos o en el éxito que logramos.

Una de las cosas más tristes de la vida es la propensión del hombre a usar la fuerza para conseguir lo que quiere —a usar el mazo en vez de la llave para abrir puertas. Esta tendencia es la causa de la mayor parte del conflicto en nuestro mundo y de la mayoría de los conflictos internos del hombre, que a su vez causan la mayor parte de sus enfermedades físicas.

Sin duda, si la enseñanza de Jesús sobre la no resistencia fuese universalmente entendida y practicada, veríamos el fin de toda guerra, de todo conflicto entre naciones, entre facciones, clases y razas. Y veríamos el paso gigantesco necesario para eliminar la causa fundamental de toda enfermedad física. Este concepto se encuentra en Mateo 5:29–49 —"La ley de no resistencia".

*Por tanto, si tu ojo derecho te es ocasión de caer, sácalo y échalo de ti, pues mejor te es que se pierda uno de tus miembros, y no que todo tu cuerpo sea arrojado al infierno. Y si tu mano derecha te es ocasión de caer, córtala y échala de ti, pues mejor te es que se pierda uno de tus miembros, y no que todo tu cuerpo sea arrojado al infierno* (Mt. 5:29–30).

Jesús es un genio en el uso de la metáfora. Aquí señala que la única necesidad verdadera en nuestras vidas es reunirse en conciencia con Dios. Y cualquier cosa que se interponga entre nosotros y nuestra unidad espiritual con Dios, tiene que desaparecer.

El "ojo" es un símbolo en el lenguaje metafórico del Oriente. Así se usa a menudo: "Corta tu ojo de mi hijo", que significa "No envidies a mi hijo". O: "No cortes tu ojo de mi familia mientras estoy lejos", que significa "encárgate de sus intereses durante mi ausencia. En nuestro idioma decimos: "Mantener nuestros ojos en él", que significa ocuparse de él. También decimos "ojo avizor", que es mantenerse en guardia.

Jesús quiere que desenterremos los pensamientos de lujuria, codicia, envidia y gula. El dice que es mejor perder las cosas que deseamos que adquirir hábitos que a la larga destruyan toda nuestra vida.

El "córtate la mano" en el arameo significa algo parecido. Las personas se dicen unas a otras: "Corta tu mano de mi viñedo", que significa "deja de estar robando mis uvas". O: "Su mano es muy larga", que quiere decir "es un ladrón".

Jesús se refiere al "ojo derecho" y a la "mano derecha". Este es un punto muy importante. "Derecho" se refiere a lo que es bueno y recto, e "izquierdo" se refiere a lo que es malo e incorrecto. Si hubiese sido el ojo o la mano "izquierda", significaría una clase perversa de envidia o lujuria y un acto egoísta, hasta deshonesto. Pero el ojo o la mano "derecha" se refiere a esas situaciones donde tu intención se ha juzgado mal y donde tú has sido tratado injustamente.

Nos puede sorprender el que Jesús siempre use estos casos extremos como ilustraciones. Sólo podemos asumir que lo hacía porque El era un psicólogo experto. Conocía la naturaleza humana como nadie ni antes ni hasta hoy lo ha hecho. Si El hubiese hablado de "enojo sin causa", o en esta instancia, de un hecho de lujuria o de robo, le hubiese abierto la puerta a mucha hipocresía. Sería fácil consentir con la cabeza y estar de acuerdo, pensando en que El hablaba de alguna otra persona.

Se cuenta de una sencilla mujer de campo que iba a la iglesia todos los domingos y reaccionaba con entusiasmo en cada parte del sermón. Un domingo, mientras el predicador hablaba de los males de beber, jugar, jurar y de parrandear, la mujer asentía: "¡Amén!" "Alabado sea el Señor", "¡Esa es la Verdad, hermano!" Entonces el ministro se enfrascó en una censura contra el vicio de fumar. Y esto cogió a la señora, que fumaba pipa, por sorpresa. Su voz se oyó por toda la iglesia: "¡Ahora sí, ya dejó de predicar y se empezó a entrometer!"

Con los Evangelios de Jesús, no hay escape. El énfasis está en ti en toda situación. El trata, no con mandamientos abstractos o nebulosos ideales religiosos, sino con pensamientos y sentimientos básicos. Todo el mundo ha pasado por la experiencia de ser tratado injustamente por alguna acción bien intencionada. Jesús te está diciendo: "Aun en estas circunstancias, si estás enojado o perturbado, déjate de eso".

Suponte que vas conduciendo tu automóvil y, de pronto, la luz del semáforo cambia, justo cuando estás en medio de la intersección. Un policía hostil se te acerca y procede a gritarte a voz en cuello porque estás interrumpiendo el tránsito. Pero tú eres una víctima de ese tráfico y en ninguna forma puedes evitar la congestión. Podrías gritarle a tu vez al policía y pagar el precio de una citación oficial o de un estómago descompuesto, pero no vale la pena. ¡Tú debes darte cuenta de lo que cuesta!

Puedes sentir que tienes el derecho de enojarte y estar perturbado. Y puedes seguir arrastrando esa contrariedad contigo el resto del día según se lo cuentas a todo el mundo. Pero, ¿con qué objeto? ¿Por qué pagar el precio? El policía está teniendo un mal día. Colócate en su lugar por un momento y te darás cuenta de que su trabajo destroza los nervios en un período de congestión del tránsito. Su violencia es su problema. Pero, ¿por qué hacerla tu problema también? "Corta tu mano" y dile: "Lo siento, oficial. Trataré de que no vuelva a suceder". En silencio, envíale una bendición de amor y comprensión, y continúa libre por tu camino.

> *También fue dicho: "Cualquiera que repudie a su mujer, déle carta de divorcio". Pero yo os digo que el que repudia a su mujer, a no ser por causa de fornicación, hace que ella adultere, y el que se casa con la repudiada, comete adulterio* (Mt. 5:31–32).

Jesús está preocupado por la tendencia a escapar de los problemas. Mientras tomemos el camino del escapismo, el problema del cual estamos escapando, surgirá bajo nuevo aspecto en cada recodo del camino. Jesús usa el tema del matrimonio y divorcio como ejemplo.

El matrimonio no es una puerta por la cual dos personas enamoradas entran en una tierra donde "se vive feliz por siempre jamás". La felicidad en el matrimonio es una conquista y no un legado. El matrimonio es la licencia para que dos personas, que han visto las mayores posibilidades el uno en el otro, puedan laborar juntas para que afloren esas posibilidades. Es un laboratorio de desenvolvimiento individual.

El matrimonio sólo puede triunfar cuando ambas partes ven algo de lo divino el uno en el otro. Si no puedes ver más allá de las apariencias en la otra persona, en realidad no le amas. El verdadero amor es percepción espiritual, una percepción sensitiva a la divinidad innata. A veces se dice: "No me es posible captar lo que él ve en ella". Desde luego que no puedes. Porque es la percepción de amor lo que es una revelación personal. El matrimonio basado sobre esa percepción está construido sobre la roca. Llevará a un ajuste de las diferencias y al cumplimiento del amor. Sin esa percepción, la casa está construida sobre la arena movediza, y durante las tormentas e inundaciones, seguro que se caerá.

El matrimonio es una fase de la experiencia total del desarrollo humano. Si trae amor y dicha, entonces éste es el producto de la conciencia de ambas partes, y sin duda habrá retos o pruebas para ellos en otras áreas de la vida. Si el matrimonio trae conflicto aparente entre las partes, si es un gran reto para cualquiera de los dos o para los dos, entonces éste es el próximo paso en el crecimiento que el alma ha atraído hacia cada uno. Si estamos conscientes de ello, en vez de decir: "Yo no tengo por qué soportar eso", diremos: "Esta es la razón por la cual fuimos atraídos el uno al otro —es por eso que nos casamos". Si huimos y encontramos un escape en el divorcio, esto bien puede ser el "posponer nuestra salvación". Si "espantamos el moscardón" bien podemos espantar el estímulo para crecer.

Una de las últimas palabras de Jesús en la cruz están registradas como: "Elí, Elí, ¿lama sabactani?" (Mt. 27:46), que el Dr. Lamsa dice que traduce del arameo como: "Mi Dios, mi Dios, para esto fui sostenido". Ciertamente que Jesús pudo haber dicho: "¡No tengo que soportar esto!" Pero sin embargo, El dijo: "Esto es parte del gran propósito de mi búsqueda para vencer la mismísima muerte y probar el principio de la Divinidad del Hombre".

Ahora bien, Jesús no cambió la ley Mosaica que autoriza el divorcio por causa de adulterio, pero El estaba condenando el abandono de esposas por sus maridos por los motivos más triviales. Algunos grupos cristianos sostienen que el divorcio, no importa la razón, es inconcebible e inmoral. Para eso citan la declaración de Jesús: "Lo que Dios juntó no lo separe el hombre"(Mt. 19:6). Pero Dios es Espíritu, Ley Divina. Lo que Dios une tiene que ser un campo de energía tan inexorable como la gravedad. ¿Cómo entonces, es posible que un matrimonio se rompa en pedazos? La única conclusión es —si el matrimonio puede disolverse, entonces jamás estuvo unido divinamente.

A todo ministro, sacerdote o rabino le gustaría creer que la unión espiritual se lleva a cabo durante la ceremonia religiosa y bajo su bendición pastoral. Pero la mayoría de los clérigos reconocen que la unión indisoluble de las almas es una meta que puede demorar meses y aun años para lograrse en la relación matrimonial. El proceso de dos convirtiéndose en una sola carne requiere mucho ajuste y una gran cantidad de crecimiento y maduración de ambas partes.

Es de dudar que Jesús hubiera dicho que el divorcio jamás debería llevarse a cabo. Porque si hay una poderosa adulteración de la percepción original que permitió a las partes ver algo de la divinidad en el otro, entonces bien puede ser que, lo que Dios quiere es que caiga a pedazos, que ningún hombre trate de mantenerlo unido. Si hay una ruptura total de comunicación y un rechazo a reparar esa ruptura, entonces la continuación del matrimonio puede ser en detrimento de la salud mental de ambas partes.

No obstante, lo que Jesús tiene en mente es la tendencia a rehuir los retos. Cualquier tipo de relación o experiencia, ya sea matrimonio o empleo o problemas ambientales, si la persona busca el divorcio como su primer recurso —renunciar al empleo, huir a otro lugar— entonces pospone su salvación. Tiene el hábito de espantar al moscardón. Niega a su vida el acicate del reto —y no hay una gran vida, no hay vida plena sin eso.

Una vez un joven le preguntó a Sócrates si debería casarse. El gran sabio le respondió: "Prosigue y cásate. Si consigues una buena esposa, serás feliz. Si obtienes una mala esposa, te convertirás en filósofo y eso es bueno para cualquier hombre".

La vida es un proceso de crecimiento grandioso y continuo. Nos movemos de un aula a otra. Y en la escuela esperamos ser sometidos a pruebas. La escuela no tiene que ser una experiencia triste, pero es una época feliz sólo si somos no resistentes al proceso de crecimiento y cambio. Si aceptamos las "pruebas" como bendiciones para nosotros, si no presentamos resistencia a lo que la vida nos demanda, avanzaremos alegremente y con firmeza hacia esa graduación suprema. Y quizás ningún hombre tenga la visión de saber qué o cuándo será la graduación porque "aún no se ha manifestado lo que hemos de ser" (1 Jn. 3:2).

> *Además habéis oído que fue dicho a los antiguos: "No jurarás en falso, sino cumplirás al Señor tus juramentos". Pero yo os digo: No juréis de ninguna manera: ni por el cielo, porque es el trono de Dios; ni por la tierra, porque es el estrado de sus pies; ni por Jerusalén, porque es la ciudad del gran Rey. Ni por tu cabeza jurarás, porque no puedes hacer blanco o negro un solo cabello. Pero sea vuestro hablar: "Sí, sí" o "No, no", porque lo que es más de esto, de mal procede* (Mt. 5:33–37).

Una comprensión del idioma es vital aquí si hemos de saber lo que Jesús tenía en mente. Al oír a un oriental haciendo un negocio, puedes ver inmediatamente lo pertinente de esta ilustración. Comprar un par de zapatos, por ejemplo, podría ser la labor de todo un día.

Cuando no se puede acordar un precio por medio del regateo, los comerciantes y sus clientes usualmente prestan juramentos por templos y nombres sagrados como prueba de su sinceridad. Pueden decir: "En el nombre de Dios y sus santos ángeles este par de zapatos me costó seis dólares pero puedes tenerlos por tres". Cuando esto no resulta efectivo, pueden recurrir a perjurar. "Si te miento, soy un hijo de perro, los zapatos me costaron tres dólares pero dejo que te los lleves por un dólar y medio".

El cliente desconfiado puede responder: "Por la cabeza de mi único hijo, no te pagaré más de un dólar". A veces, si este método fracasa, el comerciante le escupe en la cara a su cliente, diciendo: "Raca" —que significa "Yo te escupo".

La Ley Mosaica prohibía jurar por nada que no fuese Dios. A pesar de eso, de todos modos se hacía todo el tiempo. Pero el Maestro dijo: "No jures jamás". Esto significaba que no debemos tomar ni hacer votos. El problema principal con el juramento es que es una hipoteca sobre el futuro. Por ejemplo, si proclamamos impetuosamente: "No le hablaré nunca jamás mientras yo viva", estamos limitando nuestra experiencia futura a nuestro bajo estado de conciencia del presente. Usualmente, llegamos a arrepentirnos de ese juramento. Entonces, o lo rompemos con un sentimiento de debilidad de carácter o nos aferramos a él estoicamente, sintiéndonos enjaulados por una decisión lamentable.

¡Cuán a menudo el alcohólico jura no volver a darse un trago! Y cuán fácilmente se rompe ese voto, cada vez reduciendo más su sentimiento ya débil de respeto propio. La magnífica organización de Alcohólicos Anónimos insiste sabiamente en que tales votos nunca se deben tomar por un período mayor de un día —siendo la teoría que cualquiera puede refrenarse por veinticuatro horas. Y al terminar ese período, tiene la satisfacción de un logro. Entonces puede progresar otro día.

Sólo hay el eterno "ahora" en que vivimos. Todo cuanto resolvemos y afirmamos para nosotros mismos debe ser para el presente. En vez de decir: "Nunca jamás volveré a criticar a nadie" cuanto mejor afirmar: "Ahora estoy libre de crítica. Soy amoroso y respondo a la divinidad de todos con quienes me encuentro". De esta manera estamos libres de cualquier presión procedente de las resoluciones, libres para convertirnos en lo que en realidad queremos ser.

Podemos hasta preguntarnos sobre este voto matrimonial "hasta que la muerte nos separe". ¿Podemos en verdad predecir nuestros futuros estados de conciencia sin empeñar nuestra experiencia futura? Pudiera ser que uno de los problemas en el matrimonio sea el sentimiento de estar atrapado por la ley divina o la civil. Quizás haya una resistencia subconsciente contra la implicación de que *nunca puedes salirte de un matrimonio*. Quizás sea que la rebelión contra sentirse atrapado ha dado margen a la racionalización de incompatibilidad. Quizás las restricciones religiosas y legales en el matrimonio han motivado más divorcios de los que han evitado.

Cuánto mejor sería substituir el "voto" del matrimonio con una sincera consagración de contemplar la divinidad en el otro como una posibilidad y de trabajar juntos para liberar el "esplendor aprisionado" que el amor ha percibido. Una reconsagración anual y aun diaria al espíritu del matrimonio, es preferible a un voto "para-siempre-jamás" de permanecer unidos venga lo que venga.

T. S. Eliot caracteriza la situación difícil de tantos matrimonios con sencillez devastadora en estas líneas de su *Cocktail Party:*

> Ellos no se quejan;
> están satisfechos con la mañana que los separa
> y con la noche que los acerca
> por charlas casuales frente a la estufa
> dos personas que saben que no se comprenden;

criando hijos a quienes ellos no comprenden
y que jamás los comprenderán a ellos.[1]

Goethe dice que el matrimonio no es una meta de por sí,
sino una oportunidad para madurar. Me pregunto ¿qué le
sucedería a las personas en el drama de Eliot si se levantaran
cada mañana con el empeño de buscar una percepción más
profunda del amor para verse el uno al otro bajo una luz
enteramente nueva? Con el tiempo, las mañanas no se se-
pararían, más bien revelarían oportunidades gozosas para
una unidad de propósitos y de esfuerzos.

Muchas iglesias requieren que sus miembros prometan
solemnemente que ellos continuarán creyendo, durante
todas sus vidas, en las doctrinas de esa secta. Esto es lo que
Jesús quería evitar. De hecho, si una persona ora regularmente y logra hacer su experiencia de oración real, debe crecer en comprensión. Ciertamente, no seguirá sosteniendo
los mismos puntos de vista con el pasar de los años. Tal
promesa sin duda tiene que empeñar su futuro desenvolvimiento espiritual, conduciéndole al "pecado imperdonable".

El pecado imperdonable es simplemente la mente cerrada, la mente que ya se decidió, la que no permitirá que
el Espíritu revele nuevas Verdades. De cuántos individuos
podría decirse:

Nací metodista y me crié metodista,
y cuando muera, habrá muerto un metodista.

Jesús dice: "Mantén tu mente abierta. No empeñes tu futuro al hacer o tomar votos. Sé receptivo al continuo de-

senvolvimiento de la Verdad en y a través de ti. Da gracias que la vida se vive un día a la vez, y que cada día es una gloriosa oportunidad de ser fuerte, de vencer, de lograr y de ser feliz. Ahora es el tiempo de la salvación".

> *Oísteis que fue dicho: "Ojo por ojo y diente por diente". Pero yo os digo: No resistáis al que es malo; antes, a cualquiera que te hiera en la mejilla derecha, vuélvele también la otra; al que quiera ponerte a pleito y quitarte la túnica, déjale también la capa; a cualquiera que te obligue a llevar carga por una milla, vé con él dos. Al que te pida, dale; y al que quiera tomar de ti prestado, no se lo niegues* (Mt. 5:38–42).

Este es uno de los mensajes más profundos de toda la Biblia. Expone con claridad inequívoca la ley de no resistencia. Desafortunadamente, no se lo toma en serio a menudo, porque parece hacer unas exigencias imposibles al cristiano.

Una persona de mente práctica dijo: "Ah, éste es un bello ideal, típico de la religión, pero ciertamente no tiene sentido común. Si tú no resistes el mal, te vencerá. Y si haces más de lo que estás llamado a hacer, más de lo que se te paga por hacer, las personas se aprovecharán de ti".

Y tiene razón. No tiene sentido común. Tiene sentido *poco común*. La vida no tiene sentido cuando está motivada únicamente por el sentido común, porque no hay nada de común acerca de esta existencia llamada vida. Ella requiere percepción poco común y un acercamiento poco común a las cosas comunes y corrientes.

La antigua ley de "ojo por ojo" fue diseñada para mantener algún tipo de orden entre gente bárbara. Era mejor que nada. De hecho, ha provisto el fundamento de un código moral que es aún evidente en la ley moderna, la civil y la criminal. La antigua ley se ha modificado bajo nuestro sofisticado sentido moderno de justicia pública. Pero los sentimientos humanos todavía son sensibles a la justicia de la ley antigua. Todavía revelamos la tendencia a querer vengarnos, a desquitarnos de algún modo cuando se nos ha herido. El crimen del supuesto asesino del Presidente Kennedy fue este tipo de justicia de la ley antigua —ante los ojos de un hombre.

Jesús está diciendo en efecto: "Así pues, ¿tú quieres desquitarte? Ese es un deseo perfectamente normal. Sin embargo, debes saber que sólo hay una manera de desquitarte de alguien que te ha ofendido: ámalo, bendícelo y perdónalo". Puedes mantener la enemistad de una persona por el resto de tus días, recordando continuamente lo que te hizo. Pero cada vez que despliegas esa enemistad estás levantando en alto tus esposas y diciendo: "vean, le estoy haciendo pagar el precio". Pues tú te has convertido en un esclavo en ese proceso. El único medio que tienes de desquitarte es quitándote esas esposas. Deshazte de tu enemistad y podrás liberarte. Esto puede ser una píldora amarga pero es una de las lecciones más importantes de la vida.

El mandato de volver la otra mejilla ha sido totalmente mal entendido. Ciertamente no significa que debemos convertirnos en alfombras para ser pisados, o invitar más agresiones. Es extraño —cuando Jesús dice: "sácate el ojo" sabemos que El está usando una metáfora que hay que traducir al idioma moderno. Cuando El dice: "córtate la mano", sabemos que El no lo quiere decir literalmente. No obstante, no hemos comprendido una lección dinámica por haber insistido en aceptar la idea de volver la otra mejilla en un sentido completamente literal.

Recuerda, Jesús ha hecho el gran descubrimiento de la Divinidad del Hombre. El está tratando de ayudarnos a darnos cuenta que siempre hay un potencial profundo de fortaleza dentro de nosotros aun en los momentos de debilidad. El nos está diciendo que si nos encontramos mortificados por algo que otra persona ha dicho o hecho, nuestra contrariedad indica que nos hemos colocado en un estado de conciencia equivocado. Reaccionar a ello desde ese mismo estado de mente sólo complica nuestro problema interno. Jesús dice: "Vuélvete al otro lado de tu naturaleza. Tú eres tanto humano como divino. Hay eso en ti que nunca puede ser lastimado, que está siempre equilibrado y en paz, que conoce tu unidad espiritual con Dios y que sabe que nadie puede quitarte el bien que es tuyo. En este estado de conciencia más divino, la herida se sana, la influencia de la otra persona sobre ti es anulada, y tú te conviertes en influencia sanadora sobre ella".

Sydney Harris, el distinguido columnista de noticias, cuenta de una visita suya a un amigo cuáquero. Por las noches caminaba con su amigo hasta la esquina para comprar el periódico vespertino. El amigo siempre iba contento y parlanchín, pero el vendedor respondía con un gruñido. Harris le comentó una noche: "Ese es un sujeto antipático, ¿verdad?" El cuáquero le respondió: "Ah, él siempre es así". "¿Pero por qué eres tan agradable con él?" La contestación es un clásico que refleja una profunda comprensión de la ley de no resistencia de Jesús. El cuáquero dijo: "¿Por qué habría yo de permitir que él determine cómo es que yo voy a actuar?"

He aquí un hombre que sabía que su responsabilidad más importante en la vida era actuar la parte de su divinidad. ¿Por qué debería él permitir que cualquier hombre en la calle le moviera a rebajar su conciencia y así reducir toda su experiencia de la vida? He aquí un hombre que se entendía a sí mismo. Podemos estar seguros de que si se viera a sí mismo en un arrebato de ira ante alguna irregularidad de alguien, en vez de decir: "¿Qué pasa con ese hombre?" diría: "¿Qué es lo que pasa conmigo?" El "volvería la otra mejilla" o recordaría rápidamente, "Yo no voy a permitir que él determine cómo voy a pensar y actuar".

Recuerda, quizás no puedas cambiar o controlar a las personas que te rodean, pero tú puedes determinar el nivel de conciencia desde el cual tú los enfrentas y reaccionas a ellos. Este es uno de los descubrimientos más significativos que el hombre puede hacer. Le guiará a una tremenda estabilidad y confianza. Te darás cuenta que no importa lo que suceda en tu mundo, no tienes que tener miedo, no necesitas preocuparte ni estar ansioso. Tú puedes determinar tu reacción y por lo tanto, tu proceder. Vuelve la otra mejilla y encara la experiencia desde el nivel de tu divinidad, y así lograrás autodominio.

La admonición de ir la segunda milla se refiere al derecho de los soldados romanos, en la época de Jesús, de obligar a las gentes subyugadas a cargar sus bultos por una milla. Era la imposición del despotismo, pero los pueblos sometidos no podían hacer nada al respecto. Jesús indica una manera de sentido poco común para hacer algo al respecto. Podían romper sus cadenas de esclavitud al hacer lo que se exigía de ellos como si lo estuvieran disfrutando. Y eso no tiene ningún sentido, ¿verdad?

Un hombre cuenta que entró en un restaurante donde la política era que si la camarera fallaba en sonreír al cliente, aunque fuese una sola vez, quedaba despedida. El cuenta que era interesante ver las sonrisas obligadas y mecánicas de las empleadas, que se veían hasta desagradables porque eran forzadas. Pero una joven sobresalía. Se sonreía como las demás pero seguía sonriendo —no era sólo la mueca requerida. Parecía gozar al sonreír. Realmente brillaba e irradiaba un espíritu de gozo contagioso.

El le habló a la camarera sobre ello. Ella dijo: "Bueno, al principio me resentí por la orden de sonreír y por poco dejo el empleo. No es divertido sonreír cuando te obligan a hacerlo. Entonces empecé a darme cuenta que todas las sonrisas, excepto la primera, eran mías y libre de órdenes. Así que empecé a ir más allá de esa sonrisa obligatoria para sentir la recompensa de sonreír. Y el resultado es que encuentro que es una llave esencial para hacer de mi trabajo una experiencia gozosa".

Jesús sabía que cuando tú haces lo que se te exige y no más, eres un esclavo. Esto es cierto, ya sea cumpliendo el capricho de un jefe exigente o cumpliendo las leyes del país. Viajar la primera milla te proporciona el cheque de pago, la sonrisa forzada, las "gracias" obligadas y la existencia aburrida. Es todo lo que se espera de alguien. Pero si quieres que una vida rutinaria se convierta en una vida plena, tienes que dar más.

Cuando caminas la segunda milla —das más a tu trabajo, eres más que considerado y bondadoso con la gente, te conviertes en dador alegre y en recibidor grato, de pronto la vida adquiere un nuevo significado. En la segunda milla encuentras felicidad, verdaderos amigos, satisfacción genuina en vivir —y probablemente un cheque de pago superior también. Alguien ha dicho: "Si quieres progresar en tu trabajo, empieza a imponerte a tu jefe haciendo más de lo que se te pide".

"¡Pero yo hago todo lo que me pagan por hacer!" Y eso puede ser verdad. No te pagan por el gozo y por el entusiasmo adicional que pones en tu trabajo. Pero por otro lado, tu sueldo no puede darte satisfacción ni sentimiento de logro tampoco. La persona que sólo recibe un cheque de sueldo por su trabajo está recibiendo menos de lo justo —y esto es cierto aun si la cantidad del salario es de seis cifras. La verdadera compensación de gozo y de logro en un trabajo empieza donde la obligación termina.

Cuando Jesús dice: "Al que te pida, dale; y al que quiera tomar de ti prestado, no se lo niegues" —El no quiere decir que debes llenar la vasija de todos los mendigos ni complacer a todo el que te pide prestado. Este precepto se da en el contexto de la ley de no resistencia. Afrontémoslo —en lo humano, todos nos resentimos por la intrusión de "aquel que pide".

Hay dos maneras en que podemos "despedirle". Primero podemos rechazar el pedido brusca y poco amablemente. Pero, en términos del daño a nuestra propia estabilidad de conciencia, el costo puede ser mayor que la cantidad de dinero que hemos retenido. Segundo, podemos darle un regalo o hacerle el préstamo "para librarnos de él". Pero en este caso a lo mejor lo hemos lastimado más de lo que lo hemos ayudado, porque le hemos espantado el moscardón, removiendo así la motivación que le pudo haber llevado a sobreponerse a su problema.

Cuando veas al pordiosero (o al amigo) acercándose, si sientes que la resistencia aumenta en ti, "vuelve la otra mejilla" inmediatamente. Centra tu mente en la amorosa, no resistente conciencia crística. No puedes darte el lujo de hacer menos. Desde el nivel de tu divinidad, responderás a las demandas con amor y comprensión. Reconocerás que esa persona tiene un problema que puede ser más grande que su necesidad de ayuda financiera. "Saludarás la divinidad" dentro de ella y le tratarás desde ese nivel.

Ahora, en esta conciencia, puedes tratar con la persona desde el punto de vista de su bien más elevado. Le puedes dar el dinero con la fe de que lo usará sabia y responsablemente. O puedes ser guiado a retener el regalo, pero a darle la bendición de tu consejo sabio y amoroso. Tu bendición la puede ayudar a crear una nueva autoimagen, a encontrar nuevo respeto propio, a crecer con nueva fe en su habilidad para afrontar la vida.

¿No sería maravilloso si siempre pudiésemos encarar a la gente desde esa conciencia? Los mendigos y los prestatarios irresponsables del mundo pronto desaparecerían. Quizás sea éste el punto en que tiene que empezar la "guerra contra la pobreza". Quizás le hemos estado fallando a nuestros menesterosos simplemente por "espantar el moscardón". Al hacerlo, le hemos estado quitando tanto su incentivo como su respeto propio. Quizás sea más importante sacar el arrabal de la persona que sacar a la persona del arrabal. El dinero solo puede que no resuelva el problema. Quizás necesitemos saludar la divinidad en esas personas, ayudarles con nuestra oración y alabanza a "transformarse por la renovación de la mente".

> *Oísteis que fue dicho: "Amarás a tu prójimo y o-diarás a tu enemigo". Pero yo os digo: Amad a vuestros enemigos, bendecid a los que os maldicen, haced bien a los que os odian, y orad por los que os ultrajan y os persiguen, para que seáis hijos de vuestro Padre que está en los cielos, que hace salir su sol sobre malos y buenos y llover sobre justos e injustos. Si amáis a los que os aman, ¿qué recompensa tendréis? ¿No hacen también lo mismo los publicanos? Y si saludáis a vuestros hermanos solamente, ¿qué hacéis de más? ¿No hacen también así los gentiles? Sed, pues, vosotros perfectos, como vuestro Padre que está en los cielos es perfecto* (Mt. 5:43–48).

En cierta ocasión Sócrates dijo que una vida sin examinarse no vale la pena ser vivida. Jesús nos reta constantemente a mirarnos a nosotros mismos muy cuidadosamente en el contexto del potencial divino dentro de nosotros. Necesitamos reconocer que el problema básico en la vida es la frustración de nuestro propio potencial. Cuando enfrentamos alguna falta de armonía en las relaciones, no es tanto un problema entre nosotros y alguien que parece combatirnos como lo es una interrupción en nuestro propio circuito de bien del Padre en nosotros.

La vida es conciencia. Los problemas que confrontamos indican que nuestros cables están fuera de servicio. Tenemos que reparar ese circuito interno. La única existencia que tiene una condición de error, en lo que a nosotros nos concierne, es aquella que le damos en nuestro propio pensamiento. Retírale el pensamiento y se disuelve en la nada. Lo que nos afecta a nosotros en realidad, no es la gente, ni las cosas, ni las condiciones de por sí, sino los pensamientos y los sentimientos que albergamos en relación a ellos. No es la conducta de los otros sino nuestra reacción a ella lo que hace o estropea nuestra experiencia en la vida.

Jesús nos reta a adquirir una buena comprensión de este bien llamado amor. El dice que tú no amas realmente cuando simplemente amas a los que te aman a ti. ¿Qué prueba eso? Es fácil ser agradable y amistoso con aquellos que son simpáticos contigo. No es problema "amar a tu vecino" mientras tengamos algo que decir sobre quién puede ser nuestro vecino.

El amor no es una emoción que empieza en nosotros y termina en la respuesta positiva de otro. El amor es energía divina que empieza en Dios y no tiene fin. Sintonizamos esa energía y somos movidos por ella según fluye a través de nosotros. Shakespeare dice: "No es amor el amor que se altera cuando encuentra cambios".[2] La ilustración clásica de esto está en la declaración: "Yo le amaba con todo mi corazón, pero después de lo que me hizo, le odio apasionadamente".

En el nivel de su divinidad, el hombre tiene como herencia poderes tremendos e ilimitados. Sin embargo, los puede usar sólo cuando él actúa la parte de su divinidad. Así pues, Jesús está diciendo: "Ama a tu enemigo —no porque sea especialmente merecedor de tu amor, sino porque cuando él te motiva a resistirle, tú no estás expresando tu divinidad. Y el poder que va con tu divinidad es tuyo únicamente cuando lo espresas".

Una bombilla no es sino eso a menos que se la encienda. Cuando se establece la conexión con la energía eléctrica, se convierte en fuente radiante de luz y calor. El hombre es un ser espiritual, hijo de Dios, heredero de todo el potencial infinito inherente en toda la creación de Dios, incluyendo el Amor, la fuerza individual más poderosa en la existencia. Pero en realidad, el cumplimiento del poder de nuestra divinidad viene solamente cuando estamos en armonía con el Padre y expresando Su amor, luz y poder.

En cualquier tiempo, bajo cualquier circunstancia, podemos encender la luz, y la energía infinita del amor disolverá la oscuridad, sanará las relaciones rotas y se convertirá en una verdadera presencia protectora. El hombre es una criatura de luz. Cuando su luz está brillando relucientemente en todas las direcciones y en todas las situaciones, él es imperturbable, infatigable e invencible. "Nada será imposible para él".

¡Cómo frustramos ese potencial de luz! Considera este ejemplo práctico. Si tú entraras en un cuarto lleno de personas cuyo trabajo es impedido por la escasez de luz, y si tú tuvieses una lámpara radiante en tus manos, ¿reducirías la luz de tu lámpara como respuesta a la luz débil en la habitación? No, tú ofrecerías tanta luz como te fuese posible. Pero si entras en una habitación llena de personas hostiles ¿cuál es tu reacción? Normalmente encaras su hostilidad con la tuya propia y sales diciendo, "¡Qué grupo de gente tan poco amistoso!"

Puede que digas: "Pero sólo soy humano". Esa es una gran subestimación. Tú no eres sólo humano —tú eres también divino en potencialidad. El cumplimiento de todas tus metas y aspiraciones en la vida depende del avivamiento y la liberación de ese potencial divino. Y realmente, no hay nada de difícil en dejar brillar esa luz interna. Todo lo que tenemos que hacer es corregir la tendencia a oscurecer nuestra luz cuando encaramos la oscuridad.

Una mujer caminaba hacia su casa después de una reunión en la iglesia. Era tarde en la noche y las calles estaban oscuras. Al pasar una callejuela, un ladrón la encañonó y le dijo: "Déme su cartera o la mato".

La reacción humana normal ante tal experiencia sería la de apagar la luz inmediatamente, y entonces sentir miedo, ira, amargura y odio. Todas estas cualidades son la frustración de nuestro potencial del poder sanador y protector del amor. Fue justamente de una experiencia así que hablaba Jesús cuando amonestó: "Amad a vuestros enemigos y orad por los que os ultrajan y os persiguen . . . para que seas hijo de vuestro Padre". En otras palabras ámalos, no porque ellos se lo merezcan sino porque tú te lo mereces y necesitas mantener tu energía de amor fluyendo.

Continuando con nuestra historia, esta débil mujer se viró y miró al ladrón directamente a los ojos y dijo: "Usted no puede hacerme daño porque usted es un hijo de Dios y yo lo amo". El dijo: "Mire, señora, ésta es una pistola y tengo la intención de matarla si no me da su cartera". Ella simplemente repitió suavemente y sin ninguna evidencia de miedo o de agitación: "Pero es que usted no puede hacerme daño porque usted es un hijo de Dios y yo lo amo". El permaneció quieto un momento, asombrado, confundido, desarmado. Su mano tembló, se enrojeció su faz y soltando la pistola, echó a correr. Este hombre fue totalmente subyugado por el amor y la no resistencia.

Desafortunadamente, en tales momentos una persona generalmente se llena de miedo y cólera, reacciones que la llevan a hacer cosas imprudentes. A lo mejor trata de correr o de pelear con el asaltante. Simplemente ha apagado su luz, y así afronta la oscuridad con oscuridad, la resistencia con resistencia —y se coloca ahora en el mismo nivel del ladrón. Ahora está en gran peligro. Puede culpar al asaltante por lo que finalmente ocurra —la pérdida de su cartera, o la herida causada por el asustado delincuente. Pero, desde el punto de vista de la ley de conciencia y de realizar el potencial de la Divinidad del Hombre, la verdadera crisis resultó cuando la víctima apagó su luz y de ese modo temerariamente causó el rompimiento en su relación con la Luz de Dios en su interior. Así pues, no importa cuál sea la dificultad en derredor tuyo o la oscuridad que haya frente a ti, *enciende tu luz*. No importa lo que suceda, *enciende tu luz y manténla encendida*.

"Seréis perfectos como nuestro Padre que está en los cielos es perfecto." Esta es otra evidencia importante de que Jesús enseñó la Divinidad del Hombre, y que el hombre está designado a seguir en su desenvolvimiento hasta que exprese y experimente la dinámica vida de Dios.

Una vez le oí decir a un predicador: "Jesús retaba a los hombres con metas inalcanzables. El hecho es, desde luego, que esas metas eran imposibles de alcanzar por los humanos y débiles pecaminosos. El sabía que necesitamos tener metas más allá de nuestro alcance, o si no, ¿para qué es el Cielo?" Y esto es correcto. Es imposible para los humanos débiles y pecaminosos cumplir las enseñanzas absolutas de Jesús. *¿Pero por qué ser un humano débil y pecaminoso?*

Jesús está diciendo: "Mucho se espera de ti porque tú estás bien dotado. Tú eres un hijo de Dios, creado a Su imagen y semejanza, poseedor del potencial del Cristo morador. Tú eres una idea de vida dinámica que crece, se expande y desarrolla en la Mente de Dios. Nunca puede haber un límite para Dios, y así pues, nunca puede haber un límite para ti, si tú te centras en la Conciencia de Dios".

No es que Jesús nos rete con metas inalcanzables, sino que El nos recuerda continuamente las posibilidades no reclamadas. "Venid, benditos de mi Padre, heredad el Reino preparado para vosotros desde la fundación del mundo" (Mt. 25:34).

## CAPÍTULO NUEVE

# El arte olvidado de la oración

L "LLAMADO A LA ORACIÓN" SE ESCUCHA en todos los idiomas, por innumerables religiones a través del mundo. "Ora sobre el particular" es un consejo corriente para el corazón atribulado. "La oración cambia las cosas" y "la familia que ora unida permanece unida" son dichos populares que enfatizan la importancia de la oración. Pero ¿qué queremos decir con oración?

La palabra "oración" no tiene un significado absoluto en nuestros días. Significa algo para el niño que dice: "Con Dios me acuesto y con Dios me levanto". Significa algo totalmente diferente para la persona que dice su "Padrenuestro" instintivamente con un sonido monótono. Significa una cosa para la persona que se sienta sosegadamente bajo la arboleda en muda adoración por la vida y la naturaleza y con gran receptividad al "silbo apacible y delicado" del Espíritu. Significa otra cosa para la congregación de aquel predicador que ora una estudiada y elocuente plegaria por veinte minutos que abarca todas las áreas de la necesidad humana. (Se dice que algunos ministros pronuncian sus mejores sermones en la oración.)

En su ameno libro, *Dios y mi Padre,* Clarence Day nos cuenta sobre la actitud peculiar de su padre hacia Dios. El dice: "En momentos de oración, cuando él y Dios trataban de comunicarse, no eran sus propias debilidades las que salían a relucir, sino las de Dios . . . El esperaba muchísimo de Dios . . . Parecía que Dios le dañaba sus planes . . . Esto incitaba su cólera. Le llamaba entonces la atención a Dios sobre el particular . . . No llegaba al punto de acusar a Dios de una gran ineficiencia, pero cuando oraba su tono era elevado y colérico, como el de un huésped insatisfecho en un hotel administrado descuidadamente".[1]

Un estudio de todas las prácticas de la oración dentro de las denominaciones de la familia cristiana es interesante y revelador. Es también un comentario de cuán lejos se ha desviado el cristianismo tradicional de las enseñanzas de Jesús. Encontramos oraciones de adulación, en espera de un Dios vano que sea movido por la alabanza. Hay oraciones de alegato y de súplica para inducir un milagro de un Dios renuente. Hay oraciones de vana repetición donde el peticionario tiene la esperanza de que si ora por largo rato en voz alta, un Dios aparentemente distraído puede oír y responder.

Es asombroso que sean tan pocos los que en realidad han comprendido o le han prestado atención a la nueva técnica de oración que Jesús trajo al mundo. El enseña que la oración puede reducirse a postulados comprensibles que se pueden probar incuestionablemente en la práctica. El indicó que los principios de oración son universalmente aplicables en todo lugar, en todo tiempo y por toda persona.

Es significativo que Albert Einstein, quien figura junto a Newton como un gran maestro en el campo de la ciencia —el enfoque empírico del Universo— creía indudablemente en la oración. El se refiere a una ley que contiene la suma de todo lo que la matemática y la física han probado ser la verdad acerca del Universo. El dice que esta ley es una fuerza positiva para el bien y que nos sintonizamos a su funcionamiento infaliblemente perfecto por el poder del pensamiento y de la oración.

Esta es la llave para comprender la oración —y la idea de oración que Jesús esboza. La oración no trata con un Dios caprichoso. Es una técnica para lograr unidad con Dios y su vida, substancia e inteligencia ilimitadas.

La oración no es algo que hacemos a Dios sino a
   nosotros mismos.
No es una posición sino una disposición.
No es adulación sino un sentimiento
   de unificación.
No es pedir sino saber.
No son palabras sino
   sentimientos.
No es voluntad sino
   disposición.

Jesús dijo: "Dios es Espíritu; y los que le adoran, en espíritu y en verdad es necesario que adoren" (Jn. 4:24). Esto no es una definición. Jesús sabía que definir una cosa es limitarla, y Su propósito era expandir nuestro pensamiento de Dios al igual que ofrecernos una visión más profunda del interior de nosotros mismos. Nos estaba dando una guía para dirigir nuestros pensamientos lejos de la forma finita, lejos del pensar en Dios como en un superhombre. El dilema del hombre es que se ha encarcelado en una religión de teología proposicional. Sus actitudes acerca de Dios y la vida y la oración han sido preparadas y confinadas en lindos paquetitos. Pero no es posible uniformizar la Verdad sin que cese de vivir como Verdad. La oración se convierte en un rito sacramental ejecutado por profesionales, o es la experiencia de leer "oraciones" de un libro. Esto simplifica el proceso. Pero también deja a su paso un sentimiento de frustración y la ausencia de un verdadero sentimiento de comunión.

El obispo John Robinson indica que los sacerdotes también perciben ese sentimiento de frustración, unido a un sentimiento más profundo de culpabilidad:

> Yo creo que los expertos han inducido en nosotros un profundo complejo de inferioridad. Nos dicen que éste es el modo en que debemos orar, y sin embargo encontramos que no podemos mantenernos ni por un rato en el peldaño más bajo de la escalera, y menos aún subirla . . . Evidentemente no somos "del tipo que ora". Y así cargamos a cuestas un sentimiento no declarado de fracaso y culpabilidad. Puedo dar testimonio de esto muy enérgicamente por el tiempo que pasé en un colegio de teología, tanto de estudiante como de maestro. Este era un laboratorio de la oración. Aquí uno debería sentirse capacitado para orar, si es que alguna vez pudiera . . . Si uno fracasaba en tales circunstancias, ¿qué esperanza habría más tarde —cuando "el mundo" rodease o se tragase a uno?

Y, sin embargo, yo creo que no soy el único que encuentra que un colegio de teología es el sitio más difícil, en vez del más fácil, en donde orar. Sé que no soy el único en creerlo así. Porque allí descubrí lo que solamente puedo describir como una francmasonería de cubierta oposición silenciosa, desalentadora, que entendía que todo lo dicho y escrito acerca de la oración era indudablemente intachable pero simplemente no decía nada a "nuestra" condición . . . Pero no se ofrecía ninguna otra cosa en su lugar, y hasta el día de hoy, tenemos un complejo de inferioridad. No nos atrevemos a admitir a los demás o a nosotros mismos cuán lentos somos para comenzar algo . . .[2]

Jesús hacía frente a todo este problema. De Sus palabras se desprende que la situación en Sus días era paralela a la que describe el obispo Robinson. Consideremos ahora el bosquejo del arte de la oración que presenta Jesús en el "Sermón del Monte".

*Guardaos de hacer vuestra justicia delante de los hombres para ser vistos por ellos; de otra manera no tendréis recompensa de vuestro Padre que está en los cielos. Cuando, pues, des limosna, no hagas tocar trompeta delante de ti, como hacen los hipócritas en las sinagogas y en las calles, para ser alabados por los hombres; de cierto os digo que ya tienen su recompensa. Pero cuando tú des limosna, no sepa tu izquierda lo que hace tu derecha, para que sea tu limosna en secreto; y tu Padre, que ve en lo secreto te recompensará en público. Cuando ores, no seas como los hipócritas, porque ellos aman el orar de pie en las sinagogas y en las esquinas de las calles para ser vistos por los hombres; de cierto os digo que ya tienen su recompensa. Pero tú, cuando ores, entra en tu cuarto, cierra la puerta y ora a tu Padre que está en secreto; y tu Padre, que ve en lo secreto, te recompensará en público* (Mt. 6:1–6).

El hombre es un ser que piensa, y la mente es el eslabón de conexión entre Dios y el hombre. Jesús está diciendo que la oración no es asunto de palabras ni de formas externas. Es un asunto de conciencia, de un pensar positivo concentrado, rectamente dirigido y espiritualmente orientado. La ley es: "Según piensa en su corazón, así es él".

Cuando Jesús dice: "El Padre que está en secreto y que ve en secreto", El quiere decir que la ley divina es una fuerza inmaterial que no puede ser vista. Tú no puedes ver el viento. Pero cuando ves el movimiento de las hojas sabes que el viento está soplando. No puedes ver a Dios, pero ves la vida de Dios en aquello que está viviendo. Ves el amor de Dios en aquel que es amoroso. Ves la sabiduría de Dios en la inteligencia del hombre. Fue en este sentido que Jesús dijo: "El que me ha visto a mí, ha visto al Padre" (aunque esta declaración ha sido tergiversada como que se refiere a Su divinidad única).

Hay un secreto para todo. La semilla trabaja bajo tierra, a veces por largos períodos de tiempo, antes de que brote su hoja verde; y durante su crecimiento su laboratorio es aún muy secreto. En las obras de los hombres, el mecanismo que produce la demostración está invariablemente escondido: el funcionamiento del reloj, la cocina que produce el banquete, las largas horas de práctica que producen la actuación del virtuoso. Siempre hay una región secreta de causalidad.

No hay misterio acerca de que un cuarto se iluminará al oprimir el interruptor, pero hay un "secreto". Hay una central de electricidad en algún lugar que está generando la energía eléctrica que fluye en el filamento cuando se establece el circuito. Una imagen en el televisor o un avión en vuelo puede que sea un milagro para un aborigen australiano, pero cuando conocemos el "secreto" del proceso implicado, aceptamos estas cosas como algo corriente.

Como no hemos entendido el "lugar secreto" de unificación con Dios y no hemos entrado en el reino de la causalidad, hemos pensando en la oración como el esfuerzo por hacer milagros, pero ese no es su propósito. Los resultados de la oración pueden ser humanamente sorprendentes, pero únicamente demuestran el arte de unificarnos con la fuente creativa de todo bien, la ley divina de cumplimiento.

Cuando pensamos que "sólo un milagro nos puede salvar" y acudimos a la oración con esa conciencia, limitamos el poder de nuestra oración. No hay necesidad de milagro alguno para traer salud o guía o prosperidad a nuestras vidas frustradas, porque aquéllas son la naturaleza misma de Dios y el plan para Su creación ideal, el hombre. Y ése es el gran "secreto".

La palabra "hipócrita" viene del griego y significa un actor de teatro o un actor enmascarado. Era la costumbre en aquella época que los actores pregonaran su arribo a una comunidad (como los circos de tiempos más modernos) con avisos de trompetas y exhibiciones o desfiles de alguna clase. Al principio, la palabra "hipócrita" no se usaba totalmente en el sentido de crítica como se usa hoy. Podía ser un epíteto de alabanza o de censura de acuerdo con la comprensión del oyente. Llamar a alguien un "buen actor" hoy en día dependerá de cómo lo uses. Obviamente, significa una cosa cuando te estás refiriendo a la actuación de Laurence Olivier en un drama de Shakespeare, y significa otra si estás describiendo la labor de un hombre en el estrado de los testigos.

Jesús aplica el término "hipócrita" al fanático religioso que hace un espectáculo de su religión y su oración. Pero El no está condenando a la persona, sino únicamente la práctica. No es frecuente que esta práctica sea un esfuerzo consciente por alardear. Porque su religión le ha sido entregada ya "hecha a la medida", a lo mejor el individuo no conoce ningún otro modo de actuar.

Hombres de todas las épocas se han engañado a sí mismos en la creencia de que las acciones externas que parecen ser fáciles pueden ocupar el lugar de los cambios internos en el pensar y el sentir que aparentan ser más difíciles de lograr. Cuán fácil es caer en la práctica de comprar y usar vestimentas ceremoniales, repetir oraciones ya asignadas de memoria, usar formas devocionales uniformizadas, asistir a los servicios religiosos en los momentos determinados, y todavía dejar el corazón intacto.

Jesús está diciendo: "No hagas una exhibición de tu religión. El Padre en ti sabe más que tú. El no quiere un fingidor, ni un actor de teatro. El te quiere a ti. Tu oración es para levantar tu conciencia a un punto en que tú puedes sentirte impresionado por Su Espíritu".

El significado de la referencia de Jesús a la mano "izquierda" y "derecha" es obvio cuando pensamos en el significado espiritual de causa y efecto, de dar y recibir. "Que tu mano izquierda no sepa lo que hace tu derecha." No ores sólo con tus ojos fijos en los resultados.

En su ensayo clásico, "Self-Reliance" (Autoconfianza), Ralph Waldo Emerson trae la idea de oración a su mejor enfoque cuando dice:

> La oración mira hacia afuera y pide que alguna adición extraordinaria llegue por alguna extraordinaria virtud, y se pierde a sí misma en laberintos interminables de lo natural y sobrenatural, de lo intercesorio y milagroso. La oración que anhela una conveniencia particular, algo menos que todo lo bueno, es viciosa. La oración es la contemplación de los hechos de la vida desde el punto de vista más elevado. Es el espíritu de Dios pronunciando Sus obras buenas. Pero la oración como un medio de efectuar un fin privado es maldad y robo. Supone dualismo y no unificación en naturaleza y conciencia. *Tan pronto como el hombre sea uno con Dios, él no suplicará.* Entonces él verá la oración en plena acción.[3]

Cuando tú oras o decretas la palabra de Verdad, tú estás laborando en el reino de la causalidad, en la región "secreta" de la conciencia espiritual. Es la "mano derecha" que está poniendo en funcionamiento una ley divina. La "mano izquierda" es la manifestación o contestación, las "cosas por añadidura". También puede simbolizar el pensamiento de escasez o limitación y el deseo de lograr que se satisfaga.

Jesús dijo: "Me buscáis, no porque habéis visto las señales, sino porque comisteis el pan y os saciasteis. Trabajad, no por la comida que perece, sino por la comida que a vida eterna permanece" (Jn. 6:26, 27). Tenemos que laborar para alterar el concepto de Dios como "el hombre de las respuestas", el "superdoctor", "el almacén divino" y el concepto de la oración como la gran máquina tragamonedas espiritual". Recuerda: "Dios es Espíritu y los que le adoren tienen que adorarle en Espíritu y en Verdad".

A veces alguien dice: "Yo no he orado mucho últimamente porque no he tenido problemas que ameriten oración". Esta persona no comprende el concepto de la oración. Ciertamente, hay problemas que se pueden resolver a través de la oración; pero eso es sólo un valor secundario. El propósito más importante de la oración es levantarnos nosotros mismos a un nivel elevado de conciencia donde podamos ser acondicionados en mente y en cuerpo con la vida, substancia e inteligencia de Dios todo suficiente.

Jesús dice: "No ores para ser visto. No ores porque crees que debes orar. No ores sólo para curar tu artritis o para obtener un mejor empleo. Recibirás tu recompensa, pero no "la comida que a vida eterna pertenece". Esa es la gran necesidad. Ora para restablecer tu contacto con el poder divino y 'todas esas cosas te serán dadas por añadidura'".

A menos que oremos en "Espíritu y en Verdad", la oración es simplemente una fría transacción comercial. "Dios, si Tú sanas mi condición, o me consigues ese ascenso, o detienes la guerra, te entregaré mi vida por el resto de mis días".

Cuando no aparece un buen resultado, a veces la persona se queja: "No puedo entender por qué mi oración no ha sido contestada. He dado el diezmo de mi ingreso, he ido a la iglesia regularmente, he orado muchas veces al día". ¿Por qué has hecho esas cosas? ¿Está la mano "izquierda" demasiado consciente de lo que haces?

Un hombre recibió una multa por estacionar su automóvil en una zona restringida cerca de su iglesia. Generalmente, los policías eran indulgentes los domingos, pero en esta ocasión un policía "novato" quería impresionar bien en su cuartel en su primera salida. El hombre mostró disgusto e impaciencia: "Un hombre sale temprano el domingo cuando se pudo quedar holgazaneando en la casa y qué saca de eso —¡una multa!" El oficial de tráfico le respondió indiferente: "¡Así es que se fue a la iglesia! Y ¿qué espera, una medalla?" ¿Por qué estaba ese hombre en la iglesia? Porque deseaba sinceramente lograr el sentimiento de comunión interna que podía alcanzar en ese lugar, o porque sentía que era su deber ir allí?

"El Padre ve en secreto." Esto significa que tu pensamiento interno es lo único que cuenta. Cuando te aquietas y centras tu pensamiento del lado de la ley de causalidad, encontrarás "contestaciones sin cesar". Hasta que lo hagas, tienes tu recompensa en un logro más superficial que no es verdaderamente satisfactorio.

"Y al orar no uses vanas repeticiones." Ten presente que Jesús no condena la repetición, sino la vana repetición. Jesús mismo, usó la repetición en cierta ocasión. El repitió la misma oración tres veces. La oración es para levantar la conciencia —la tuya, no la de Dios. Si la repetición es el esfuerzo para acondicionar tu mente con los pensamientos de Dios, entonces es buena. Sin embargo, si repites una oración o afirmación como la cotorra con la idea de acondicionar a Dios a tus necesidades, entonces es vana. En ningún lugar de la práctica cristiana se ha desatendido tanto la instrucción clara de Jesús como en este asunto de la repetición de oración.

Si tuvieras una cabaña en las montañas y quisieras refrescarla y hacerla habitable después de un largo invierno, ¿tendrías que inducir al aire a que entre por las puertas o tratar de que la luz fluya por las ventanas? No, al momento de abrir puertas y ventanas, el aire y la luz solar irrumpirían espontáneamente.

Esta es una buena ilustración de la relación de Dios con nuestras vidas. La oración es simplemente abrir nuestras vidas para poder recibir lo que Dios ha estado siempre tratando de otorgar —acondicionar nuestras vidas con Dios. Jalil Gibrán dice: "Porque ¿qué es la plegaria sino la expansión de vuestro ser en la vitalidad del éter?"[4]

"Vuestro Padre sabe de qué cosas tenéis necesidad antes que vosotros le pidáis" (Mt. 6:8). Esta declaración debería ser el preámbulo de cada oración. Se debería leer en cada iglesia cristiana cada vez que se hace el "llamado a la oración". Debería estar grabada en la portada de cada Biblia y de cada libro de oración, y se debería desplegar prominentemente en cada cuarto de oración. Ciertamente, si realmente creyéramos que nuestro Padre conoce nuestras necesidades antes de hacer nuestra oración, tendríamos que volver a pensar acerca de la oración en general, y eso tendría una influencia tremenda sobre cada oración por necesidades específicas.

La pregunta obvia es: Si el Padre conoce nuestras necesidades antes de pedir Su ayuda, entonces, ¿por qué pedir? Debemos recordarnos que "Dios es espíritu". No es fácil sobreponerse al pensamiento de Dios como el Ser Supremo "allá afuera" quien nos puede ayudar en nuestros momentos de necesidad si se lo pedimos, y si El está de buen humor. Cuando dotamos así a Dios de cualidades humanas, nuestra "petición" implica la posibilidad de un "sí" o un "no" como contestación. Sin embargo, el "no" ha surgido de nuestra propia conciencia, el efecto de nuestra propia inercia en pensar negativamente.

Dios no tiene lo que tú quieres o necesitas. Dios es la substancia de esa necesidad. Tú no tienes que pedirle a Dios vida, porque Dios es vida. Tú eres la proyección de esa vida a la visibilidad. La llave de la curación es levantar tu pensamiento a la conciencia de la integridad de vida en ti. No tienes necesidad de pedir eso. Dios es esa integridad, esa totalidad, pero tú tienes que aceptarla en tu mente que ha estado viendo sólo en parte.

Tú no tienes que pedirle a Dios sabiduría, porque Dios es sabiduría. Tu mente es una actividad en la Mente Infinita de Dios. Si hay alguna interrupción en el fluir de la inspiración del Todopoderoso en ti, esa interrupción está en ti —no en Dios. Tu necesidad es de restablecerte en la conciencia de la Mente de Dios en ti que todo lo sabe.

¿Cómo le pides al sol su luz? Saliendo afuera, al sol. ¿Cómo le pides a la electricidad luz para tu lámpara? Oprimiendo el interruptor. ¿Cómo le pides a Dios lo que quieres? Centrándote en el Espíritu. No es algo que Dios tenga que hacer por ti. Es lo que tú tienes que hacer por ti mismo para permitir que Dios haga por ti aquello que incesantemente El anhela hacer. "Porque a vuestro Padre le ha placido daros el reino" (Lc. 13:32).

La palabra "pedir" tiene muchas connotaciones. Si tú le pides a tu jefe un aumento de sueldo, no es lo mismo que cuando te pide que le hagas un trabajo. Si tú le pides a tu vecino que cuide a tu niño, tu pensamiento es distinto al del dueño de la casa cuando viene a tu puerta a pedirte la renta. Es lo primero en cada caso el contexto de lo que hemos pensado con respecto a la referencia de Jesús acerca de pedir a Dios. Pero es el segundo contexto en cada caso el que nos da la percepción del pensamiento de Jesús. En el griego original de esa palabra "pedir", hay una connotación de "exigir" o de "reclamar". El jefe puede exigir que tú hagas un trabajo porque para eso te paga. El dueño de la casa puede reclamar su renta como su pago legítimo. Y cuando tú "pides" a Dios ayuda, tú estás reclamando tu herencia como un ser espiritual.

Jesús dice: "Todo lo que pidieres orando, creed que lo recibiréis, y os vendrá" (Mr. 11:24). ¿Cómo puedes pedir algo creyendo que ya lo tienes? Puedes cuando comprendas que, como un ser espiritual, Dios te ha dotado de capacidades innatas y con un Reino dentro de ti de recursos todo suficientes. La enfermedad o la escasez o la indecisión no tienen lugar en el plan del Infinito para el hombre. Tú eres la mismísima manifestación de Dios y es Su incesante anhelo hacer que logres tu totalidad como persona. Pides tu bien en el sentido de reclamar tu herencia, de girar contra tus reservas espirituales con la misma confianza con que giras contra tus ahorros en un banco.

Un trabajador descuidado, que hace trampas en su tarjeta de asistencia y se reporta enfermo a la menor oportunidad, está creando las condiciones que harán que su despido sea inevitable. Por otra parte, un buen trabajador, que llega temprano y sale tarde, que siempre se esfuerza por mejorar su rendimiento y por ayudar a la compañía, está "pidiendo" una promoción. Y generalmente le llega, porque ha creado las condiciones que hacen ese resultado inevitable.

Pides vida afirmando vida. Pides éxito colocándote en la conciencia del éxito. Pides paz, afirmando paz y permitiendo que el espíritu de paz impregne tu mente y tu corazón. La oración no es una forma de encender la luz en Dios, sino de encender la luz en ti —y Dios es esa luz.

El propósito de la oración, por lo tanto, es afirmar en nuestra conciencia aquello que es la verdad de Dios y la verdad de nuestra relación con El. "En Dios, yo ahora soy una criatura perfecta. Yo soy fuerte, confiado y capaz. Tengo la habilidad para hacer todo lo que se necesita hacer. Yo soy uno con la substancia todo suficiente, así es que estoy seguro y sin temores". Estas cosas pueden ser necesidades urgentes en tu experiencia. Pero el Padre lo sabe aun antes de que pidas —y al Padre le place darte el Reino. Así pues, no desperdicies tu tiempo pidiendo ayuda. Ya es tuya. Reclámala. Hazla surgir a la manifestación. Habla la palabra de Verdad.

Jesús fue maestro en el uso de las afirmaciones, y puede ser que El lograra Su supremacía debido a esto. Jesús afirmó tales Verdades como: "Yo soy el pan de vida . . .Yo soy la luz del mundo . . . Yo soy la resurrección y la vida . . . Yo soy el camino, la Verdad, y la vida". Pensando en términos de la Divinidad de Jesús, hemos visto estas declaraciones como evidencia de que El vivía bajo una dispensación especial. En realidad, estaba demostrando la Divinidad del Hombre. Estaba simplemente reclamando Su unidad espiritual con el infinito, afirmando la Verdad para El mismo y acerca de El mismo. Nosotros tenemos que afirmar las mismas Verdades para nosotros mismos y acerca de nosotros mismos.

"Mas tú, cuando ores, entra en tu cuarto y cierra la puerta." Esta es la enseñanza de Jesús acerca del silencio, el concepto dinámico de la oración profunda. En un sentido muy real, mucho de lo que creemos que es la oración, es sólo una preparación para la oración. Es el proceso de resolver los conflictos de la mente para poder "Estad quietos y conoced que yo soy Dios" (Sal. 46:10). Cuando enchufamos la batería en un cargador, no empieza a traquetear sobre lo mucho que necesita esa carga. Sencilla y calladamente acepta el fluir de la energía. Y cuando oramos, nos dice Jesús, debemos adentrarnos en las profundidades de nuestro ser, dejar afuera todas las preocupaciones del mundo, y "orar al Padre en secreto".

Según crecemos en la comprensión de la Verdad de nuestra relación con Dios, según empezamos a vernos a nosotros mismos a la luz de nuestra divinidad, la oración se convierte en una experiencia en el silencio. Dejamos las palabras de súplica, aun de adoración detrás de nosotros. Nuestro corazón habla con el idioma del alma. Alabamos a Dios a través de nuestro sentimiento de gratitud. Adoramos a través de nuestro espíritu de reverencia. Pedimos ayuda a través de una mente y un corazón receptivos. Afirmamos la Verdad del ser al meditar apaciblemente sobre ello.

Entonces Jesús dice: "Vosotros, pues, oraréis así . . . ," y continúa con lo que hemos llamado el "Padrenuestro". Jesús no tuvo la intención de dar una oración para terminar con todas las oraciones, más bien, estaba dando el patrón de oración para comenzar todas las oraciones, creando un "marco de referencia". El nos estaba diciendo "cómo" y no "qué" orar. Estaba dando una serie de Verdades dinámicas para ilustrar la conciencia en la que se ora.

Charles Fillmore dice: "Jesús era muy positivo y determinado en todas Sus afirmaciones. Hizo grandes reclamos para Dios y los demostró . . . Sus oraciones consistían en una fuerte afirmación detrás de otra. El Padrenuestro es una serie de decididas afirmaciones".[5]

Desafortunadamente, los traductores no podían entender esta disposición afirmativa de Jesús. Así pues, a través de pequeñas variaciones de significado, la oración aparece como una súplica de ayuda. Parece estar suplicando: "por favor dame", "por favor perdónanos" y "te suplicamos que no nos guíes hacia el mal". Afortunadamente, hoy tenemos muchas traducciones más exactas que tienden a revelar que el Padrenuestro tuvo el propósito de ser una serie de afirmaciones. Una síntesis de las mejores traducciones disponibles hoy presentaría la oración algo parecido a esto:

Padre nuestro en el cielo. Santificado sea tu nombre. Tu reino ha llegado, Tu voluntad sea hecha, en la tierra como lo es en el cielo. Tú nos das hoy y cada día nuestro pan diario; Tú siempre perdonas, según nosotros perdonamos. Tú nunca nos dejarías en tentación, sino que eres el mismo poder de liberación de la limitación. Porque tuyo es el reino y el poder y la gloria, para siempre.

*¡Una grandiosa y poderosa afirmación!*
Consideramos la gran oración en un estudio detallado, línea por línea:

*Padre nuestro:* Esta es la orientación, el "verdadero propósito del comienzo". Dios es mi Padre, yo soy Su hijo. Esto declara nuestra unidad con Dios desde el comienzo, la cual es la mayor, y quizás la única, necesidad del hombre. La oración empieza de esta manera, no para tratar de obtener la atención de Dios, sino para dirigir nuestra atención a aquello en nosotros que jamás está inactivo ni duerme, aquello que "nos ama con amor eterno".

*Que estás en los cielos:* Esto ubica a Dios por siempre: "Ni dirán: Helo aquí o helo allí; porque he aquí el Reino de Dios está entre vosotros". Tenemos dentro de nosotros mismos cada minuto de nuestras vidas el gran potencial que es Dios. Le hemos ignorado, hemos cerrado nuestros ojos y oídos y nuestra comprensión a sus gloriosas posibilidades. Pero por siempre está ahí. A menudo oímos de las "emociones reprimidas", pero el bien puede estar y está muchas veces reprimido. La "frustración del potencial" bien pudiera ser la raíz de todos los problemas mentales, emocionales y físicos del hombre. No hay religión en el mundo que pueda hacer bueno a un hombre poniendo bondad en él. El propósito de la religión es proveer el clima y el estímulo al igual que las técnicas para fomentar y liberar "el don de Dios" que está en el interior de cada ser.

*Santificado sea tu nombre:* Esto es un discernimiento importante de la integridad y la omnipresencia de Dios. "Santificado" viene de la palabra raíz de la cual obtenemos las palabras, "íntegro, vigoroso, enérgico, sanar, saludable". Esto significa pues, que "integridad y perfección es la naturaleza de Dios". Se nos ha condicionado en la religión ortodoxa a pensar en una dualidad, de Dios y del diablo, del bien y el mal. Pero Jesús está afirmando aquí la unidad del Espíritu, la integración o integridad de Dios. El dijo: "¿Acaso alguna fuente echa por una misma abertura agua dulce y amarga?" (Stg. 3:11). Dios no puede ser vida y traer enfermedad al mismo tiempo. El no puede ser amor y hacer algo con violencia o cólera. El no puede ser una presencia protectora e inducir accidentes al mismo tiempo. Esas cosas son completamente ajenas a Su naturaleza que es íntegra. "Santificado (perfecto, íntegro) sea (es) Tu nombre (naturaleza)".

*Venga tu reino.* Hágase tu voluntad así en la tierra como en el cielo: el reino de Dios es la creación perfecta. Cada individuo es la idea perfecta en la Mente de Dios, una posibilidad divina de infinita capacidad. Como el patrón en la semilla, hay un plan para cada persona en la Mente del Infinito, lo que da margen a un anhelo incesante hacia el logro dentro del hombre. Esto puede llamarse la voluntad de Dios. ¡Cuán importante es que comprendamos esto! La voluntad de Dios es el incesante anhelo del Creador de expresarse a Sí mismo y de perfeccionarse a Sí mismo en la creación. No puede haber la más mínima implicación de restricción o limitación en la voluntad de Dios. En la oración, esta declaración es simplemente un decreto: "Que la perfecta idea, que yo soy en espíritu, se desenvuelva en mí y a través de mí. Que la voluntad divina me guíe a una manifestación externa de aquello que soy en lo interno".

*El pan nuestro de cada día dánoslo hoy:* El espíritu de la forma original es más como sigue: "Tú eres nuestra provisión y la manifestación diaria y perpetua de esa provisión". Esto no es pedirle provisión a Dios, porque eso es como si el pez le pidiera agua al océano. Es simplemente una afirmación de la Verdad de que Dios es substancia y un reclamo de la herencia propia. En toda la creación, el hombre solo es un individuo, el hombre solo es libre. Y sin embargo, el hombre solo está enfermo, sufre, es infeliz y conoce la escasez. Esto es así porque en su libertad, el hombre deja de reclamar su herencia divina. Alguien ha dicho: "Hay una abundancia legítima y real para cada ser viviente". Obviamente, Jesús lo creía así, y con esta afirmación del Padrenuestro, El la está reclamando.

*Perdónanos nuestras deudas así como nosotros perdonamos a nuestros deudores:* Esto indica el funcionamiento de la gran Ley Cósmica. Dar y recibir, causa y efecto, perdona y serás perdonado. De esto trataremos más ampliamente en un próximo capítulo. Aquí no se pide el perdón de Dios. Simplemente nos recuerda la acción perdonadora de la ley divina, del amor infinito. Enfatiza que la acción se inicia con nuestro esfuerzo —"perdona y serás perdonado". Oprimimos el botón y la actividad divina se moviliza para limpiar y liberar.

*No nos guíes a la tentación, más líbranos del mal:* ¡Cuán importante es que fijemos en nuestra conciencia la interpretación correcta de esta declaración! Se ha tratado de implicar siempre que Dios podría y llevaría al hombre a la tentación, a dificultades, al mal. Hace años que Charles Fillmore adaptó la traducción moderna y más exacta a la antigua oración, al cambiar "no nos *guíes* a" por un más correcto *"no nos dejes".* Dios nunca nos guiaría hacia la tentación. ¿Puede la luz guiarte a la oscuridad? No puede haber ninguna oscuridad en la luz.

Así pues, en esta declaración Jesús simplemente afirma la Verdad de que la urgencia por la expresión de nuestro potencial es tan grande en nosotros (lo que llamamos la voluntad de Dios) que nunca nos dejará desamparados en nuestra hora de prueba. Nunca nos abandonará en confusión ni en tentación. Siempre será el mismísimo poder de ayuda, sanación y liberación.

Es bastante claro que Jesús se dio cuenta de que la tentación llegaba, no de algún poder o influencia externa, sino del "demonio" de la conciencia humana, del egoísmo, el orgullo, el ego, etc. Y el "mal" que de eso resulta, es sencillamente la "confusión" que surge de las tentaciones. No importa las formas que tome, lo que llamamos mal es simplemente el encubrimiento del bien. No necesitamos luchar contra la persona o la condición "mala". La necesidad estriba en "dejar que la luz brille". La luz borra la oscuridad, el bien se revela, el (así llamado) mal desaparece como la oscuridad ante el sol naciente.

En la oración Jesús está diciendo: "Dios no te fallará ni te abandonará, porque hay un espíritu en el hombre y el soplo del Altísimo le da comprensión".

*Porque tuyo es el reino, y el poder, y la gloria, por todos los siglos. Amén:* Esto no es parte de la oración original. Se añadió más tarde con propósitos litúrgicos. Es un final apropiado y muy efectivo, especialmente cuando nos adentramos en la conciencia del tono afirmativo de toda la oración. Es una declaración muy importante de humildad y fe. Declara con Jalil Gibrán: "Es tu voluntad en nosotros lo que queremos . . . es tu deseo en nosotros lo que anhelamos".[6] Ello afirma que en Dios está la meta, los medios de alcanzar la meta, y la gloria de su logro.

La oración termina con "Amén". Esto no significa "así sea", y ciertamente no es "confío que así sea". En el antiguo hebreo, significa, "Ciertamente, está establecido; es verdad; ésta es la verdad". Volviendo al primer capítulo de Génesis, encontramos que luego de cada uno de los pasos en la Creación, se lee, "y Dios (hizo tal y tal) . . . y fue así". En el hebreo original esta frase "y fue así" estaba escrita "Amén". Así pues, la palabra "Amén" es una de las más poderosas en la Biblia. No es sólo un modo formal de concluir una oración. Y cuando la oración es afirmativa, como un resumen de Verdades vitales, el "Amén" es de importancia extra especial. Porque reafirma de la manera más enfática que es posible, *"ésta es la verdad . . . y ahora, así queda hecho".*

Es cierto que hemos fallado en captar la idea total en el uso tradicional del Padrenuestro. ¿Qué debemos hacer al respecto? ¿Continuaremos repitiendo el Padrenuestro como en el pasado? ¿No podríamos acaso formular una nueva versión con el sentido positivo original?

Es de dudar que podamos hacer mella alguna en el uso tradicional de la oración. Más que esto, es un importante denominador común entre las organizaciones cristianas. Los sacramentos y la variedad de los ritos tienden a dividir a la familia cristiana, pero el Padrenuestro ha sido una fuerza para la unidad. Aun los estudiantes de metafísica usan el Padrenuestro para apoyar y representar el "camino" cristiano.

Sin embargo, podemos y debemos formular una simple interpretación y fijarla en nuestras conciencias de modo que cuando hablemos las palabras tradicionales, ellas tomen, automáticamente, una nueva connotación para nosotros. He aquí tal interpretación, una nueva versión que ha sido de ayuda para muchos. Quizás te ayude a ti. La intención es que sea un marco de referencia en el cual contemplar y orar el Padrenuestro. Muchas personas lo usan por sus propios méritos, como un tipo de tratamiento diario:

* *Padre nuestro que estás en el cielo:* Ahora estoy consciente de la Presencia infinita y eterna en quien vivo y por la cual pienso y puedo crear.

*Santificado sea tu nombre:* Esta Presencia en mí es íntegra y completa. Es la actividad de la salud que sana, de la inteligencia que inspira, de la substancia que prospera, y del amor que armoniza.

*Venga tu reino. Hágase tu voluntad, como en el cielo, así también en la tierra:* Yo soy la gloriosa posibilidad de Dios. Yo ahora permito que Su perfecta idea de mí se desenvuelva en mí y a través de mí. Mi deseo de mejoramiento es el deseo de Dios de perfeccionar aquello que El está expresando como yo, y yo Le dejo hacer. Me veo hacer aquello que El ve que soy.

*El pan nuestro de cada día, dánoslo hoy:* Yo no tengo existencia alguna fuera de la Presencia de Dios, porque yo soy esa Presencia expresándose como yo. Por lo tanto, nunca puedo estar separado de la substancia todo suficiente del opulento Universo. Reclamo mi herencia divina y diariamente, perpetuamente, manifiesto provisión abundante.

*Perdónanos nuestras deudas, como también perdonamos a nuestros deudores:* La Presencia en mí es mi potencial para disolver todo conflicto o transgresión. La Presencia es Amor, y ama en mí y a través de mí según perdono. Me libera en la medida que yo libero y dejo ir todos mis pensamientos limitados sobre mí mismo y sobre otros.

*No nos dejes caer en tentación, mas líbranos del mal:* La Presencia en mí es mi luz y mi redención. No hay oscuridad en la luz, y no puede haber oscuridad en mí cuando estoy establecido en unidad espiritual con la Presencia dentro de mí —que es "mejor que la luz y más segura que un camino conocido".

*Porque tuyo es el reino, y el poder, y la gloria, por todos los siglos. Amén:* En todo lo que busco ser, tener o hacer, humildemente acepto que en la Presencia está mi poder para pensar, mi mismo pensamiento de aspiración, mi voluntad para empezar, mi fortaleza para proseguir, mi energía para ejecutar y la gloria de todos mis logros. Esta es la Verdad, y ahora así se hace.

## CAPÍTULO DIEZ

# Suficiente para hoy

EL EVANGELIO DE JESÚS no es un bosquejo de edictos divinos que Dios, por alguna razón inescrutable Suya, estableció para ser obedecido por el hombre. Es un compendio del tratamiento de parte de Jesús de las leyes de la vida, de las leyes de nuestro propio ser. Esas leyes fueron descubiertas y probadas por Jesús en Su propia vida. El enseñó el conocimiento y la aplicación de estas leyes espirituales como el camino hacia la autorrealización y el logro del propio ser. "Y conoceréis la verdad, y la verdad os hará libres" (Jn. 8:32).

Este capítulo trata de una sección del Sermón del Monte (Mt. 6:19-34) que es vitalmente necesaria en el mundo de hoy, especialmente en el mundo mercantil. Realmente, toda persona que "hace negocios" diariamente debería leer esta porción del "sermón" por lo menos una vez a la semana.

*No os hagáis tesoros en la tierra, donde la polilla y el moho corrompen, y donde ladrones*

191

*minan y hurtan; sino haceos tesoros en el cielo, donde*
*ni la polilla ni el moho destruyen, y donde ladrones no*
*entran ni hurtan, porque donde esté vuestro tesoro, allí*
*estará también vuestro corazón.*

Muchos han rechazado esta enseñanza de Jesús, porque tal
parece que El está en contra de la economía, o de ganar y
ahorrar dinero. En los días de Jesús no había bancos ni sociedades de préstamo. Cualquier acumulación tenía que es-
conderse en las paredes de las casas —y generalmente los
objetos de valor se encontraban en la forma de objetos
útiles, tales como sedas, lanas u objetos de metal. Estos
siempre corrían el peligro de enmohecer, deteriorarse, de ser
destruidos por la polilla o de ser robados.

Jesús dice: "Haceos tesoros en el cielo". Aquí El se refiere
a un principio metafísico —que la riqueza material es el
pensamiento exteriorizado. Cuando pensamos en el dinero
como algo que tiene valor y cuando pensamos en la acumulación de posesiones como de un objetivo en la vida, estamos construyendo la vida sobre arenas movedizas. Jesús
nos está diciendo que pongamos primero énfasis en construir una cuenta bancaria mental de fe, edificando una conciencia de la substancia opulenta de Espíritu. Esta
conciencia siempre atraerá hacia nosotros experiencias que
reflejan la norma mental de "como es adentro, así es afuera".

Charles Fillmore dice: "Vigila tu pensamiento cuando
estés manejando tu dinero, porque está sujeto a través de tu
mente a la fuente única de toda substancia y todo dinero.
Cuando pienses en tu dinero visible, como algo directamente sujeto a una fuente invisible que da o retiene de

acuerdo con tu pensamiento, tienes la llave para todas las riquezas y la razón de toda carencia."[1]

Vamos a aclarar una cosa: En ningún lugar de la Biblia se lee: "el dinero es la raíz de todo mal". Esta es una de las declaraciones que con más frecuencia se cita equivocadamente y que más se tergiversa de toda la Biblia. Lo que si se dice en la Biblia es: "Porque raíz de todos los males es el amor al dinero" (1 Ti. 6:10). El problema no estriba en el dinero sino en nuestras actitudes respecto a él. El dinero es inocente.

El dinero mantuvo a Albert Schweitzer en las selvas llenas de calor donde laboró generosamente para los nativos por cincuenta años. Gandhi, en su extrema pobreza y sencillez de vida, fue sostenido por el dinero. Uno de sus discípulos en una ocasión comentó jocosamente que costaba una gran cantidad de dinero mantener a Gandhi viviendo en la pobreza.

Aun Jesús y Sus discípulos fueron mantenidos por el dinero durante Su ministerio a través de Palestina. La Biblia registra ciertas mujeres que "le servían de sus bienes". En otras palabras, ayudaban a pagar los gastos. Ellas "pagaban las cuentas" —¡y así ha sido siempre!

El dinero es un medio de intercambio, un símbolo de la substancia suficiente en todo, una evidencia de ideas en moneda corriente. El dinero puede permitir que se hagan grandes cosas, puede permitir que el amor fluya, que se preste un servicio, que la fe se respalde con las obras. Pero cuando el dinero se convierte en el objeto de la vida, frustra la creatividad del hombre, inhibe su vida espiritual, y se convierte en una clase de fuerza maligna, ocasionando la avaricia, la deshonestidad y el soborno.

Así pues, Jesús nos está diciendo que si nuestra evaluación de las cosas importantes de la vida está centrada sólo en lo material, entonces la polilla y el moho del egoísmo, la avaricia, la competencia, el miedo y la tensión seguramente consumirán nuestras posesiones y aun a nosotros mismos —y los ladrones de la inflación y la depresión, tanto en lo mental como en lo económico, robarán nuestro bien.

En nuestra época hemos llegado a una adoración, casi universal, de los falsos dioses de la seguridad. Tenemos seguro de salud, seguro de trabajo, seguro social, asistencia médica, pensión de vejez, etc., todo diseñado para escudar nuestras vidas de la tiranía del cambio y el infortunio. Sin embargo, el tipo de seguro que nos garantizaría vidas perfectamente a salvo, nos llegaría a un precio que pocos de nosotros estaríamos dispuestos a pagar. Se ha dicho que la única persona verdaderamente segura es la que vive confinada en una penitenciaria. No tiene preocupación alguna en cuanto al lugar para vivir, comidas para alimentarse, ropas para usar. Tiene seguridad total, pero ¿cuán grande es el costo?

Cuando Jesús nos dice que debemos "hacernos tesoros en el cielo". Nos está diciendo que debemos volvernos más conscientes de lo que tenemos a nuestro favor en las profundidades del ser, lo divino de nosotros. A esto es a lo que a menudo nos referimos como "construir una conciencia de prosperidad" —la comprensión de que Dios es la fuente de nuestra provisión, que toda provisión viene de un recurso interno y que nuestra mayor necesidad no es tanto construir una mayor reserva de riqueza "ahí afuera", como lo es construir una gran fe en que siempre habrá un fluir de substancia —a través de nosotros como ideas y hacia nuestra experiencia como dinero— para afrontar toda necesidad legítima.

Los valores humanos fluctúan como un corcho que flota sobre el agua. Cuando el dinero y los bienes se convierten en el tesoro de la vida, entonces "donde esté tu tesoro allí estará también tu corazón". Nos convertimos en esclavos de nuestras posesiones. Una mujer que observa mientras un ayudante del estacionamiento maneja su carro descuidadamente, exclama: "¡Si él raspa mi carro nuevo, creo que moriré!" Un hombre responde al saludo de "¿Cómo estás?" con un: "No lo sé, aún no he leído las cotizaciones de la bolsa de valores". En ambos casos, la persona ha perdido de vista el centro verdadero de la vida en su interior y ha llegado a asumir que el centro de la vida está en algún lugar de la "circunferencia giratoria".

Toma tiempo cada día, preferiblemente en la mañana antes de salir para tu trabajo, para armonizar adecuadamente tus pensamientos con la Mente Infinita. Afirma que eres rico y estás seguro porque eres un ser espiritual y el Reino de Dios  está en ti. Determina que verás el dinero y toda la riqueza material en su contexto correcto —como símbolos de la divina substancia. Ocasionalmente, lee la declaración impresa en tus billetes (dólares estadounidenses): "En Dios confiamos". Y entonces toma la determinación de que confiarás en Dios en todas tus transacciones y tus experiencias.

*La lámpara del cuerpo es el ojo; así que, si tu ojo es bueno, todo tu cuerpo estará lleno de luz; pero si tu ojo es maligno, todo tu cuerpo estará en tinieblas. Así que, si la luz que hay en ti es tinieblas, ¿cuántas no serán las mismas tinieblas?*

El acto físico de la visión es uno de los grandes milagros de la vida. Nuestra estructura óptica, con su maravilloso sistema retinal de bastoncillos y conos, y sus lentes ajustables, está bien preparada para la percepción de los colores y las formas de los objetos en el mundo que nos rodea. Sin embargo, cuanto más comprendemos acerca del funcionamiento de la mente, más nos damos cuenta de que la verdadera visión es la visión interna.

Una docena de personas pueden estudiar cuidadosamente una vista panorámica y entonces dibujar o pintar un cuadro de ella, y el resultado revelaría una docena de cuadros distintos con notables diferencias de detalles. Cada persona está mirando la escena con ojos que son básicamente iguales en su estructura. Pero cada persona aporta un previo acondicionamiento de conciencia que le es único. Se mira el mismo cuadro escénico, pero, porque el marco de referencia es distinto, la representación artística es completamente única.

Una persona que se siente infeliz mira cosas que tienden a justificar su desdicha. El pesimista ve señales descorazonadoras. Jesús dice: "Si tu ojo es maligno, todo tu cuerpo estará en tinieblas". El mal no es un poder. Hay solo un Poder, y es totalmente bueno. Si tu percepción de la bondad potencial de la vida se ha oscurecido por tus temores, tu cinismo y tus hábitos negativos de pensamiento, entonces el "cuerpo total" de tus experiencias de vida reflejará ese encubrimiento del bien.

Cuando nos damos cuenta de que el mal es simplemente el encubrimiento del bien, entonces, cualquier persona que es poco amorosa, viciosa o injusta es en realidad una persona que es buena pero no lo sabe. Realmente podemos cambiarla —por lo menos en lo que a nosotros respecta. Podemos verla con el "ojo sencillo" que se relaciona solamente con lo bueno y lo verdadero. Podemos saludar la divinidad en ella. Para nosotros, la persona será diferente. Y si la exponemos frecuentemente a esta clase de visión, seremos una influencia poderosa para que cambie verdaderamente.

Esto nos trae a un punto que se presenta de un modo interesante en una historia tradicional de la isla de Java. Un joven espiaba a una bella muchacha y la seguía por una milla. Finalmente ella volteó y le preguntó: "Por qué sigues mis pasos?" El declaró apasionadamente: "Porque tú eres lo más bello que jamás he visto y me he enamorado locamente de ti sólo de verte. ¡Sé mía!" La muchacha contestó: "Pero sólo tienes que mirar detrás de ti para ver a mi joven hermana que es diez veces más bella que yo". El galán enamorado se dio vuelta y su vista se posó sobre una joven feísima. "¿Qué burla es ésta?" preguntó a la muchacha. "¡Me has mentido!" "Y tú también", replicó ella. "Si estabas tan locamente enamorado de mí, ¿por qué volteaste?"

De esto es de lo que habla Jesús. Pensamos que conocemos la Verdad y que estamos trabajando con ella. Pensamos que creemos que Dios es la única presencia y el único poder en nuestras vidas. Pero "volteamos" temerosos de que la cuenta de banco no sea suficiente, para resistir a la persona que parece ser una amenaza a nuestra posición, y con aprensión ante el camino oscuro que tenemos delante.

El hombre es esencialmente un ser espiritual, el mundo es esencialmente un mundo espiritual, y la fuerza sustentadora y controladora es la ley espiritual. Cuando "nos enamoramos" realmente de esta esencia espiritual, o establecemos nuestra unidad espiritual con ella, cuando reconocemos que éste es un mundo bueno, y que todas las personas son innatamente buenas —entonces estaremos viendo con el ojo sencillo. Veremos esa bondad en todas las personas y extraeremos la bondad de ellas.

Hay muchos incidentes en el Evangelio de la influencia sanadora de Jesús cuando El contemplaba a un individuo con el ojo sencillo. Se describe muy eficazmente por Lloyd C. Douglas en su novela clásica *The Robe* (El manto).[2] Miriam le cuenta a Marcelo de la experiencia de Zaqueo, quien se había vuelto un individuo completamente distinto después de pasar una hora con Jesús en su casa.

Marcelo pregunta: "¿Pero qué ha sucedido?" Miriam mueve su cabeza: "Nadie lo sabe". Y entonces, con ojos reminiscentes, añade casi para sí misma: "Quizás El no dijo absolutamente nada. Quizás El solo miró a Zaqueo firmemente a los ojos hasta que el hombre vio —reflejada allí— la imagen de la persona que él estaba llamado a ser".

Jesús dijo: "No juzguéis según las apariencias, sino juzgad con justo juicio". Justo juicio es ver con el ojo sencillo. Es ver con una percepción espiritual que refleja una unidad espiritual con la Mente de Dios. Ve a las personas, no como son, sino como pueden ser. Zaqueo era un hombre típicamente materialista que había luchado para llegar a la cima de un mundo donde el "pez grande se come al pequeño". El tenía dinero, posición, prestigio y posesiones, pero no tenía seguridad, ni paz interna. Su ojo era maligno (centrado en lo material) y por lo tanto, toda su experiencia estaba llena de oscuridad.

Jesús miró a través de la apariencia del sofisticado y egoísta hombre de mundo. Probablemente El le dijo a Zaqueo: "Mi amigo, eres un hombre mejor de lo que tú te crees. El mismo hecho de haberte esforzado por verme indica que tienes la capacidad y la aptitud para ver la Verdad en ti mismo y en la vida. Yo saludo la divinidad en ti. Ahora estás libre de tus ilusiones pasadas acerca de ti mismo. Sigue adelante y sé lo que puedes ser". Y Zaqueo de pronto se vio en el espejo de la Verdad y fue sanado.

Una de las mejores lecciones que podemos aprender del concepto de la Divinidad del Hombre es que podemos determinar el nivel en el cual nos vamos a relacionar con los hombres. Si hacemos contacto con alguien en el nivel en que funciona, según las apariencias, nuestra relación ha de estar completamente dentro del marco de referencia de ese nivel de conciencia. Quizás refunfuñemos y nos quejemos. "No hay modo de confiar en la gente hoy en día", y "¿Por qué tienen que actuar de ese modo las personas?" Quizás esa persona tuvo que actuar de "esa forma" porque fue con ese nivel de su carácter que hicimos contacto. Lo extraímos de ella. Y a lo mejor esa persona se dice a sí misma: "¿Qué me sucede a mí? ¿Por qué estoy actuando de este modo?"

Por otra parte, si condicionamos de antemano la relación o la transacción con la declaración afirmativa: "Yo estoy establecido en unidad espiritual con Dios y con todo el mundo —expreso la divinidad en mí y saludo la divinidad en todos con quienes me encuentro", entonces nos encontraremos expresando más amor, comprensión, paciencia y confianza. Y la otra persona, correspondientemente, se expresará desde ese nivel de conciencia.

Cuando conocemos este proceso, tenemos que estar alertas en mantener nuestra visión "enfocada con el ojo sencillo" en la Verdad. Deberíamos prepararnos para cada incursión en el mundo de las relaciones humanas. No permitas que el mundo en derredor tuyo encienda las luces en ti. Desvía el proyector de tu visión espiritual y enfócalo sobre el mundo. No dejes que nadie determine cómo vas a actuar (o a reaccionar). Determina que vas a "dejar que tu luz brille", que vas a pensar y a actuar desde el nivel más elevado de conciencia que te sea posible. Y sé rápido en disipar toda hostilidad o resistencia en otro exponiéndolo a un tratamiento espiritual que brote de tu visión de su esencial divinidad. "No seas vencido de lo malo, sino vence con el bien el mal" (Ro.12:21).

*Ninguno puede servir a dos señores, porque odiará al uno y amará al otro, o estimará al uno y menospreciará al otro. No podéis servir a Dios y a las riquezas.*

La muchacha dijo: "Realmente no me amas como dices, o de otro modo no habrías volteado para ver si mi hermana era más bella". El pensaba que la amaba "con todo su corazón, alma, mente y fuerzas", pero no pudo pasar la prueba. Pero no seas demasiado severo con él. Todos nosotros hacemos lo mismo de uno u otro modo, una y otra vez. Tú no puedes "saludar la divinidad" en ti o en otro y luego declarar impacientemente: "Qué cosa más tonta fue la que hice" o "Yo no puedo comprender cómo es que la gente puede ser tan desconsiderada", etc.

Aquello que tú reconoces como tu amo, a eso le sirves. Esto es una ley básica de metafísica y no hay escapatoria posible. Si tú insistes en que "hay mucho mal en el mundo hoy —ya no se puede confiar en nadie", entonces te conviertes en esclavo de las fluctuaciones de la conciencia humana, de todo lo que es sórdido y bajo. Y las personas parecerán expresar siempre lo peor que hay en ellas cuando están contigo.

Y si tú haces un dios de tus intereses materiales —tu trabajo, tus inversiones, tus posesiones— te conviertes en esclavo de esas cosas. Olvidas que todo dinero, todo trabajo creativo, toda riqueza son las ideas divinas exteriorizadas. Así, tu paz mental y tu sentido de seguridad están completamente atados a puertas bajo llave, bóvedas de banco, el "movimiento" de las inversiones y la estabilidad de la bolsa de valores.

Cuando el joven rico se acercó a Jesús (Lucas 18) expresando el deseo de ser discípulo, Jesús le dijo que se fuera, vendiera todo lo que tenía y lo diera a los pobres. El joven "se puso muy triste, porque era muy rico". Ahora bien, Jesús no tenía nada en contra de la riqueza. Estaba simplemente probando al joven rico del mismo modo que la bella javanesa probó al impetuoso pretendiente. En ambos casos, el joven falló la prueba. Ellos se dieron la vuelta.

Existe un cuento acerca de Antoinette Bourignon, la líder espiritual que causó tanto revuelo en el mundo religioso del siglo decimoséptimo. Cuando era niña, tuvo una gran visión de su unidad espiritual con Dios, unida a un gran deseo de comunicarlo a la gente de su día que caminaba en tan gran oscuridad. Sus padres estaban a punto de forzarla a contraer un matrimonio indeseado, así es que ella decidió abandonar el hogar. Una mañana al amanecer, partió en su camino llevando un centavo para el pan de ese día. Al salir de la casa, sintió una presencia con ella que le decía: "¿Dónde está tu fe, en un centavo?" Sin el menor titubeo, botó la monedita y replicó: "No, Señor, mi fe está en ti y sólo en ti".

William James comenta esto en su *Varieties of Religious Experience* (Variedadades de experiencias religiosas): "El centavo era una garantía financiera muy pequeña, pero un obstáculo espiritual efectivo".[3] Obviamente, si ella hubiese dado la vuelta en ese momento, hubiese evidenciado un estado de conciencia totalmente falto de la estabilidad y la fe que ella necesitaría para hacer la gran obra que se había propuesto. Ella tenía que probarse a sí misma que podría perseverar por todo el camino.

Cuando realmente tienes fe en Dios, cuando de veras crees que Dios es tu provisión, tu seguridad, tu ayuda en toda necesidad, entonces harás lo que es sabio y juicioso en relación a tu empleo, tus posesiones, tus inversiones —pero pensarás en ellos sólo como canales a través de los cuales llega tu bien. La sabiduría te indicará sobre el manejo ordenado de tus asuntos financieros, pero la fe te mantendrá libre de preocupación y miedo. Y cuando las condiciones cambien, como siempre lo han hecho y lo seguirán haciendo, tú te mantendrás firme con la declaración del salmista: "Aunque la tierra sea removida, no temeré".

La humanidad aún tiene que aprender la lección de que la legislación nunca ha traído la igualdad y la libertad a la gente, que los tratados nunca han asegurado la paz, que los candados jamás han evitado los hurtos y que las prisiones nunca han impedido el crimen. Si el hombre quiere paz en la tierra, tiene que centrarse en la conciencia de paz y jamás mirar atrás. La salud será universal cuando le enseñemos a la gente a fabricarse conciencias de salud. La guerra contra la pobreza se ganará sólo por la educación en el arte de pensar prósperamente. Es la Verdad lo que hará libre a los hombres y no hay ningún otro camino. Esto es lo que en realidad enseñó Jesús.

> *Por tanto os digo: No os angustiéis por vuestra vida, qué habéis de comer o qué habéis de beber; ni por vuestro cuerpo, qué habéis de vestir. ¿No es la vida más que el alimento y el cuerpo más que el vestido? Mirad las aves del cielo, que no siembran ni siegan, ni recogen en graneros; y, sin embargo, vuestro Padre celestial las alimenta. ¿No valéis vosotros mucho más que ellas? ¿Y quién de vosotros podrá, por mucho que se angustie, añadir a su estatura un codo? Y por el vestido, ¿por qué os angustiáis? Considerad los lirios del campo, cómo crecen: no trabajan ni hilan; pero os digo que ni aun Salomón con toda su gloria se vistió como uno de ellos. Y si la hierba del campo, que hoy es y mañana se quema en el horno, Dios la viste así, ¿no hará mucho más a vosotros, hombres de poca fe?*

Esto, a muchos de nosotros, debería ruborizarnos un poco. ¿Cuánto de nuestro pensamiento es dedicado a tales detalles como qué comeremos y beberemos y qué usaremos? Y si Jesús estuviese predicando este sermón hoy, El quizás añadiría alguna referencia a la ansiedad neurótica masiva acerca de ganar peso y ponerse a dieta para perder peso.

Jesús dice: "¿Puedes tú, preocupándote por ti mismo, cambiar la persona que en realidad eres? ¿Puede tu pensamiento ansioso ayudarte a pagar las cuentas, hacer que triunfe tu trabajo, recoger la cosecha o llenar el granero? Tú eres un ser espiritual y vives tu vida de adentro hacia afuera. Relájate y deja ir y permite que la vida se cumpla a sí misma en ti y *como* tú".

Thoreau, quien pasó muchas estaciones en un continuado romance con la naturaleza, escribe: "Vi una delicada flor que había crecido dos pies de altura justo entre el carril de las ruedas del carruaje y las patas del caballo. Una pulgada más hacia la izquierda o la derecha hubiera sellado su destino, o una pulgada más alta. Sin embargo, vivió para florecer y nunca supo del peligro que la rodeaba. No buscaba contratiempos, ni invitaba al destino funesto al aprehenderlo".[4]

Como la flor en el carril de la rueda, a veces te podrá parecer que vives al borde de la ruina. Sin embargo, aunque la Tierra es una esfera y vivimos sobre su capa exterior sin otra cosa que la gravedad para evitar que caigamos en el olvido, el hombre ha aprendido a vivir confiadamente en esa posición precaria debido a la constancia y a la estabilidad de la gravedad. El campo de energía que conocemos como gravedad es una excelente ilustración de esa fuerza no material a la cual Jesús se refiere simplemente como "El Padre".

Las formas menores de vida están sujetas por su lugar en la naturaleza a ser sostenidas por la fuerza de vida. El hombre, por la libertad implícita en su divinidad, tiene que reconocer y responder conscientemente a esta fuerza de vida o presencia divina. El pájaro y la flor sólo tienen que estar quietos y crecer —no hay otra elección. Pero los hombres tienen que: "Estad quietos y conoced que yo soy Dios". Si sabe esto —realmente lo sabe— puede levantarse a la mismísima cima de la vida abundante, la vida sin cuidados.

*No os angustiéis, pues, diciendo: "¿Qué comeremos, o qué beberemos, o qué vestiremos?" Porque . . . vuestro Padre celestial sabe que tenéis necesidad de todas ellas. Buscad primeramente el reino de Dios y su justicia, y todas estas cosas os serán añadidas.*

La clave importante para comprender al hombre es que él es una identidad en la Mente Infinita de Dios. El es, realmente, una actividad de Dios proyectándose a Sí mismo, a la visibilidad como hombre. En otras palabras, la misma fuerza que crea al hombre es una potencia perpetua para sostenerlo. Cada descubrimiento que el hombre ha hecho en el mundo que le rodea, proviene de un descubrimiento interno del mundo dentro de él. El hombre es un manojo de posibilidades, y su único negocio en la vida es "el negocio de expresar" —o sea el negocio de expresar su ser interno.

El fabuloso personaje, Mike Todd, se hizo famoso por haber dicho: "Muchas veces he estado sin dinero, pero jamás he sido pobre". ¿Por qué? Porque él tenía ese espíritu o conciencia intangible pero muy real que siempre actuaba *como* un imán para atraer su bien hacia él. La gente le llamaba "afortunado". Pero es sólo el inmaduro quien habla de suerte. El realista espiritual sabe que hay de por medio una ley de causa y efecto. Mike Todd obviamente tenía una fe inquebrantable en sus almacenados "tesoros en el cielo" —fe de que en el banco del universo, su crédito era siempre bueno.

*Busca primero ser y tendrás*, está diciendo Jesús. Para tener más tienes que *ser* más. El éxito no se puede medir por lo que has acumulado. Sólo se puede conocer por el nivel de conciencia que has logrado. Cuando tienes necesidad de "esas cosas", el primer paso debe ser aquietarte, reconocer tu unidad espiritual con la Mente Infinita y reposar tranquilamente en la Verdad de lo que tú eres. Esto es como usar el electroimán: "No te preocupes acerca de cómo vas a levantar las pesas. Sólo enchufa en la corriente y déjala crear el campo magnético. Atraerás fácilmente (y levantarás) la carga".

En la Divinidad del Hombre, hay una relación inmutable con el principio en el cual cada problema tiene una solución. "Y antes que clamen, responderé yo" (Is. 65:24), y el "yo" aquí es esa Presencia del Padre en ti que no tiene nada que hacer sino trabajar por tu máximo bien. Cuando hay que tomar una decisión, hay una elección correcta aun antes de que empecemos el análisis de la situación. "El Padre sabe" —tu ser-Dios sabe. Cuando hay una necesidad de empleo, hay un trabajo correcto y perfecto aun antes de que salgamos a buscarlo. Si tienes un problema de adición —digamos cuatro más tres— la contestación es siete aun antes de escribir los números en el papel. Así es que confiadamente los escribes y los sumas, y surge la contestación correcta.

Jesús está diciendo: "Cuando tú tengas un problema —no importa lo que sea, o cuan serio parezca— no te preocupes. Ora por ello. No trates de resolverlo por los medios humanos únicamente. Aquiétate y reconoce el principio de orientación y la substancia todo suficiente del Universo. Ten fe en Dios, en un Universo opulento y ordenado. Y ten fe en ti mismo y en tu innata divinidad, por la cual puedes hacer lo que necesita hacerse y tener lo que deseas tener".

*Así que, no os angustiéis por el día de mañana, porque el día de mañana traerá su propia preocupación. Basta a cada día su propio mal.*

Muy simplemente esto dice: No te preocupes por el mañana, porque el mañana puede ocuparse de sí mismo. Cada día tiene sus propios retos. La palabra "mal" aquí significa un potencial para el bien que no se ha revelado. Cada día es una nueva experiencia en crecimiento y las potencialidades para grandes cosas están siempre presentes, pero a menudo muy bien escondidas. El nuestro es el privilegio de descubrir el bien y las bendiciones intencionadas para nosotros —pero esto sólo lo podemos hacer día a día.

Aun en los días de Jesús, el gran motivo de preocupación era el mañana. Según somos atrapados en el énfasis sobre las cosas de la vida, la constante preocupación sobre el "qué comeremos o qué beberemos o cómo nos vestiremos", nos vamos convirtiendo en prisioneros del tiempo. Nos sentimos encadenados implacablemente a la rutina: "El tiempo sigue su marcha. Es más tarde de lo que crees. Cada momento que pasa, la provisión se va agotando, y ¿qué haremos mañana?"

Jesús nos reta a considerar un concepto nuevo. Tenemos que dejar de pensar en la vida como un viaje entre dos puntos por una carretera interminable. La vida es eterna, y estamos vivos en la eternidad ahora.

La mayoría de nosotros estamos dispuestos a admitir que la inmortalidad es un hecho que será probado después que muramos. Pero esta no fue la enseñanza de Jesús. Se nos dice que Jesús trajo "vida e inmortalidad a la luz a través del evangelio". Para traer algo a la luz, tú lo traes a manifestación. Jesús reveló que la inmortalidad no es una experiencia posterior a la muerte, sino una realidad presente. "Ahora es el tiempo aceptable; ahora es el día de salvación" (2 Co. 6:2). "Suficiente para hoy . . ."

La inmortalidad y la eternidad, entonces, son realmente una dimensión más elevada de vida. En este dominio de la "eternidad", o de la Mente Divina, concurrente con su experiencia manifiesta, el hombre es perfecto más allá de su imperfección, sano más allá de su enfermedad, inteligente más allá de su pobreza y escasez. En el Reino de los Cielos dentro de nosotros, salud, riqueza, armonía y paz son constantes y son siempre "suficientes para hoy". Así pues, cuando "buscamos primero el reino" nos movemos a un nivel más alto de pensamiento donde no hay mañana. Reclamamos nuestro bien hoy. Y no hay ansiedad o miedo por el futuro. Nuestro "pan de cada día" para cada día es parte de la posibilidad en desenvolvimiento que es ese día.

La mayoría de nuestros pensamientos acerca de "qué comeremos y beberemos y usaremos" están relacionados con el mañana. Escatimamos, guardamos y hacemos provisión para "tiempos de apremio". Desarrollamos un tipo de neurosis basado en miedos sutiles del futuro. Guardamos la mejor ropa blanca para las ocasiones especiales. Ciertas piezas de ropa son muy buenas para "el uso diario". A veces se deterioran aun antes de darles uso. Hoy, el seguro es una protección contra lo desconocido del futuro. Muchas personas compran tantos seguros contra futuras aflicciones que a lo mejor pasan hambre ahora para poder pagar las primas. Se hacen infelices ahora, tratando de evitar ser infelices en el futuro.

Cuando tú conoces tu propia divinidad, sabes que no es sólo para un día, sino para siempre. Como hijo de Dios tú estás ricamente dotado con toda suficiencia en todas las cosas. Sabes que Dios es tu instantánea, constante y abundante provisión. Cuando "buscas primeramente el reino", meditas sobre la Verdad de tu unidad con Dios. Entras a una dimensión más elevada de pensamiento, y vives "con la licencia de un orden más elevado de seres". No hay preocupación por el mañana porque el mañana sólo existe cuando se convierte en hoy. Y cuando se convierte en hoy, trae sus propios retos y sus propias bendiciones.

## Capítulo once

# La ley de compensación

N LA RELIGIÓN ACERCA DE JESÚS a menudo se representa a Dios como caprichoso y cambiante. Las personas buenas sufren por algún "propósito inescrutable Suyo", pero han de ser recompensadas en un futuro cielo. Las personas malas no son castigadas en el presente, pero su retribución les llegará en un futuro día de juicio en que serán relegadas a un ardiente infierno de fuego eterno. Es probable que todo el concepto del "Día del Juicio Final" haya surgido de los sentimientos de autocompasión del hombre ante las desigualdades de la vida y de su deseo subconsciente de nivelar las cosas de algún modo más adelante.

La palabra "juicio" viene del latín *jus*, recto, y *dico*, yo declaro. Es una declaración de lo que es recto o justo, y es sólo en su sentido secundario que ha adquirido el significado de "condenación" y que ha llegado a ser asociada más con la culpabilidad que con la inocencia. Cada vez que diferenciamos entre el bien y el mal y nos colocamos del lado del bien, hemos hecho una declaración de justicia (un juicio). Esto es para nosotros, un "día del juicio".

Cada día es un día de juicio. Se nos dice en Josué 24:15: "Escogeos hoy a quién sirváis". Y nosotros hacemos nuestra elección continuamente. Decidimos permanecer en el lado recto de la ley divina, o quebrantar la ley. De cualquier modo, es nuestro día de juicio y cosechamos los resultados de la inexorable ley de compensación. No hay nada de capricho envuelto en el asunto. No somos castigados debido a nuestros pecados sino por ellos.

*No juzguéis, para que no seáis juzgados, porque con el juicio con que juzgáis seréis juzgados, y con la medida con que medís, se os medirá* (Mt. 7:1, 2).

¡Esta es la GRAN LEY! ¡Es un principio universal que es eficaz constantemente para el santo y el pecador por igual, para el rico y el pobre, para el viejo y el joven, para el oriental y el occidental! Hasta que uno no comprende esta Verdad básica, seguirá en el razonamiento humano de pensar que "algunas personas tienen toda la suerte" o "por qué tiene que sucederme esto a mí?" etc. El gran "concepto erróneo" de la ley guía a las personas en interminables rondas de tratar de obtener algo por nada, de esperar por el golpe de suerte. Esta visión limitada de la vida es la que motiva al ladrón, al jugador y aun al especulador en el mundo de los negocios.

No podemos lograr algo por nada. No podemos quebrantar la ley y proseguir sin un castigo. Esto es lo que enseñó Jesús. Este concepto también aparece en la doctrina hindú del karma. Un hombre es lo que él es, en relación a su fortuna o posición en la vida, debido a su karma. El karma fija las consecuencias de nuestros actos. Todos los errores, fracasos y pecados tienen que ser reparados de algún modo en algún tiempo. Se convierten en una deuda kármica que es necesario que a la larga, en una y otra vida, sea pagada. Porque otro principio del hinduismo es la ley de reencarnación.

El hindú explica todas las cosas en su mundo a base del karma; sufrimiento, bendición, tristeza, gozo, casta baja, casta alta, mendigo y príncipe, pobre y rico, el lastimosamente enfermo y el radiantemente saludable. Nada de lo que hace un hombre jamás se pierde, nada pasa sin que haya que rendir cuentas, nada es olvidado, descartado ni irrelevante.

Superficialmente la doctrina del karma parecería ser el equivalente a la enseñanza de Jesús acerca de "la ley de compensación" —pero hay una vasta e irreconciliable diferencia. El concepto hindú centra su atención principalmente en el pasado del hombre y en su destino final. Hay poca o ninguna esperanza o promesa de libertad para hoy. El karma se convierte en un ciclo de penalidad y retribución que continúa de una encarnación a la otra. El individuo es encadenado a una implacable rueda giratoria por la acumulación de pecados de vidas pasadas.

El hindú tiene un resultante sentido de desesperanza y futilidad. No hay curación, no hay forma de sobreponerse, no hay escapatoria. Evidencia cualidades asombrosas de paciencia y no resistencia. El enfermo no se esfuerza por curarse porque lleva sin quejarse la carga del karma pasado.

El "intocable" no se esfuerza por mejorar su situación consternadora, ni alberga envidia por los de castas más elevadas. Lleva su carga estoicamente, pues es el karma.

La diferencia esencial entre las enseñanzas de Jesús y los conceptos hindúes es la Divinidad del Hombre. El hindú está laborando hacia la misma meta que enseñó Jesús —unidad con Dios, autorrealización y purificación del alma. Sin embargo, el hindú está trabajando para alcanzar lo divino, mientras que Jesús enseñó que el hombre ya es divino. Así pues, mientras que Jesús nos enseñaba a orar creyendo que la ayuda y la curación ya son nuestras debido a nuestra unidad con Dios, el hindú sólo busca controlar su karma pensando, hablando y actuando hoy de una manera que le producirá buenas consecuencias en alguna vida futura.

La dinámica de la enseñanza de Jesús se encuentra en las palabras "Conoceréis la verdad, y la verdad os hará libres" (Jn. 8:32). El aceptó lo fundamental en la ley kármica, y mucho de su enseñanza refleja esa aceptación. Pero El enseñó que secuencia y consecuencia, causa y efecto, son ley sólo para la mente y la materia; no son ley para el Espíritu. No hay ley de retribución en Dios. "Con amor eterno te he amado" (Jer. 31:3).

Las causas y los efectos, ambos funcionan en un plano fuera del reino de la conciencia de Dios. Por lo tanto, no obstante las causas o la deuda kármica, los efectos pueden disolverse al "saber la Verdad", cuando levantamos nuestras conciencias sobre el nivel del pecado y de su expiación.

Pablo se refiere a esto: "Ahora, pues, ninguna condenación hay para los que están en Cristo Jesús (en la conciencia del Cristo, de su innata divinidad) . . . porque la ley del Espíritu de vida en Cristo Jesús me ha librado de la ley del pecado y de la muerte" (Ro. 8:1, 2).

Cuando nos centramos en el Espíritu, estamos libres de la servidumbre a lo carnal, nuestra deuda es cancelada, y empezamos a conocer y a experimentar la vida y la integridad. Esta es la base de la oración. Es la llave de la curación, el principio para demostrar prosperidad, la manera de lograr cualquier vencimiento. "Y conoceréis la verdad y la verdad os hará libres." Esta fue la gran contribución de Jesús a la eterna búsqueda del hombre por la Verdad. Y, por extraño que parezca, muy pocas veces se ha enfatizado en la teología cristiana, si es que se le ha dado énfasis alguno.

En el concepto de Jesús acerca de la oración, no se trata de sobornar a Dios para que nos libere de la carga de alguna deuda kármica, o de los efectos de la ley de compensación. Es simplemente que la ley superior del Espíritu trasciende o invalida las leyes más bajas de los planos mentales y físicos.

Esto no es tan peculiar cuando lo vemos a la luz del progreso de la ciencia. Hace cien años se creía que era un hecho científico que nada más pesado que el aire podía volar. Al observar los pájaros rompiendo esa ley, sin embargo, el soñador tenía sus sueños. Hoy, gigantescas aeronaves de carga llevan fácilmente toneladas de peso por el aire. Esto ha sucedido, no por haberse violado la ley de gravedad, sino por haberse descubierto otras leyes que permitieron trascender las limitaciones de la gravedad.

Jesús fue un gran guía. Podríamos decir que el hombre estaba sujeto a la tierra por la ley del karma. Su carga kármica era tan grande que su situación difícil en la tierra era bastante desesperanzada. Entonces Jesús hizo Su gran descubrimiento de la Divinidad del Hombre. Descubrió que el hombre es uno con el Espíritu trascendente de Dios y por lo tanto, al saber la Verdad de su unidad espiritual, el hombre podía remover las montañas de su sufrimiento humano y encontrar vida abundante aquí y ahora.

En este punto, quizás objetes: "Ah, ahora te contradices. Primero insistías en que no se podía obtener algo por nada, que todo pecado está sujeto a castigo, que el efecto sigue invariablemente a la causa. Y ahora dices que hay un modo de librarse del castigo, que en realidad no es necesario pagar la deuda".

Lo que contesta la aparente contradicción es esto: Cada pecado tiene que ser expiado, toda deuda kármica tiene que ser pagada. Sin embargo, la elección es nuestra de pagar en el ciclo de retribución, a través de prolongados sufrimientos en el "fuego de la aflicción", o de hacer nuestro pago de la deuda a través de la disciplina de levantarnos sobre el nivel de conciencia desde el cual se cometió el acto, hacia la libertad de la comprensión espiritual desde donde seguimos "y no pecamos más". Esto es lo que Jesús llamó "perdón". Esa fue la llave a Su tremenda habilidad de ser un instrumento para cambiar las vidas de las personas. Es la llave a nuestra curación y a nuestra superación.

A pesar de todo eso, no podemos pasar por alto la verdad fundamental de la ley del karma, la ley de compensación. Porque es básica en tu vida y en la mía. Según pensamos, hablamos y actuamos hacia otros, así los otros pensarán, hablarán y actuarán hacia nosotros. Así como damos, recibimos. Lo que hacemos a otros regresa a nosotros de alguna manera, en algún momento.

El motivo de que esto no parezca ser verdad es que buscamos ese "pago" de las mismas personas. Un trabajador dice: "Después de todo lo que yo he dado a esta organización, me despiden". Un padre se queja: "Me he esclavizado y me he sacrificado por mis hijos y ¿cómo me lo agradecen? Se van a vivir sus propias vidas sin ocuparse de mí". Esta frustración procede de ese error tan común de pensar que el que recibe está obligado a devolver lo recibido. En las relaciones humanas podemos estar motivados por semejante sentido de obligación. Pero, bajo la ley de compensación, la devolución no necesariamente tiene que venir, y probablemente no vendrá, de la persona que lo haya recibido de nosotros, pero sí llegará.

Cuando comprendemos el funcionamiento de la ley divina, empezamos a ver cuán prácticas son las enseñanzas de Jesús. Por ejemplo, cuando El habla de dar y servir y amar al prójimo (aun de amar al enemigo) parecería que Sus ideales eran totalmente irreales e inapropiados para la vida en nuestros tiempos. Pero Jesús no está instruyéndonos esas cosas simplemente para cumplir con un edicto divino cuyas razones sólo Dios conoce. Esas ideas son medios muy prácticos de establecer causas que producirán buenos efectos en nuestras vidas. Ellas sencillamente enfatizan la importancia de hacer depósitos positivos en el banco cósmico, para asegurar el fluir del bien. "Haceos tesoros en el cielo . . ." (Mt. 6:20).

*¿Por qué miras la paja que está en el ojo de tu hermano y no echas de ver la viga que está en tu propio ojo? ¿O cómo dirás a tu hermano: "Déjame sacar la paja de tu ojo", cuando tienes la viga en el tuyo? ¡Hipócrita! saca primero la viga de tu propio ojo, y en-*

*tonces verás bien para sacar la paja del ojo de tu hermano* (Mt. 7:3–5).

La palabra "paja" significa una astilla de madera o una partícula de aserrín; la "viga" se refiere a un tronco o un tablón grande. Esta forma de expresión es intencionadamente absurda, como el camello y el ojo de la aguja. No hay nada más absurdo que el que un hombre trate de echar la culpa de sus problemas a los insignificantes errores de otros, cuando hay limitaciones muy evidentes en su propia conciencia.

Jesús era un psicólogo consumado. Sabía que las personas tienen la tendencia a tratar de justificar sus propias debilidades buscando las debilidades de otros y también a levantarse sobre su propio sentido de insuficiencia rebajando a otras personas a su propio nivel. Muy a menudo el "reformador" en la vida está tratando de cambiar el mundo y la gente porque siente secretamente que el mundo le ha tratado de forma injusta.

Aquel que quiera salvar el mundo debe salvarse a sí mismo antes que nada. El que quiera iluminar a su hermano tiene que iluminarse a sí mismo ante todo. Lo que vemos en los otros es una evidencia del estado de nuestra propia conciencia. Cada cual es un aspecto de varios niveles de conciencia —fluctuando de lo muy bueno a lo muy malo, de lo muy fuerte a lo muy débil. Si incluimos la dimensión espiritual junto con el nivel humano, se podría decir que podemos encontrar en otra persona cualquier cosa que deseemos buscar. Así pues, resulta que lo que se ve en la otra persona, es más bien un juicio de aquel que observa. El de-

fecto que vemos en nosotros mismos de persistir en las fa-
llas de otros es una evidencia de un estado de conciencia en
nosotros. Y para ir más lejos, bien puede ser la llave para la
causa de ciertas experiencias "injustas" que estamos encarando —por las cuales inconscientemente tratamos de
evadir la responsabilidad al comprometernos en la crítica de
otros.

Así, pues, Jesús aconseja: "Olvídate de esa partícula de
debilidad o de limitación que puedas encontrar en tu semejante. Ocúpate de cambiar tu propio nivel de conciencia".
Esto podría ayudarnos a comprender su declaración: "Y yo,
cuando sea levantado de la tierra, a todos atraeré a mí
mismo" (Jn. 12:32).

En la conciencia humana prevalece una tendencia que
todos debemos afrontar con decisión. El hombre alberga un
tipo de sentimiento subconsciente de compasión de sí
mismo por las desigualdades de la vida. Secretamente siente
que "los otros tienen mejores oportunidades" y que lo que
a él le ha tocado en la vida no es favorable ni justo. Así
pues, cuando echa mano a un concepto espiritual que
parece ser práctico y viable, a duras penas puede contener
su deseo de pasárselo a otras personas. "Eso es justo lo que
mi esposa (o jefe, o vecino) necesita." Y esto revela que secretamente siente que esas personas son la causa de sus
problemas.

A menos que se afronte y se corrija esta tendencia, nuestro estudio religioso puede guiarnos a una actitud completamente hipercrítica. El relato de un autor desconocido nos
cuenta de una familia persa en la que un hijo devoto se le-
vantaba muy temprano para leer el Corán, meditar y orar.

Una mañana el padre se levantó mientras su hijo hacía sus devociones. El hijo dijo: "Tus otros hijos están perdidos en un sueño irreligioso, mientras que sólo yo estoy despierto para alabar a Dios". El padre sabio le contestó: "¡Hijo de mi alma! Es preferible dormir a despertarse para tomar nota de las faltas de otros".

Si las personas se dieran cuenta de que la religión trata de una sola cosa: la relación del individuo con Dios, habría un renacimiento mundial a través de todas las religiones. Cada individuo tiene su propia capacidad innata para la divinidad, pero tiene que descubrir sus profundidades y activar el proceso de su propio crecimiento espiritual. Esto es un trabajo a tiempo completo. Cuando está ocupado en remover la "viga" de su propio ojo, no tiene ni el tiempo ni la disposición para tratar de remover la "paja" del ojo de su hermano.

La parte asombrosa de todo esto es que cuando sacas la viga de tu propio ojo y ves las cosas y las personas desde el punto de vista de la Verdad, observas que la paja en el ojo de tu hermano ha desaparecido. O sólo tenía existencia en tu mente o la influencia de tu visión fue un tratamiento sanador que disolvió las limitaciones en él. Quizás sea que te has vuelto tan amoroso y comprensivo, que la partícula de aserrín que en una ocasión te pareció tan grande, ahora se ha desvanecido hasta la insignificancia. Has encontrado tanto bien en una persona, que esa leve imperfección ahora se ha vuelto irrelevante.

*No deis lo santo a los perros, ni echéis vuestras perlas delante de los cerdos, no sea que las pisoteen y se vuelvan y os despedacen* (Mt. 7:6).

La palabra "cínico" viene de la palabra griega que significa *perro*. Podemos ver que Jesús está usando una clásica frase idiomática nuevamente. No está llamando a nadie cerdo ni perro. Sólo dice: "No desperdicies tu tiempo tratando de presentar la Verdad a la persona cínica. No la comprenderá y sólo destruirá tus argumentos".

Es de vital importancia para ti el sostener tu pensamiento centrado en el bien y así ver el bien en las personas. Pero, por más que ames a alguien, no trates de cambiarlo. Mira el bien en la persona, pero no intentes poner palabras en su boca. Levanta tu pensamiento al nivel en que puedas verla a la luz de su divinidad innata, pero no trates de convertirla a tu manera de pensar.

Cada religión en el mundo tiene sus fanáticos religiosos. Estos son los que pintan avisos en las laderas de los montes, distribuyen folletos en las esquinas, y tratan de imponer sus puntos de vista y sus oraciones y afirmaciones favoritas a sus seres queridos y a sus asociados. Este tipo de individuo está por siempre siendo lastimado, simplemente está regando las gemas de la Verdad ante los cínicos y éstos se vuelven y lo despedazan. Desacreditan su fe y hacen trizas sus argumentos metafísicos.

Si te encuentras a ti mismo siendo lastimado por la resistencia del cínico, pregúntate: "¿Por qué estoy tan obsesionado con la necesidad de darle la luz de la Verdad?" Quizás se deba a que estás tratando de rehuir la responsabilidad de afrontar los problemas en ti mismo. Mira el bien en las otras personas y entonces déjalas en paz. Saca el tronco de tu propio ojo, eliminando de tu mente el pensamiento de que esta otra persona necesita desesperadamente la Verdad. Mientras te interesen sus problemas, ves limitación, eres "impuro de corazón". Sana tu inquietud usando las "perlas" de Verdad en ti mismo.

*Pedid, y se os dará; buscad, y hallaréis; llamad, y se os abrirá, porque todo aquel que pide, recibe; y el que busca, halla; y al que llama, se le abrirá* (Mt. 7:7, 8).

Esto implica claramente la ley divina y no el capricho en la respuesta de Dios a la oración o al esfuerzo humano. En la oración estamos trabajando con la ley de compensación. Puede que hayamos creído que la oración era un medio de vencer la ley kármica, o de disolver las malas deudas que hemos acumulado, un medio de lograr la intervención de Dios. Pero Dios no interfiere. No hay forma posible de que podamos conseguir algo por nada, ni aun a través de la oración. La oración trabaja con y a través de la ley de compensación, no en oposición a ella. La ley es exacta, y por eso, Jesús dice: "Pedid, y se os dará" (Mt. 7:7). El no dice: "Pide, y quizás algo se logre" o "Sigue buscando y algún día, si eres afortunado, lo encontrarás". No, El dice: ". . . se os dará", ". . . hallaréis", ". . . se os abrirá".

Según ya hemos señalado, la palabra "pide" tiene un significado mucho más amplio de lo que generalmente creemos. Un estudio del significado de la raíz de la palabra en el original griego, revela la connotación de "reclamo" o "demanda". Pedir algo en oración es aceptarlo en conciencia, alcanzarlo. Isaías dice (45:11), "Mandadme . . . acerca de las obras de mis manos". Como hijo de Dios, tú no sólo tienes el derecho, sino la definida responsabilidad de reclamar a la ley —porque es ley. No hay nada caprichoso acerca de la ley. Trabaja para ti según tú trabajas con ella.

Cuando oras, estás cumpliendo con la ley divina. Es otro modo de dar para poder recibir. Estás dando receptividad. Si vas a un grifo por agua, llevas una taza vacía. Tú das la receptividad de la taza al grifo, y el agua llena la vasija hasta desbordarse. No hay duda al respecto —una taza vacía bajo una llave de agua abierta significa que se llenará. Si tienes una necesidad en tu vida, dale esa necesidad a la ley divina. Entrégala en la fe y la seguridad de que se llenará bajo la ley divina. Y está llena.

Pedir, buscar, tocar son todas las formas de reclamar tu bien, de imponer el desenvolvimiento del poder interno. "Tú recibirás." Das la receptividad, la fe, el autocontrol, y la ley hará el resto —porque es ley.

Jesús entonces da la ilustración de un padre terrenal para ofrecernos una analogía que podría ayudar a lo finito a comprender lo Infinito:

> *¿Qué hombre hay de vosotros, que si su hijo le pide pan, le dará una piedra? ¿O si le pide un pescado, le dará una serpiente? Pues si vosotros, siendo malos, sabéis dar buenas cosas a vuestros hijos, ¿cuánto más vuestro Padre que está en los cielos dará buenas cosas a los que le pidan?* (Mt. 7:9–11)

Jesús se dio cuenta de que uno de los problemas mayores del hombre es que cuando piensa en lo Infinito, siempre lo reviste de forma humana. Está eternamente creando a Dios a su propia imagen y semejanza. Es muy posible estarnos relacionando con un Dios personal a quien le hablamos, con quien razonamos, a quien abogamos, suplicamos e influenciamos —un Dios que cambia Su mente, tiene resentimientos, se desquita y se encoleriza. Jesús sabía que esa imagen de Dios está continuamente interceptando nuestro camino. Ahora, cuando El dice: "Si vosotros, siendo malos . . ." hay que tener cuidado para no perder el hilo de la Divinidad del hombre. El mal no es una fuerza que emane de una parte de la supuesta dualidad del Universo. El mal es sencillamente el encubrimiento del bien —como la oscuridad es la ausencia de la luz. "Vosotros, siendo malos" significa que no te has dado cuenta de tu bondad innata y que no has estado actuando la parte de tu divinidad. Aun en el encubrimiento de tu divinidad, El dice que no te desquitarías con tus hijos ni los condenarías a un infierno de fuego. ¿Cuánto más amorosamente te trataría tu Padre en los Cielos?

El "Padre en los cielos" es el nivel divino de tu propio ser, el potencial para tu logro que por siempre está contigo y en ti. Cuánto más se revelará esta fase de la naturaleza divina en ti y se logrará a sí misma a través de ti como tu bien deseado. Ves, Jesús se está refiriendo a la Divinidad del Hombre más bien que a un Dios lejano.

Para el hombre, una de las causas más comunes de debilidad en la búsqueda del bien en la vida, es la duda frecuente: "quizás no sea la voluntad de Dios". El término "voluntad de Dios" se ha considerado por largo tiempo a la luz de un caprichoso y antojadizo Dios de los cielos que controla los hilos para dirigir nuestras vidas como robots. Seríamos inmensamente bendecidos si pudiéramos eliminar ese término de nuestro vocabulario. Aun la persona que ha logrado una nueva visión de la Verdad tal vez esté siguiendo un concepto antiguo al decir o inferir en sus oraciones, "si ésa es la voluntad de Dios".

Jesús realmente ridiculiza esa forma de pensar. El dice:

"Aun en tu conciencia humana, lejos del conocimiento del potencial de profundidad en ti, desearías sólo lo óptimo para tus hijos, así pues, cuánto más la divinidad en ti desearía expresarse a través de ti y como tú".

No hay absolutamente ningún lugar en este cuadro para un infierno de tormento eterno o para una persona o fuerza que quisiera o pudiera tratar de colocarte allí. Como tampoco hay ningún lugar para el pensamiento de que la enfermedad, la deformidad, la muerte, la pobreza o la limitación de índole alguna sea la voluntad de Dios. La voluntad de Dios para ti es el incesante anhelo del Espíritu en ti para realizar completamente en lo externo tu potencial interno. La voluntad de Dios en ti es la energía acumulada de tu propia divinidad que está buscando liberación y cumplimiento palpable en tu vida. Es Dios buscando expresarse a Sí mismo como tú —como radiante salud, eterna juventud, toda suficiencia de provisión y liberación de cualquier limitación.

"¿Pero cómo podemos saber que nuestro deseo es bueno?" nos podríamos preguntar. Un criterio sabio es intentar lograr o reclamar sólo aquello que estamos dispuestos a que toda la humanidad reciba al igual que nosotros. Cuando estás suspirando por algo y tienes la duda: "¿Cómo sé que esto es lo correcto para mí?" o "¿Cómo sé yo que esto es la voluntad de Dios para mí?" entonces es bueno levantar el deseo a una forma más universal. "¿Estoy dispuesto a que este deseo se realice en la vida de cada persona sobre la faz de la tierra?"

Esto puede obligarte a cambiar tu énfasis. Podrías objetar: "Pero yo estoy orando por casarme con este hombre. Yo quiero a este hombre". De hecho, tu verdadero deseo es de compañerismo, amor y realización. Es desde el nivel humano de conciencia que piensas: "este hombre". Revaloriza tu deseo y ponlo en términos espirituales en la forma de una afirmación. "Yo soy una hija de Dios y es justo que tenga amor, compañía y realización. Yo lo reclamo y doy gracias por ello". Ahora te conviertes en una fuerza de atracción. Y si "este hombre" es la persona que te atrae, entonces así debe ser.

No es la voluntad de Dios la que interfiere con la contestación correcta a nuestros deseos, sino nuestra propia voluntad. Evaluamos la situación, no en términos de atracción divina, sino en términos de voluntariedad humana. Una mujer le pidió a un grupo de oración que orara con ella para que cierto hombre se casara con ella. Al poco tiempo regresó para darles las gracias, ya se habían casado. Pero al cabo de pocos meses, apareció de nuevo a solicitar ayuda en oración para "deshacerse del hombre".

Si estás orando por un empleo, no tienes que decir: "Oh, Dios, yo quiero este empleo. Concédeme este empleo. No estaré satisfecho con nada que no sea este empleo". Siguiendo los criterios de Jesús con la ley de compensación, debes orar sólo por la liberación de tu potencial creativo y por la oportunidad de cumplirlo. Da gracias por el empleo, por la oportunidad de servicio. Cuando te armonizas con la acción divina al sostener un pensamiento universal, atraerás a ti la oportunidad que es el lugar correcto y perfecto donde puedes satisfacer todas tus necesidades, y "todas las cosas por añadidura" llegarán también: el salario correcto, el ambiente correcto, aun la pensión y el plan de retiro correctos.

Jesús resume este criterio por la formulación universal de tus deseos en lo que se ha llamado la Regla de Oro:

*Así que todas las cosas que queráis que los hombres hagan con vosotros, así también haced vosotros con ellos, pues esto es la ley y los profetas* (Mt. 7:12).

Este es el principio de acción y reacción —dar y recibir— la ley de reciprocidad. Haz como quisieras que se hiciera contigo, piensa lo que te gustaría experimentar, ama y serás amado, perdona y serás perdonado. Jesús no anunció esto como una ley nueva. El no creó leyes; El simplemente las descubrió como parte de la Divinidad del Hombre. Es un principio tan viejo como el tiempo, tan inexorable como la gravedad, tan impersonal como la luz del sol.

Cuando pensamos bien, hablamos bien, hacemos bien, no sólo tendemos a pagar deudas de pasadas limitaciones, sino que preparamos el camino para inevitables futuras bendiciones. Llámalo karma, llámalo causa y efecto, llámalo la ley de compensación —porque es una Verdad fundamental de la vida, y una comprensión muy necesitada para todos los que vivan la vida efectivamente.

El Sermón del Monte termina con un aviso severo:

*A cualquiera, pues, que me oye estas palabras y las pone en práctica, lo compararé a un hombre prudente que edificó su casa sobre la roca. Descendió la lluvia, vinieron ríos, soplaron vientos y golpearon contra aquella casa; pero no cayó, porque estaba cimentada sobre la roca. Pero a cualquiera que me oye estas palabras y no las practica, les compararé a un hombre insensato que edificó su casa sobre la arena. Descendió la lluvia, vinieron ríos, soplaron vientos y dieron con ímpetu contra aquella casa; y cayó, y fue grande su ruina* (Mt. 7:24-27).

Jesús había visto casas construidas en las arenas del desierto y había visto como eran arrasadas por las lluvias y los vientos. Hoy tenemos una mejor comprensión de la construcción, así es que tales errores no se cometen a menudo. Pero ¡ah! cuántas vidas se están estructurando todavía sobre las arenas movedizas de ideales superficiales, de metas materialistas y del pensamiento de obtener algo por nada.

Si tú comprases un aparato eléctrico para ayudarte en alguna tarea pesada del hogar, tendrías grandes esperanzas acerca de su utilidad en tu vida diaria. Pero al llevarlo a casa, podrías ver con desilusión que no funcionaba. Entonces alguien te señala unas palabras de advertencia en la hoja de instrucciones: "NO SIRVE SI ESTA DESCONECTADO".

Eso es lo que Jesús está diciendo: "Todas estas cosas que Yo he bosquejado para ti, esta filosofía o forma de vida, puede guiarte al autodescubrimiento y a la vida abundante. Pero no trabaja a menos que la uses. Hay que "enchufarla". El dice: "Si sabéis estas cosas, bienaventurados sois si las hacéis" (Jn. 13:17).

Cuando empiezas a captar el concepto de tu innata divinidad, tienes los medios de construir una vida que es infranqueable al cambio y al reto. No estés satisfecho con una biblioteca de los libros indicados, ni con una acumulación de libretas llenas de ideas que hayas recogido de tus lecturas y estudios. Estos dichos de Jesús son prácticos y necesitan ser puestos en práctica. No te sientas satisfecho por haber aprendido muchas oraciones y afirmaciones. *Practica y tendrás poder.*

A todos los que están fatigados y se sienten oprimidos y cuya fe a veces prueba ser inadecuada, Jesús les diría: "Deja a un lado tu profesión de tu fe y tu credo, tus lemas religiosos y tus afirmaciones y dedica algún tiempo a la apacible meditación y contemplación de ti mismo como un ser espiritual. Ten presente que la Verdad no es algo que tú aprendes y acumulas en la memoria, sino algo que tú desenvuelves en tu ser. Ni el orar a Dios para que te haga una mejor persona ni el afirmar que ahora eres perfecto te permitirá ser más de lo que fuiste creado para ser. Pero puedes liberar el potencial oculto de tu ser interno para dar expresión a la Verdad que es la ley misma de tu ser".

Si tú insistes en que la Verdad es ilimitada, y si enfrentas todas las cosas en la conciencia de la ilimitada Verdad de Dios, entonces la lluvia puede caer y las inundaciones llegarán y los vientos soplarán —pero la casa no caerá, porque tu vida está construida sobre roca. El conocimiento de "estos dichos" entonces no será asunto de meros lugares comunes o creencias intelectuales. Ellos se convertirán en poderosas y vitales actitudes de tu ser.

## CAPÍTULO DOCE

# Cómo perdona Dios

*Su corazón era tan grande como el mundo, pero no había cabida en él para guardar el recuerdo de un agravio.*[1]

—*Emerson*

EL PERDÓN DEL PECADO SIEMPRE ha sido el factor central en la religión. Fue un principio fundamental de las enseñanzas de Jesús. Pero ¿qué queremos decir con pecado? Es desafortunado el que aceptamos palabras como éstas cual si tuvieran un significado absoluto, sin tan siquiera preguntarnos lo que significan para nosotros.

El diccionario puede definir tal palabra como "transgresión de la ley divina". En la teología cristiana hay un acuerdo general de que el "pecado ocurre cuando el hombre está en desarmonía con la Fuente de su ser". Así pues, el pecado es un sentimiento de separación de Dios. Usamos la palabra *"sentimiento* de separación" por elección propia, ya que la separación ocurre únicamente en el pensamiento del hombre. Lo finito está indisolublemente unido a lo Infinito. El pecado es cuando un hombre, un ser espiritual y una expresión creativa de la Mente Divina, no está consciente de su divinidad y actúa desde el nivel de su humanidad. Por lo tanto, el pecado es la mayor tragedia de la experiencia humana.

Cuando el hombre no conoce su divinidad, cuando no sabe la profundidad de su propia bondad innata, hace muchas cosas que son el resultado de la frustración de su potencialidad. Piensa que vive una vida aislada. Sus pensamientos son totalmente egocéntricos. Su experiencia total se orienta hacia un plano egoísta. El resultado es lo que ha venido a llamarse "el mal" —gente mala haciendo cosas malas.

La palabra "mal" también necesita volverse a definir. El mal es básicamente el encubrimiento del bien. El estudiante de metafísica a menudo declara "El mal no existe". Esto equivale a decir que la oscuridad no existe. Desde luego, hay mal en el mundo y hay muchas personas expresando un mal proceder. Sin embargo, al igual que la oscuridad es la ausencia de la luz, el mal es la ausencia del bien. De hecho, puede definirse mejor como el encubrimiento de la profundidad del bien que hay en el hombre porque Dios está en él. El mal no es inherente a la naturaleza humana. La naturaleza humana es sólo el grado de conciencia de la naturaleza divina. Cuando vemos condiciones del mal en el mundo, ésas no tienen permanencia ni poder en ellas ni por ellas mismas. Simplemente evidencian la confusión que prosigue a la ausencia de la actividad de Dios. Detrás de la condición mala siempre se puede encontrar al hombre que está frustrando su bondad innata y actuando en la oscuridad de la conciencia humana.

No es la naturaleza humana la culpable de las experiencias malas, sino la crianza humana. El individuo tiene experiencias oscuras en su vida porque ha nutrido en su conciencia pensamientos de autolimitación. Nadie nace con pensamientos negativos. Dondequiera que encuentres limitación de algún tipo, aun la que se expresa en la actuación sórdida más malvada, puedes estar seguro de que "alguien enseñó a un niño". Es por eso que Jesús insiste en que debemos volvernos como niños —no sólo para ser receptivos y dóciles como el niño, sino también para regresar al estado de pureza que teníamos antes de empezar a absorber y a nutrir todas las creencias de la raza de nuestra época.

En este estado de conciencia humano, vivimos en cierto sentido separados de Dios y de nuestros semejantes. Actuamos como si nuestra vida nos perteneciera, como si pudiésemos tener planes, propósitos e intereses separados de los de El. Esto, si fuese verdad, significaría que la existencia no es una y armoniosa, sino un caos de competencia y de lucha. Significaría que estamos bastante separados de nuestro semejante y le podemos lastimar, robar o herir y hasta destruirle —sin dañarnos a nosotros mismos. Y significaría además de eso que mientras más tomamos de otras personas, más tenemos para nosotros. Significaría que mientras más consideráramos nuestros propios intereses, y mientras mayor fuera nuestra indiferencia ante el bienestar de otros, en mejores condiciones estaríamos. Y como consecuencia otros nos tratarían de la misma manera.

Si todo esto fuera verdad —y hay muchos que creen que lo es— significaría que todo el mundo es sólo una selva y que tarde o temprano se tiene que destruir a sí mismo por su propia debilidad y anarquía inherente. Hay quienes dicen que eso es lo que ahora está sucediendo en el mundo. Pero Jesús no creía tal cosa, y es completamente irreal creerlo hoy.

Es más que probable que tú hayas sido educado con la

enseñanza de que Dios es un habitante de los cielos, que se sienta en su trono apuntando en Su gran libro negro todos nuestros pecados y castigándonos de acuerdo con éstos. Bajo esa disciplina religiosa tú vivías y adorabas con miedo, miedo a la ira de Dios. El hábito de ir a la iglesia era evidencia de tu miedo más que de tu devoción. Tú orabas y prometías y participabas porque tenías miedo de no hacerlo. Los portones del infierno se abrían ampliamente para cualquiera que decayera en sus responsabilidades religiosas.

¿Qué enseñó Jesús? La implicación a través del Evangelio es: *"Tú no eres castigado tanto debido a tus pecados, como por ellos mismos"*. El pecado es su propio castigo, y la rectitud es su propia recompensa. Pecar es "fallar en dar en el blanco", o sea fracasar en lograr la meta de perfección. El resultado es una forma de separación de Dios, del bien, de la armonía, de la justicia. Y el castigo es que nos hemos desconectado de la fuente, lo cual conduce a la escasez y a la limitación.

En la Biblia, la luz es el símbolo que más a menudo se repite por la actividad de Dios. El proceso se entiende mejor en nuestra ilustración tan a menudo repetida de la bombilla eléctrica. Enciende la luz en la habitación en que estás. Instantáneamente, el cuarto se inunda con luz según la electricidad se convierte en luz en la bombilla. Ahora bien, en cualquier momento la luz puede desaparecer si tú la apagas o si hay una interrupción en el circuito. Esa "interrupción" es un "pecado" y el castigo por ese pecado es la oscuridad. La electricidad no creó la oscuridad. Ni tan siquiera está consciente de la oscuridad. Nos castigamos a nosotros mismos como resultado de la interrupción o la separación y así tenemos oscuridad. Cuando encendemos la luz de nuevo o reparamos la interrupción en el circuito, la recompensa es la luz. No es un regalo especial que la electricidad nos confiere por haber sido buenos y haber establecido la conexión nuevamente. La luz es su propia recompensa. Así pues, el pecado es su propio castigo y la rectitud es su propia recompensa.

Pecar es separarse de la actividad de Dios, y el castigo es el deterioro que siempre sigue a tal separación. Si pongo una liga elástica muy apretada alrededor de mi dedo, en pocos minutos ese dedo enrojecería y se inflamaría y luego se pondría azul debido a la falta de circulación. Al poco rato llegaría a un grado de peligro y a un deterioro serio a menos que yo aflojase la liga elástica.

¿Qué ha sucedido aquí? Yo he detenido el fluir de la circulación con la liga elástica, lo que corta del dedo y de las células del dedo las fuerzas sostenedoras de vida que fluyen en la corriente sanguínea. Sin embargo, el enrojecimiento del dedo no es causado por la ira de la fuerza de vida en el cuerpo. Es simplemente la evidencia de la ausencia de esa fuerza. Y la fuerza de vida en el cuerpo no tendrá nada en contra del dedo porque no hay fluir. En el momento en que yo restauro el fluir, cuando quito la liga elástica, el perdón es instantáneo. La vida fluye por el dedo y en breves minutos la circulación es normal.

Habacuc se refiere a Dios como: "Muy limpio eres de ojos para ver el mal, ni puedes ver el agravio" (Hab. 1:13). Esto puede sorprenderte, quizás hasta perturbarte. Pero es vital que lo comprendas en tu conciencia y jamás lo olvides: Dios no sabe nada de pecado, nada de necesidad, nada de escasez de ninguna índole. Esto puede ser difícil de aceptar porque tenemos un "remanente" en nuestra conciencia de la vieja idea de Dios quien se sienta en los cielos y mira hacia nosotros, cambiando Su actitud respecto a nosotros, regocijándose por nuestro progreso, enojándose por nuestras debilidades o indolencia. Pero cuando expandimos nuestra visión para contemplar al Dios de la Mente Universal —Dios como Principio, Dios como Espíritu— vemos que Dios no sabe nada del pecado.

¿Sabe el principio de matemática algo sobre tu error si escribes dos más dos es igual a cinco? El principio sabe que es *cuatro* aunque hayas escrito *cinco*, porque el "dos más dos" es una ecuación que significa cuatro a pesar de lo que tú puedas creer que significa.

La tragedia sería si Dios conociera el pecado. Si Dios conociera el pecado, El sería un pecador; porque ¡lo que la Mente sabe, eso tiene que ser! Pecado o errores caen fuera del campo de la realidad. La luz no conoce la oscuridad. ¡La luz es! Dios no conoce el pecado: ¡Dios es! Dios es bien, el bien es omnipresente.

Sin embargo, si Dios no conoce el pecado, entonces ¿cómo puede El perdonar el pecado? o ¿cómo puede el hombre encontrar liberación de sus sentimientos de culpa? Encontramos la contestación en un bonito pensamiento en el Antiguo Testamento, "Con amor eterno te he amado" (Jer. 31:3). Si Dios *es* amor, esta esencia universal que es tan omniactiva como la gravedad, entonces la declaración está diciendo simplemente: Dios *como* amor no puede ser otra cosa sino amor. Dios no puede tener nada menos que amor por ti no importa lo que hayas o no hayas hecho, porque Dios es amor.

¿Puede la electricidad dejar de ser electricidad? ¿Puede la luz dejar de ser luz? ¿Puede la gravedad dejar de ser gravedad si tú te caes del borde de la acera? Si te caes, es porque la gravedad está funcionando, pues eso es lo que la gravedad es. La luz está aquí al abrir la ventana. La electricidad está aquí al presionar el interruptor. Por lo tanto, Dios te ve por siempre como Su hijo amado en quien El tiene complacencia.

Volvamos nuestra atención de nuevo a la parábola del Hijo Pródigo. El padre en la historia es la divinidad en ti y el hijo pródigo es la fase humana en ti que se olvida de su divinidad, y experimenta separación y una gran "escasez". Así pues, el padre es el hijo. Cuando el hijo "vuelve en sí" despierta de la ignorancia sobre su ser, se da cuenta de su divinidad innata y regresa a su estado de unidad. Es recibido con los brazos abiertos. No hay sentimiento de culpabilidad. El padre no le dice: "Ahora vas a ser castigado por tus pecados". No, derrama Sus bendiciones sobre él y clama: "Mi hijo que estaba muerto ahora ha revivido". La conciencia humana ha despertado a su verdadera naturaleza y "los mismos collados dan palmas de gozo". Cuando se quita la liga elástica de un dedo, la sangre irrumpe con entusiasmo y hay una verdadera fiesta de "comer, beber y estar feliz" según las células van reviviendo bajo la influencia de la fuerza de vida.

¿Cómo perdona Dios? Nuestra contestación puede parecer sorprendente, quizás hasta sacrílega. En realidad Dios no perdona el pecado. O mejor aún, vamos a llevarlo un paso más adelante: Dios *no puede* perdonar pecado —no importa cuál sea la ofensa, no importa cuán grande sea la culpabilidad, no importa cuánto Se le suplique por perdón. ¿Cómo puedo obtener el perdón de la electricidad por haber interrumpido su fluir? ¿Cómo puedo conseguir que la fuerza de vida en mi cuerpo me perdone por haber interrumpido su fluir con la liga elástica? Quitando la liga elástica, presionando el interruptor para establecer la conexión. Y nadie puede hacerlo por mí. Soy yo el que tiene que quitar la liga elástica y encender la luz. Y la fuerza que fluye a través del dedo y del interruptor, ¿me está perdonando? En cierto modo podrías decirlo así. Pero todo lo que en verdad está haciendo es ser lo que es. La vida jamás puede ser menos que vida, y la electricidad no puede ser menos que electricidad —y Dios nunca puede ser menos que Dios. Dios es amor aun cuando yo esté lleno de odio. Dios es amor como el potencial en mí aunque yo sienta ira y amargura. En el momento en que yo dejo ir mi amargura, me sobrepongo de mi culpabilidad y dejo de sentir lástima por mí mismo, en ese momento "Dios es amor" me limpia y me ama. Pero eso es lo que siempre ha sido. Es que yo, sencillamente, no lo he aceptado.

Así pues, en un sentido muy real, Dios no perdona. Dios es amor. Dios no sostiene ningún sentimiento falto de perdón. No hay nada que perdonar ante Su vista porque Sus "ojos son demasiado puros para ver la iniquidad". Cuando el hijo pródigo quiso regresar al hogar dijo: "Me levantaré e iré a mi padre". ¿Qué quiso decir con "¿levantar?" "Me levantaré de esta conciencia limitada, esta autoevaluación imperfecta. Dejaré de vivir en la circunferencia de la vida. Dejaré de sentir lástima por mí mismo en mi pobreza de mente y de experiencia. Yo aceptaré la Verdad sobre mí mismo".

¿Tuvo él que regresar al hogar e implorar perdón? En realidad, en la historia lo encontrarás primero con una conciencia de súplica. El ensaya un pequeño discurso que planea decirle al padre: "Me levantaré e iré a mi padre y le diré, Padre, he pecado contra el cielo y contra ti. Ya no soy digno de ser llamado tu hijo; hazme como a uno de tus jornaleros". Pero algo le sucedió en el camino de regreso. Descartó esa conciencia de sirviente —y quizás no hubiese podido lograr un sentimiento de unión sin ese cambio. Cuando llegó a casa dijo: "Padre, he pecado contra el cielo y contra ti, y ya no soy digno de ser llamado tu hijo" —pero nada de "hazme como a uno de tus jornaleros".

Es notable que aunque el hijo pide perdón, el padre ni se da por aludido. El simplemente cambia el tema. Lo colma de bendiciones. En nuestra conciencia, puede que nos sintamos culpables. Podemos estar perfectamente deseosos de aceptar nuestro castigo —de convertirnos "en uno de los jornaleros". El caso es que ya hemos estado recibiendo nuestro castigo, porque el pecado es su propio castigo y la rectitud es su propia recompensa. En la actitud de arrepentimiento, en la insistencia de convertirnos en "jornalero", estamos empleando palabras fútiles. Es como tratar de negociar con la electricidad para que alumbre el cuarto aunque yo no presione el interruptor. En el momento en que presionas el interruptor, ya tienes luz. En el momento en que el hijo pródigo realmente sintió "Me levantaré e iré a mi Padre" y pudo visualizarse haciéndolo, fue instantáneamente recibido por el Padre y colmado con lo que el Padre es —la divinidad de su propia naturaleza.

En el momento de aceptarme a mí mismo en un contexto más alto, en ese momento me he sobrepuesto, o pasado sobre aquello que era el pecado básico. Ese pecado básico puede haber resultado en todo tipo de pecados secundarios, pero el pecado básico era que yo no sabía quien era yo. En el momento en que vuelvo en mí, en que conozco la Verdad de mi divinidad innata, de mi filiación divina, en ese momento enciendo la luz y permito que una inundación de vida, de inspiración y de inteligencia me llene y me conmueva —y soy transformado. Soy perdonado, porque yo me he perdonado a mí mismo.

"Por tanto, si perdonáis a los hombres sus ofensas, os perdonará también a vosotros vuestro Padre celestial; pero si no perdonáis a los hombres, tampoco vuestro Padre os perdonará vuestras ofensas" (Mt. 6:14, 15).

Esto no es decir que Dios es arbitrario y que El no dará el primer paso, sino que tú debes demostrar tu sinceridad al actuar, entonces El actuará. Esto es simplemente una manera personalizada de hablar sobre el principio. Es difícil comprender la acción del principio a menos que la podamos relacionar con cosas con las cuales nos podemos identificar. Es por eso que Dios está vestido de forma humana en las enseñanzas de los profetas y de Jesús, y por eso es que nos hemos entrampado en el concepto de un Dios de los cielos. Dios es amor y El sólo te puede amar cuando tú amas. Si tú deseas perdón, tienes que expresar perdón. No hay ningún otro modo.

Jesús dice: "Y cuando estéis orando, perdonad, si tenéis algo contra alguien, para que también vuestro Padre que está en los cielos os perdone a vosotros vuestras ofensas" (Mr. 11:25). El hecho es de que en cualquier momento en que tengas un sentimiento de culpabilidad, un sentimiento de falta de perdón —ese sentimiento de impureza en el cual quisieras que Dios "creara un corazón puro dentro de ti"— si te miras a ti mismo con detenimiento, las probabilidades son de que encuentres que hay mucho que puedes hacer hoy al asumir una nueva actitud hacia las personas que te rodean. Puedes expresar más amor, más comprensión y de este modo liberas el poder positivo del Espíritu que te limpia —pero eso es el resultado de lo que tú has hecho. Dios no puede hacer más por ti que lo que El puede hacer a través de ti.

En una ocasión Pedro dijo a Jesús: "Señor, ¿cuántas veces perdonaré a mi hermano que peque contra mí? ¿Hasta siete?" En otras palabras dice: "¡No es posible seguir perdonando a la gente! ¿Cuánto puede aguantar un hombre?" Jesús replicó: "No te digo hasta siete, sino aun hasta setenta veces siete" (Mt. 18:21, 22). El no estaba preocupado con la aritmética en este caso. El indicaba lo infinito. El perdón tiene que ser perpetuo, un estado de conciencia y no un gesto ocasional. ¿Por qué? Porque la falta de perdón es un precio que el hombre no puede darse el lujo de pagar. Perdona hasta setenta veces siete; ora por aquellos que te aborrecen; ama a tus enemigos —no por el bien de ellos sino por el tuyo.

Si quieres alumbrar un cuarto, tienes que encender la luz. Y no adelantas nada con sentarte a lamentar el que alguien la haya apagado. Como los niños en una trifulca sobre "quién lo hizo", nos sentamos a sufrir en la oscuridad. Jesús está diciendo que, si hay falta de perdón, si hay enemistad, si hay resistencia en las relaciones humanas, enciende la luz. No te preocupes de "quien lo hizo" o por qué. Tú necesitas luz; así pues ama, perdona, bendice y libera.

Cuando Jesús subraya el perdonar "setenta veces siete", El no está esperando que vivas una vida de santo. De hecho, el perdón es la manera más sencilla de aliviar nuestras cargas. El hombre que perdona es tan santo como el que insiste

en mantenerse limpio. En realidad, el acto del perdón constituye un hecho mental —soltar y dejar ir algo que sólo nos
puede envenenar por dentro.

La parábola del Hijo Pródigo revela otra gran lección que
es tan sutil que podemos dejar de ver su gran implicación.
Cuando el hijo decide regresar al hogar, cuando dice: "Me
levantaré e iré a mi Padre" (recuerda —el padre es la divinidad dentro de él), al momento en que él se vuelve hacia
el hogar, el padre corre a recibirlo y a derramar bendiciones
sobre él. Cuando tú estás tratando de obtener el perdón de
Dios o quizás una mejor comprensión de ti mismo, todo lo
que necesitas hacer es volverte a la dirección correcta. Una
vez que te hayas vuelto a la dirección del Espíritu en ti, y
hayas determinado sinceramente "ir al Padre" —una vez
que hayas decidido de que estás cansado de vivir en la
materialidad, en la conciencia de limitación, y que te quieres
levantar a un nuevo nivel de pensar y vivir— en el momento de tomar tal decisión, algo ocurre. Y ese algo es la
actividad de la ley divina.

Alguien ha dicho: "Cuando estés enfermo de estar enfermo te pondrás bien". En otras palabras, has estado involucrado en una experiencia de limitación, resistiéndola,
hablando sobre ella, sintiendo lástima por ti mismo, pero
quizás de modo sutil, disfrutándola. Pero cuando a la larga
decides que "ya está bueno", y que vas a levantarte a un
nuevo nivel de conciencia, sucede algo extraordinario.
Cuando te diriges a Dios, Dios se dirige a ti. De repente,
tienes a todo el universo de tu lado en tu esfuerzo hacia el
cambio.

En la parábola del Hijo Pródigo, que personaliza el principio, Jesús indica que no tienes que abogar ni suplicar

perdón. El perdón es instantáneo en el momento en que decides aceptarlo. Cuando prendes la luz, no hay necesidad de llamar por teléfono a la planta eléctrica y notificarles: "Bien, ya presioné el interruptor, ahora favor de pasar electricidad por los circuitos". No, en el mismo instante en que se establece el contacto, la corriente fluye y la luz irradia. Y de igual modo, en el instante en que nos volvemos hacia Dios, la sabiduría, el amor, la vida y la paz de Dios hacen llover sobre nosotros las bendiciones de Su presencia. Nosotros en realidad no hemos cambiado a Dios con nuestra decisión de "volveré en sí", pero nos hemos colocado en un nivel de aceptación.

Hay quienes consideran injusto este proceso. ¿Es el pecado tan fácil de perdonar? ¿Por qué debe ser el pecador colmado de las bendiciones del Padre? ¿Y qué de aquellos que no han pecado? ¿Y qué hay con el hermano mayor en la parábola del Hijo Pródigo? Recordarás que cuando empezó la celebración por el regreso del hermano pródigo, el hijo mayor estaba en el campo. Oyó la música y el baile, y cuando averiguó que sucedía se enojó. Se negó a participar en la fiesta. El Padre le rogaba que se uniese a la celebración, pero el dijo: "He aquí, tantos años que te sirvo, no habiéndote desobedecido jamás, y nunca me has dado ni un cabrito para gozarme con mis amigos. Pero cuando vino este tu hijo, que ha consumido tus bienes con rameras, has hecho matar para él el becerro gordo". En otras palabras, él estaba diciendo: "¡Mira qué bien! Después que me quedo en la casa y cumplo todas las obligaciones todos estos años, ¿qué estoy logrando?" El padre replica: "Hijo, tú siempre estás conmigo y todas mis cosas son tuyas".

Una conjetura interesante sobre esta historia es que el hijo mayor en realidad pudo haber sido un pródigo en su corazón. Quizás le había faltado el valor para escaparse. Así, habiendo renunciado a los placeres de "la provincia apartada", sentía que se merecía una recompensa por su "virtud". Pero la virtud es su propia recompensa. Si sentimos la necesidad de recompensa por virtud, entonces no es sincera.

Podemos derivar gran satisfacción de esta historia. Hay esperanza para el pecador. En realidad puede ser que la persona que ha cometido el error, y que después ha "vuelto en sí", está en mejor posición que la que ha reprimido la tentación y que jamás se ha encarado a sí misma. Pablo dice: "Mi poder se perfecciona en la debilidad" (2 Co. 12:9). Es mejor encontrar la falla en el acero, partirlo y soldarlo firmemente, que permitir que se fabrique una viga de acero defectuoso. Tendemos a encadenar a las personas a sus errores pasados. Piensa en los prejuicios que tiene la sociedad hacia los ex convictos, los ex alcohólicos o adictos, y aun hacia los divorciados. Recuerda que Jesús dice en Juan 8:7: "El que de vosotros esté sin pecado sea el primero en arrojar la piedra contra ella". Y en aquella ocasión todos dieron la vuelta y se fueron, porque la luz de Su radiante conciencia hizo que cada hombre se diera cuenta de sus propios pecados secretos. Puede que no fueran pecados cometidos, sólo tentaciones frustradas. Sin embargo, ante los ojos de Jesús, era lo mismo. El dijo: "Cualquiera que mira a una mujer para codiciarla, ya adulteró con ella en su corazón" (Mt. 5:28).

Si nosotros siguiéramos el idealismo de Jesús, tendríamos más confianza en vez de menos confianza en el que se supera. Cuando el convicto se somete a un período de reeducación basada en el profundo potencial de su innata divinidad, y cuando se le regresa a la sociedad después de determinar que honradamente ya ha "vuelto en sí", entonces se le debe dar una oportunidad a base de su habilidad y experiencia. Su récord de prisión no sería nada para ocultar. Simplemente indicaría que él había tomado el camino largo en vez de la ruta directa hacia la madurez. Se graduaría de la prisión con un diploma indicando el logro del vencimiento. Hay quienes ridiculizarían un plan semejante. Que propongan ellos, pues, una alternativa constructiva. ¿Cuál es nuestro récord ahora de rehabilitación verdadera de los criminales en prisión y de su reajuste a la sociedad?

Alabado sea Dios pues existen algunos casos, quizás muchos, de individuos que han "vuelto en sí mismos" durante su estadía en prisión, y han regresado a la sociedad para ser ciudadanos buenos y útiles ¡Obviamente, estamos haciendo algo correctamente!

Hay un caso que debe mencionarse. El hombre en su ser redescubierto eligió llamarse Alva Romanes. Se había desviado del sendero cuando joven y había vivido muchos años al margen de la ley. Después de una carrera de crimen, se encontró cumpliendo una larga condena en una penitenciaría. Como el hijo pródigo, empezó a darse cuenta de que tenía que haber un modo mucho mejor. Se sintió descontento consigo mismo y tras muchos meses de autoanálisis, descubrió su propia divinidad. Lenta, pero con seguridad, las puertas de la prisión de su mente se abrieron y quedó cara a cara ante la realidad, ante la Verdad, ante su eterno ser. Afortunadamente, expresó algunos de sus sentimientos en forma poética. No es poesía grandiosa, pero son ideas grandes. He aquí mi favorito entre sus poemas —escritos en el ambiente desesperanzado de una celda (traducción libre):

No soy casta del polvo y la tierra
    ni hebra en vaivén en el telar del destino;
sino hijo divino del Dios viviente,
    con eternidad por mi herencia de vida.
No soy el juguete de una noche cósmica,
    ni cosa del azar, crecida en hombre;
sino alma inmortal en vuelo ascendente
    y de mi Padre heredero, en Su plan maravilloso.

Según peso los soles al borde del espacio,
    ¿quién puede interesarse en dudar de mi destino?
¿Quién puede mis pies cercar en el tiempo y
      lugar,
según busco los mundos de lo infinito?
    Yo soy hombre, hijo del Altísimo;
yo soy hombre y uno con la Vida divina,
    yo soy Señor de tierra y mar y cielo:
¡y he aquí! los poderes del cielo míos son.

Yo soy hombre el escogido y hombre el libre,
    y poco importa lo que antes haya sido;
porque camino erguido a través de la eternidad
    hacia lejana meta invisible aún.
Con inquebrantable fe en el Día venidero,
    he virado mi rumbo de las cosas del tiempo,
y con Jesús, mi hermano, para señalar el camino
    encontré ya mi sitio en la sublime Vida.[2]

¿Era este hombre un criminal? ¿Podríamos discriminar
acertadamente contra un hombre así por ser un ex con-

victo? ¿Podría haber evolucionado en él semejante estado de conciencia en otra experiencia diferente a la de la prisión? Eso no podemos decirlo. Pero sí evolucionó allí, en la cárcel. ¿Podría Pablo haber sido el gran líder cristiano si antes no hubiese sido el gran perseguidor de los cristianos? De nuevo, no lo sabemos, pero sí se convirtió en el mayor de los líderes cristianos.

Alva Romanes dice: "Yo he encontrado mi lugar . . . ¿Has encontrado el tuyo? Ya ves, obviamente el "sitio correcto" no es ningún "lugar" sino una actitud mental correcta. El lugar correcto es el estado de conciencia en que sabemos, y sabemos que sabemos, nuestra unidad con Dios. Comprendemos nuestra propia divinidad. Este hombre, después de vivir en la "provincia apartada" del vivir fuera de la ley, encontró su lugar, en un nuevo nivel de comprensión, en una nueva filosofía de vida, en una nueva introvisión que le guió a un enfoque maravilloso de la vida y de la gente.

Hay ocasiones cuando las enseñanzas de Jesús parecen exigir demasiado. El nos dice que no es suficiente dejar de odiar; tenemos que empezar a amar. No basta con descartar un asunto, tenemos que perdonar a todos los implicados. Ni aun basta con decir, "Te perdono", tenemos que decirlo y sentirlo y proceder a demostrarlo en la acción.

A un niño medio sordo se le puso un audífono. Esto mejoró su atención en las clases pero no mejoró su relación con los compañeros del salón, que se burlaban cruelmente de sus "oídos artificiales". Un día terminó golpeando a uno de sus compañeros en la nariz. Cuando el niño lastimado gritaba, aún tirado en el piso, la maestra intervino e insistió en que el agresor se disculpara y que también perdonara al otro niño por sus bromas. El muchacho medio sordo dijo a regañadientes: "Está bien, le diré que lo perdono, pero primero voy a apagar mi audífono".

Podemos pensar que es demasiado esperar de nosotros el que perdonemos, amemos y oremos por aquellos que nos agravian, pero si nos conocemos a nosotros mismos en el contexto de nuestra divinidad, sabemos que tenemos algo a que mantenernos fieles. "Todos los que son guiados por el Espíritu de Dios, son hijos de Dios" nos dice Pablo (Ro. 8:14). Esto quiere decir que tú tienes el potencial de ser una radiante expresión de luz, pero tienes que tenerla encendida. Podemos tener todo tipo de motivos para apagarla. Podemos tener una justificación perfecta para nuestra amargura y nuestro enojo. Podemos ser completamente virtuosos en nuestra indignación. Pero tendremos que pagar el precio por romper las conexiones de los circuitos divinos. El poder que va con nuestra divinidad es nuestro solamente cuando actuamos de acuerdo con ese poder. Podemos tener nuestra falta de perdón y amarguras y enojo si así lo elegimos, pero también tendremos nuestras úlceras estomacales y tensión nerviosa y problemas del corazón, y desórdenes físicos y mentales. Enciende la luz —no tanto por el beneficio de otros, como por el tuyo. "Perdona y serás perdonado."

## Capítulo trece

# La fórmula sanadora de Jesús

*Entonces nacerá tu luz como el alba y tu sanidad se dejará ver en seguida.*

Is. 58:8

**H**AY UNA EXTRAÑA PARADOJA en el cristianismo de hoy en día. Aun cuando Jesús "sanaba todo tipo de enfermedades" y dejaba algunos conceptos asombrosamente claros para seguirle en la práctica de curación por medios espirituales, es raro encontrar en estos días una iglesia cristiana que dé énfasis a la curación espiritual, si es que tan siquiera admite esa posibilidad. Casi la tercera parte del registro del Evangelio del ministerio público de Jesús, se dedica a Su práctica de curación y a Sus discursos sobre los métodos curativos. Y sin embargo, la curación por medios espirituales ha sido vista con desaprobación por la iglesia y en ocasiones hasta condenada y considerada sacrílega. La iglesia ha considerado los "milagros" de curación como demostraciones de Su divinidad —prueba de que El era "Dios mismo". Por lo tanto, encontramos ciertas declaraciones en la teología cristiana como: "El día en que Dios caminó por la tierra" y "La edad de los milagros ha pasado".

El desarrollo de una iglesia en un mundo hostil es un asunto precario. Los primeros cristianos tuvieron un problema. De un lado, estaba el cuerpo religioso bien establecido de los judíos, con un arraigado compromiso de la mayoría de sus seguidores al Dios de "Abraham, Isaac y Jacob". Y por otro lado, estaba el "mundo pagano" con su aceptación de muchos dioses. Así pues, hicieron lo único que ellos conocían para fortalecer su reclamo —convirtieron a Jesús en un dios. De ese modo, tenían una llave a la fortaleza teológica —y a la debilidad espiritual. Podría decirse que la "edad de la curación" terminó con los discípulos. Por un milenio y medio la curación espiritual fue desconocida en el cristianismo.

En la doctrina de la divinidad de Jesús no hay cabida para un principio de curación. Los milagros de Jesús se degradarían, si pudiesen ser duplicados. De ese modo se desarrolló la gran racionalización de que la enfermedad es la voluntad de Dios. El hombre no debe interrogar la voluntad de Dios. Debe aceptar su suerte, aun las enfermedades terribles, con estoica sumisión. Cualquier esfuerzo encaminado a la curación era una rebelión contra Dios. La práctica de la medicina fue desaprobada por la iglesia primitiva. El emperador Justiniano hasta llegó a cerrar las escuelas de medicina en Atenas y en Alejandría en el año 529 D.C. Esta desaprobación siguió a lo largo de los siglos hasta que finalmente en 1215 D.C. el Papa Inocente III condenó la cirugía y a todos los sacerdotes que la practicaban. En 1248, la disección del cuerpo fue pronunciada sacrílega y el estudio de la anatomía fue condenado.

Y sin embargo, "Recorrió Jesús toda la Galilea . . .

sanando toda enfermedad y toda dolencia" (Mt. 4:23). Y El dijo: "Las cosas que yo hago, vosotros también las haréis . . . y mayores". Jesús probó al hombre de una vez y por todas que el hombre es divino y que cada persona lleva dentro de sí misma el poder de curar. Las personas pueden ser una influencia sanadora para otros, y pueden ser sanadas. "Y nada le será imposible."

La palabra "milagro" es un obstáculo para muchos. Haríamos bien eliminándola de nuestro marco de ideas espirituales. La palabra se ha usado como una prueba de la divinidad de Jesús. De acuerdo al diccionario Webster, un milagro es un "evento o efecto en el mundo físico que se desvía de las leyes de la naturaleza". Vivimos en un Universo ordenado, donde la desviación de la ley es algo inconcebible. Si se logra una curación, ya sea por Jesús o por un médico practicante, ello es una demostración de la asombrosa integridad de la vida. Excepcional como pueda ser el caso, no puede llamarse milagro. Puede haberse tratado con la ley sanadora en un nivel más alto que el que hasta ahora hemos conocido, pero no ha habido transgresión de leyes. Es un fenómeno natural o divinamente natural.

Jesús dijo que El no había venido para destruir la ley sino para cumplirla (Mt. 5:17). Rehusó firmemente descartar la ley natural. ¿Recuerdas cómo fue llevado al pináculo del Templo por la influencia satánica de Su propia conciencia humana, y tentado a tirarse de allí para probar Su dominio sobre los elementos? ¿Y recuerdas cómo fue tentado a convertir las piedras en panes en el desierto? En cada caso la rechazó diciendo: "No tentarás al Señor tu Dios" (Mt. 4:1–11). Jesús sabía que El no era Dios, el Creador. El sabía que era la autovivencia de Dios, la actividad de Dios en expresión. Su poder no estribaba en cambiar las leyes del Universo, sino en Su elevada conciencia de la ley.

Jesús no era un mago. En Su ministerio, simplemente cumplió la ley divina en un nivel más alto de lo que nadie lo haya hecho, antes o después de El. Las curaciones "milagrosas" no sólo eran evidencia de la divinidad de Jesús, ellas también daban evidencia de la Divinidad del Hombre —de la misma persona sanada/ La capacidad de curación está en cada persona sencillamente porque cada persona es básicamente íntegra y completa/ El discernimiento de Jesús era tan grande, y vio la divinidad en la otra persona con tanta intensidad, que había una luz sanadora. Su fe aceleraba la capacidad dormida y ésta surgía a vida completa y perfecta.

Jesús dijo: "Y sé que Su mandamiento es vida eterna" (Jn. 12:50). El sabía que el hombre estaba aletargado en el sentido espiritual. Estaba dormido a la Verdad de su vida. Jesús dijo: "Yo he venido para que tengan vida, y para que la tengan en abundancia" (Jn. 10:10). Sabía que el hombre es un ser eterno, con el poder de renovación y de salud como parte fundamental de su divinidad. Así pues, la curación que resultaba era una demostración de la ley de vida y no una desviación de ella.

Jesús dijo: "Dios no es Dios de muertos, sino de vivos" (Mt. 22:32). Una de las mayores falacias de la vida en nuestra época es la creencia en la certeza de la muerte. A veces nos referimos a que algo es "tan seguro como la muerte y las contribuciones". En nuestra época, bien puede ser que las contribuciones sean bastante seguras y prácticamente inevitables. Pero se nos acerca el tiempo de revisar nuestras actitudes en relación a la seguridad de la muerte. Las investigaciones médicas están descubriendo algunas propiedades asombrosas en "esta existencia llamada vida".

En su libro *Immortality and Rejuvenation* (Inmortalidad y rejuvenecimiento), Matalnikov dice que la inmortalidad es la característica fundamental de un organismo viviente, y que la ancianidad y la muerte no son un estado de la existencia terrenal. Recientemente, un doctor en medicina declaró que no existe razón alguna para que el cuerpo humano se deteriore y que, desde el punto de vista científico, el hombre debería estar capacitado para vivir indefinidamente.

Uno de los comentarios más "impactantes" de los miembros de la profesión médica se encontró en un editorial del *Harvard Alumni Bulletin*. El escritor es el Dr. Lawrence S. Kubie, una destacada autoridad en el campo de la psiquiatría y el psicoanálisis, y actualmente director de entrenamiento en el Hospital Pratt de Maryland. Citamos algunas frases de esta sorprendente manifestación:

> Es literalmente cierto que ningún hombre jamás ha usado más de un pequeño fragmento de su poder cerebral. De hecho, aun los más alertas entre nosotros jamás están totalmente despiertos, mucho menos están totalmente en acción . . . ¿Y esto por qué? Es porque los productos psicológicos del cerebro están organizados de tal modo que casi desde el nacimiento estamos continuamente bloqueados por conflictos entre facciones internas. Este ha sido el hado del hombre desde los días de Adán hasta hoy; pero es específicamente aquí que nos encontramos ante el umbral de una nueva clase de vida. El futuro abre ante nosotros la posibilidad de que podamos aprender a poner

fin al desperdicio y a la destrucción ocasionados por
ese impasse interno, liberando nuestros enormes
poderes creativos y latentes del dominio mutilante y
paralizante de los conflictos inconscientes.

. . . La infinita capacidad creativa del cerebro humano está albergado en un cuerpo virtualmente indestructible . . . el cual tiene un sistema de reemplazo
inherente, ¡sus propios mecanismos de autoreposi-
ción! Hemos comprendido que en tanto el sistema de
provisión esté intacto, el cuerpo se separa y se une por
sí mismo, no meramente órgano por órgano, ni célula
por célula, sino literalmente molécula por molécula.
Potencialmente, por lo tanto, es renovado constantemente y jamás envejece. Por consiguiente, no existe
razón alguna para que un ser humano tenga que
morir. (El autor luego cita problemas que aún hay
que vencer, médicamente, y que él confía se logren
pronto.) Algún día los hombres y las mujeres dejarán
de morir y vivirán para siempre.[1]

La paradoja continúa —en nuestros tiempos el péndulo
oscila de regreso a la curación espiritual o por lo menos no
material. Sin embargo, ello está sucediendo en el terreno de
la investigación médica en lugar de la iglesia cristiana. Sí, ha
habido algunos ministros individuales que han hecho cosas
sorprendentes en el área de curación espiritual, y hay algunas iglesias que han "tolerado" esta herejía. Pero parece ser
que la ciencia descubrirá y construirá un sistema basado en
la Divinidad del Hombre antes de que lo haga la iglesia.
Debe señalarse que hay un creciente número de grupos

tales como Unity, Ciencia Cristiana, Ciencia Religiosa, Ciencia Divina, que están enseñando y practicando la salud por medios espirituales. Estos grupos modernos "metafísicos" tienen una creciente influencia en la corriente religiosa del día porque abordan las Verdades dinámicas en vez de los credos estáticos. Ellos probablemente hayan sido la motivación o el "aguijón" detrás de la reciente autoevaluación que está ocurriendo en la mayoría de las denominaciones en la actualidad. Sin embargo, la fusión de iglesias es sólo una cortina de humo y la modificación de doctrinas, un "apaciguamiento". La suerte está echada. El hombre hoy en día quiere conocerse a sí mismo, y si su iglesia no le dirige a ese autoconocimiento, perderá el lugar que ahora ocupa en su vida.

La religión le ha brindado al hombre constantemente una promesa de salvación en una vida futura. Pero ha sido tristemente negligente en darle conocimientos prácticos, útiles para poder vivir esta vida con salud, éxito y felicidad. Tampoco son los grandes "reavivamientos" espirituales una contestación real a las necesidades a largo plazo del hombre y de la sociedad. Esas reuniones de reavivamiento agitan renovada fe en el "Salvador del Mundo", llamando la atención una y otra vez hacia la divinidad de Jesús. Pero el mundo necesita una sociedad de salvadores, individuos que despierten con las fuerzas divinas internas y que se conviertan en una influencia salvadora al dejar la luz de su propia divinidad brillar fuerte y claramente.

Ahora bien, aclaremos esto: Jesús no originó la curación espiritual. No hizo la ley de curación. Ni tampoco fue que El curó a través de poderes mágicos ni místicos —ni por medio de ninguna dispensación divina que abrogó las leyes de vida conocidas. La curación espiritual es posible simplemente porque el hombre es en esencia un ser espiritual, y la curación es sencillamente el arte de "abrir un camino por donde el esplendor aprisionado pueda escapar".

La curación espiritual no es un intento de ganar un favor especial de Dios o de abrogar la ley divina o natural. No usamos un juego diferente de leyes en la curación espiritual de los que se usan en la curación médica o quirúrgica. Vida es el principio de la actividad del Ser, la energía que impulsa todas las formas a la acción. El que la energía del principio de vida sea activada por la meditación o por la medicación, no establece diferencia alguna.

A veces un individuo puede decir: "No me gusta ese asunto de curación espiritual. Cuando un hombre está enfermo debe ver a un doctor". Pero la mayoría de los doctores manifiestan que un gran porcentaje de las personas que acuden a ellos por tratamientos no están orgánicamente enfermos; que sus males son de origen emocional y que su cura es más bien un asunto de ajuste mental que de tratamiento físico. Ya es corriente que un doctor refiera a un paciente a un ministro.

Hay un nuevo campo de la medicina desarrollándose hoy, "La Medicina del Hombre Total". Gente como el distinguido Paul Tournier de Suiza, Franz Winkler de la ciudad de Nueva York y Evarts Loomis de Friendly Hills Fellowship en Hemet, California, están de acuerdo con lo que Sócrates dijo de que un fragmento nunca puede estar bien si el conjunto no está bien. De ese modo se están moviendo hacia un mayor reconocimiento del rol de la fe y el pensamiento y la oración en el arte curativo. Estas personas no hablan en términos teológicos, pero están tratando con la divinidad del hombre, con el hombre en su totalidad. Con sobrados motivos, un príncipe de la iglesia declaró en un concilio reciente, que la iglesia debe adoptar una actitud "tolerante" hacia la ciencia moderna —reconocer la ciencia y admitir algunos de sus descubrimientos del siglo veinte.

Ciertamente, urge la necesidad de establecer comunicación entre los devotos y los investigadores y practicantes en el campo de la ciencia médica. Es muy posible que haya más personal médico que representantes de las iglesias subscribiéndose a los fundamentos de la curación mental y espiritual. Podría deberse a la tendencia de algunos teólogos que viven en ambientes protegidos, aislados de las corrientes principales de progreso del hombre en el mundo externo. No es rara la actitud que un ministro expresó así: "Dios es para ser adorado, no usado. El no debe usarse para fines egoístas tales como la curación".

Esto parecería indicar que Dios no tiene interés en la vida ni en la curación, que Su único interés se centra en la iglesia y su ministerio, que El está interesado en la teología, pero no en la realidad; que El está interesado en las congregaciones, pero no en las personas. Es obvio que esto denota la actitud de que vida y salud son cosas que existen fuera de Dios; que la curación espiritual es degradante para el Todopoderoso —tal como pedir a Dios que ayude en la selección de un ganador en una carrera de caballos.

Vamos a "ver la historia". Jesús enseñó y practicó la curación espiritual con soltura. El dijo: "No es la voluntad de vuestro Padre que está en los cielos, que se pierda uno de estos pequeños" (Mt. 18:14). Aunque al terminar los Evangelios tengamos dudas en relación a la filosofía de la vida de Jesús, sobre un tema no puede haber duda alguna —El creyó en el derecho del hombre a ser saludable y El "sanó toda enfermedad".

*No juzguéis según las apariencias, sino juzgad con justo juicio* (Jn. 7:24).

Jesús enseñó que el hombre vive en dos mundos, no en sucesión sino concurrentemente. El vive en el mundo de las apariencias, el mundo tridimensional de diseños y formas, de tiempo y espacio —el mundo donde tenemos experiencias fluctuantes de enfermedad y salud, paz y guerra, armonía y caos. Pero el hombre también vive en un mundo espiritual como un ser espiritual.

Jesús nos dice: "No te engañes al evaluarte a ti mismo en la vida. Tú eres íntegro, aun cuando estés padeciendo de una enfermedad. Y puedes ser sanado porque eres íntegro".

Cuando te miras al espejo ves una criatura tridimensional, el hombre en forma y figura —y puede que no te sientas muy feliz con esa figura. Y probablemente dices: "Y qué puedo hacer? Así es como yo soy". Pero si puedes abrir tu mente para considerar la dinámica de la enseñanza de Jesús, empezarás a ver a través del espejo en vez de en él. Pablo nos dice: "Ahora vemos por espejo, oscuramente" pero también nos dice que llegaremos a ver "cara a cara" (1 Co. 13:12). Más allá de las apariencias reflejadas en el espejo, está la persona íntegra que tú eres en espíritu.

Hay aquello en ti que es mayor que tus debilidades, más fuerte que tus miedos; la criatura cuatridimensional que es íntegra aun dentro de tu enfermedad. Esto es aquello en ti que es la perfecta idea en la Mente de Dios. Tú simplemente estás dormido a este ser superior, tu innata divinidad. Pablo dice: "Despiértate, tú que duermes . . . y te alumbrará Cristo" (Ef. 5:14). Y qué es Cristo sino tu propia divinidad, la individualización de la fuente Infinita de vida en un diseño de encarnación finita. Es un diseño perfecto. Es íntegro. Y es lo que tú eres a la vista de Dios.

Wordsworth dice que nuestro nacimiento es un sueño y un olvido. Y así la llave a la demostración de integridad es: *despierta y recuerda*. Si entraras en una habitación donde duerme un hombre, y tuvieras la habilidad de ver su sueño, podrías verlo en una furiosa tormenta de nieve, luchando contra la ventisca y los peligrosos lomos de nieve. Podrías sentir el impulso de ayudarlo en su dilema. ¿Qué puedes hacer? Hay sólo una cosa, ya que la experiencia de la nieve es un sueño —¡despiértalo! Aun cuando está al borde de sucumbir ante los elementos está realmente en la cama, tibio y seguro. Es sólo un sueño. El verlo del aspecto de su experiencia de sueño, sabemos que hay una dimensión más grande en su vida, y que en cualquier momento puede despertarse y experimentar la integridad que es suya.

Nuestra intención no es implicar que la vida consciente en la experiencia tridimensional sea sólo una ilusión, un sueño. Simplemente queremos ofrecer un marco de referencia para ver la relación entre la integridad espiritual del hombre y su experiencia humana. Si alguien te pregunta "¿Cómo estás hoy?", tú tienes que hacer una elección. Puedes contestar desde el punto de vista de tu experiencia humana o desde tu integridad espiritual —el hombre en el sueño o el hombre en la cama. ¿Está ese hombre congelándose en la nieve o está tibio y seguro en su cama? Tu contestación dependerá del nivel de su experiencia en que te estás enfocando.

Desde el nivel físico podrías decir: "Yo no me siento muy bien hoy" (juzgando por las apariencias). Pero desde el nivel de la divinidad en ti, podrías responder: "Yo soy la perfecta expresión de la Vida Infinita" (juzgando con juicio recto).

Esta es la llave a la oración afirmativa, conocida a menudo como "tratamiento espiritual". Tú hablas la palabra de Verdad sobre la situación, que es identificarte con el hombre en la cama en vez de con el hombre en el sueño. No importa cuál sea la experiencia, tú eres un ser espiritual, viviendo en un mundo espiritual. Tú eres la autovivencia de Dios, ahora mismo. La oración y el tratamiento no son intentos para hacerte espiritual o para colocarte en unidad con la integridad de Dios. No hay nada que ni tú ni yo podamos hacer para cambiar la naturaleza de Dios, o para cambiar nuestra propia naturaleza como la autovivencia de Dios. La gran Verdad es: Hay aquello en ti que no necesita cambio. Hay un hombre espiritual en ti, la divinidad en ti, que jamás se enferma; si así fuera, ni la medicina, ni la cirugía, ni la oración podrían sanarle.

De la ciencia de hoy estamos obteniendo percepciones incitantes de la naturaleza interior del hombre íntegro. Estamos llegando a ver que la mente es más que un cerebro, que el corazón no puede latir si no hay vida para hacerlo latir, y que hay algo inmaterial que determina y dirige el proceso de renovación celular. En un filme titulado *The Development of the Chick*[2] (El desarrollo del polluelo), vemos el huevo en el proceso de incubación. Observamos el comienzo de una extraña pulsación en la yema. Es el latido del corazón *antes de que haya un corazón para latir*. Y entonces ante nuestra vista vemos como se forma el embrión y como el corazón toma forma y recoge el latido que ya había surgido antes.

Esto es una evidencia de que aun más significativo que el huevo físico es la fuerza inmaterial que es el diseño del cual el polluelo y el pollo en su totalidad se desarrolla.

Dr. Lewis Schreiber, eminente podiatra en el *Journal of the American Podiatry Association* dice:

> El cuerpo electrodinámico no está compuesto de ninguna substancia celular, sino que la substancia celular es atraída a él y cada célula cae en su lugar correcto con certera exactitud. El patrón es una entidad precisa que sufre muy poco cambio a través de la vida, mientras que las células que rellenan la forma física son transitorias y se reemplazan constantemente. Moldea y configura el organismo según un diseño específico predeterminado y el ADN no puede influenciar en alterar la forma, sino que tiene que seguir fielmente rastreando la trayectoria, recreando así constantemente el organismo.[3]

El ADN mencionado aquí, es el ácido ribonucleico del que tanto oímos hablar hoy. Es el catalizador milagroso de vida. Pero la vida no se explica en términos de ADN, al igual que la curación no se explica en términos de hemoglobina y glóbulos rojos de la sangre. Estas cosas son sólo el testimonio de una actividad —un "qué" y un "cómo" pero no un "por qué". El por qué sólo puede explicarse en términos de la acción unitiva de la ley divina.

Una cosa podemos entresacar de repetidas evidencias en el terreno de la investigación: existe una tendencia universal para que todo regrese a la normalidad cada vez que la condición de equilibrio ha sido alterada. ¿Por qué? De algún modo existe un cuerpo que no cambia aunque las mismísimas células sean lastimadas o destruidas. Pablo le llamó "el cuerpo del Señor". Jesús se refirió a ello como el "reino de los cielos dentro de ti", y algunos científicos pueden considerarlo como un "cuerpo de patrón electromagnético". El proceso de una fuerza no material dirigiendo la reconstrucción de la forma material es lo que se llama *vis medicatrix naturae* (el poder curativo de la naturaleza). Esto es una actividad espiritual, ya sea evocada por el medicamento o por la meditación.

La curación espiritual, por lo tanto, no está basada en una filosofía Pollyana de "No hay enfermedad, no hay dolor". Cualquiera que haya caminado por las salas de un hospital moderno, sabe muy bien que hay muchísima enfermedad en nuestro mundo, y que mucha de ella es terriblemente dolorosa. Es obvio que Jesús estaba muy consciente de la propagada incidencia de enfermedad y el sufrimiento de Su prójimo. Pero El no se detuvo ahí. Estaba consciente de algo más —de la integridad del individuo que literalmente trasciende el dolor físico. En otras palabras, El enseñó y demostró que el dolor y la enfermedad sólo son *parte* del cuadro del hombre en su totalidad. Son apariencias que se pueden cambiar si podemos juzgar con juicio recto.

Tú puedes estar viviendo en el sótano de tu casa, incómodo, frío, estrecho y entorpecido por la oscuridad. Pero todavía tienes toda la casa. Yo no diría que no tienes frío y que estás incómodo en tu sótano, pero podría decir que esa condición es cambiable, y que hay una casa abrigada, cómoda, bien alumbrada que puedes ocupar ahora mismo —si te sales del sótano.

Hay más de la vida que esta experiencia. Abre tus ojos y ve, abre tu mente y percibe. Date cuenta que en ti, en el Reino de los Cielos en tu interior, hay poder y vida y substancia suficiente para establecerte en vida abundante y en integridad. Como lo expresó un anuncio de televisión: "Salte de las sombras a la luz de nueva belleza". Deja de verte a ti mismo en parte. Salte de la oscuridad del pensar y vivir humanos a la luz de la integridad y a la plenitud de vida. "El pueblo que andaba en tinieblas vio una gran luz; los que moraban en tierra de sombra de muerte, luz resplandeció sobre ellos" (Is. 9:2).

> *Si quieres, puedes limpiarme . . . quiero, sé limpio* (Mt. 8:2, 3).

Esta fue la apelación de un leproso a Jesús y Su respuesta afirmativa (Mt. 8:2–4). Aquí atestigua Jesús la creencia de que la voluntad de Dios es siempre el bien. La voluntad de Dios es vida y salud porque Dios *es* Vida e Integridad. Dios no es, no podría ser, el autor de ningún tipo de enfermedad o aflicción. Si Dios fuese el autor de la enfermedad, entonces nadie, ni aun Jesús, hubiese podido sanar a los enfermos.

Un estudio de la evolución de las filosofías religiosas demuestra que lo que ha pasado por religión ha sido formulado de los pensamientos y temores prevalecientes del hombre. El hombre primitivo tuvo respeto por las fuerzas que no podía controlar. El relámpago que destruía su albergue, el río que ahogaba a su hermano, la enfermedad que destrozaba su cuerpo, todos parecían ser la obra de un dios colérico. Por lo tanto, la primera adoración fue una forma de sacrificio y apaciguamiento de los dioses. Cualquier experiencia penosa o desafortunada se consideraba como una acción directa de los dioses.

Estos conceptos primitivos fueron finalmente incorporados en las enseñanzas religiosas más sofisticadas. A pesar de que Jesús vino diciendo: "No es la voluntad de vuestro Padre que está en los cielos, que se pierda uno de estos pequeños" (Mt. 18:14), la idea de que la ira de Dios causaba enfermedad, se convirtió en parte de la base de la teología cristiana. Hoy, a la mayoría de los cristianos se les enseña la doctrina racionalista de que el infortunio de cualquier clase es la voluntad de Dios, y que debe aceptarse estoicamente.

Un famoso santuario de curación ha tenido muchas demostraciones notables de vida y de salud a través de la fe. Con todo, el siguiente comentario se incluye en un folleto bien intencionado que se entrega a los peregrinos que llegan con sus esperanzas en alto: "La mayoría de ustedes regresarán a casa sin ser curados precisamente porque su tarea es estar enfermos. Es un deber muy precioso que ha llegado a ustedes directo del cielo . . . No hay otro camino al cielo que no sea el sufrimiento".[4]

Si esto fuese realmente cierto —que es la voluntad de Dios que estés enfermo y que no hay otro camino al cielo que no sea a través del sufrimiento— entonces resultaría que cualquier clase de medida reparadora estaría en oposición a la voluntad de Dios; cuanto más enfermo estés, mejor. También indicaría que Jesús, quien se dedicó a sanar todo tipo de mal, tiene que haber sido el príncipe de los pecadores.

Sin embargo, la persona que acepta su enfermedad como venida a través de la voluntad de Dios, generalmente se dirigirá inmediatamente a la ciencia médica por ayuda, y su líder religioso por lo general le alentará para que así lo haga. Si el paciente sucumbe, el panegírico puede decir: "Los propósitos de Dios son inescrutables". Si se sana, el comentario podría ser: "¡Alabado sea Dios por Su poder hacedor de maravillas!" Si la enfermedad es la voluntad de Dios, ¿se tuerce esa voluntad con el escalpelo o el medicamento? El doctor no lo cree así. El comienza con la premisa de que hay una fuerza que está siempre presente para la renovación de las células del cuerpo, y coopera con esa fuerza.

El hombre tiene una capacidad inherente para la salud. Esta es la evidencia de la divinidad del hombre. Charles Fillmore dice: "Salud, la salud real, viene de adentro y no tiene que fabricarse en lo externo. Es la condición normal del hombre, una condición verdadera a la realidad de su ser".[5] Hay una divinidad en el hombre que es la íntegra y perfecta actividad de Dios. La voluntad de Dios es el incesante anhelo del creador trabajando para perfeccionarse a Sí mismo en aquello que El ha creado.

Cuando una oración es contestada, lo que sucede puede parecer casi milagroso. Sin embargo, cuando comprendemos el proceso, sabemos que el resultado es tan normal y natural como el crecimiento de una flor. ¿Es un milagro cuando abres una ventana y dejas entrar la luz? Un cuarto oscuro de momento se torna brillante y alegre. Es dramático, pero no es milagroso. ¿Es un milagro, entonces, que un cuerpo físico agobiado por la enfermedad y el dolor pueda, de pronto, liberarse del padecimiento y experimentar la plenitud de la vida? Aquí decimos: "¡Sí, desde luego que es un milagro"! Pero, ¿cuál es la diferencia?

En realidad, "crecimiento" es una buena descripción del proceso porque la vida está por siempre creciendo y desenvolviéndose. Perdemos nuestra perspectiva de la servidumbre al tiempo. Las cosas toman tiempo. Y si algo sucede instantáneamente, tiene que ser un milagro. Jesús indicó que para que cualquier cosa pueda desarrollarse, ante todo, tiene que estar implicada. Así pues, algo que puede ser, ya lo es. Mirando un campo de trigo recién segado, tú admitirías que con el tiempo, podría haber una cosecha de grano. ¿Pero puedes tú creer que el grano ya está involucrado en la semilla? Recuerda que Jesús dijo: "¿No decís vosotros: 'Aún faltan cuatro meses para que llegue la siega'? Yo os digo: Alzad vuestros ojos y mirad los campos, porque ya están blancos para la siega" (Jn. 4:35).

Tú no puedes comprender un concepto de esa índole desde una conciencia tridimensional. Pero recuerda, no eres un ser tridimensional. A menos que puedas intuir lo que Jesús tenía en mente, ciertamente que no puedes comprender de que se trata la vida. "El Espíritu es el que da vida; la carne para nada aprovecha" (Jn. 6:63).

Si yo me corto un dedo, la curación empieza inmediatamente. ¿Y qué es esta curación? Es la evolución de aquello que ya está implicado. El dedo puede sanarse porque yo ya soy sano. Hay aquello en mí que es incambiable y perfecto. Es el Cristo en mí, la divinidad en mí. Esta divinidad mía incluye un dedo perfecto, perfecto aun a pesar del corte en él. Ahora, en el cuerpo tridimensional humano, comienza el proceso de la renovación celular, y la herida se sana en cuestión de dos o tres días. Pero la herida se sana de acuerdo a una fuerza o patrón no material. ¿Cómo saben las células que deben reproducirse a sí mismas en forma tal que restauren el dedo como era? Simplemente, no pueden evitarlo. Hay una fuerza directiva de vida que construye "de acuerdo al patrón revelado en la montaña". Ya sea que la herida se sane en tres días o en un instante, las mismas fuerzas están implicadas. Y esa fuerza sanadora es la voluntad de Dios —que manifiesta siempre lo bueno, incesantemente activo para establecer la integridad.

*¿Quieres ser sano?* (Jn. 5:6)

Sabiamente, Jesús insiste en el deseo del hombre. Había un hombre que hacía treinta y ocho años que estaba cojo. Jesús se le acercó en el estanque de Betesda. Le hizo una pregunta sorprendente: "¿Quieres tú en realidad ser sanado?" Jesús era un psicólogo consumado. El sabía que "uno de los menores placeres de la vida es estar delicadamente enfermo". El hombre no siempre tiene el valor de encararse a los retos de la vida. Se escapa en muchas direcciones, una de las cuales puede ser la enfermedad. Puede pensar que quiere ser sanado, y hacer todo lo que sabe, agotar todas las posibilidades a su alcance y gastar mucho dinero en el proceso y todavía no encontrar la verdadera ayuda —porque subconscientemente él está encontrando seguridad en su dolencia.

Dr. Leslie Weatherhead, ministro inglés, psicólogo y erudito, en su libro *Psychology, Religion and Healing* (Psicología, religión y curación) comenta sobre esta pregunta extraña de Jesús:

"La enfermedad es a veces —aunque inconscientemente— un mecanismo de escape. Es increíble que por treinta y ocho años el paciente fuera incapaz de meterse en las aguas agitadas si hubiese querido probar este tratamiento seriamente . . . Es posible que el paciente encontrara que era más interesante y más provechoso permanecer ante el foco de la publicidad recibiendo conmiseración y limosnas, y mantener su enfermedad por esas razones, que ser curado y por lo tanto falto de todo interés y obligado a ganarse la vida o morirse de hambre."[6]

El Dr. Hutschnecker, en su libro, *The Will to Live*[7](El deseo de vivir), indica que la enfermedad a menudo procede de un deseo de estar enfermo, y que la salud tiene que ser precedida por el deseo de estar bien, el deseo de vivir, el deseo de vencer. El dice que la enfermedad a menudo es un esfuerzo inconsciente por escapar de la vida.

Así pues, Jesús está diciendo al cojo: "¿Quieres ser sanado tanto como para vencer tus sentimientos de auto-compasión, para rechazar ese hábito bien establecido de vivir en la desesperanza y la melancolía, para estar satisfecho con vivir sin la atención, la ayuda y compasión de otros? ¿Estás dispuesto a asumir el mando de las fuerzas en ti y de emitir la orden ejecutiva?"

La fuerza de voluntad es casi increíblemente efectiva en combatir los males físicos. La simple declaración "Yo estaré bien" recoge las fuerzas de la mente y el cuerpo alrededor de la idea central de integridad. Es dudoso que alguien jamás haya muerto antes de entregar su voluntad de vivir. Cuando sus médicos le dijeron que tendría que morir porque ya ellos nada podían hacer a su favor, un hombre protestó: "¿Y dejar una familia con niños indefensos? ¡Jamás! ¡Yo no moriré! ¡Yo viviré!" Y recobró su salud y vivió infinidad de años más.

Necesitamos trabajar diligentemente en nuestro tiempo de oración para rechazar cualquier tendencia a aceptar y a asirnos de algo que sea menos de aquello que es el todo. "Padre, que Tu perfecta voluntad se haga en y a través de mi voluntad. Yo acepto Tu actividad sanadora. Deseo hacer Tu voluntad. Yo deseo curación porque sé que cualquier cosa menos que la salud y el deseo de curación es un rechazo de Tu presencia como Vida en mí.

Recuerda, este deseo de curación no tiene absolutamente nada que ver con influenciar a Dios con el hecho de que eres merecedor, o de instarle a que acuda en tu ayuda. Dios no puede hacer otra cosa que no sea el ayudarte, porque tú eres la mismísima autovivencia de Dios. Si te vuelves como el hijo pródigo; si "despiertas y recuerdas", si anhelas la curación de todo corazón; si la aceptas y estás en la disposición de liberar todo lo que sea menos que la integridad de la mente y el cuerpo —entonces, tú, muy ciertamente puedes ser (y serás) sanado.

*Tu fe te ha salvado.*

De camino a la casa de Jairo, una mujer que había sufrido de flujo de sangre desde hacía doce años, movida por su gran fe, se abrió paso a través de la multitud que seguía a Jesús y tocó el borde de Su manto. Fue curada al instante. Jesús se volvió y viendo lo que había sucedido, le dijo: "Tu fe te ha salvado" (Mt. 9:20–22).

Fe es la llave a la cuarta dimensión de la vida, el puente al mundo del hombre íntegro. Fe es la percepción por la cual podemos ver integridad donde parece haber enfermedad. Es la convicción de que donde aparece escasez, hay abundancia, donde aparece dolor, hay alivio, en el caos está la armonía. En la enfermedad está la integridad. La fe acepta la integridad. ¿Tienes fe? Puedes contestar por ti mismo. La fe no es simplemente el deseo de estar íntegro. No es precisamente la esperanza de que de algún modo, si las condiciones son las correctas, Dios te sanará. Fe es la percepción de integridad, el sentimiento intuitivo de ser íntegro aun en medio de la enfermedad. Recuerda que Jesús dijo: "Ora creyendo que has recibido, y recibirás".

Es por eso que el investigador pasa tantas horas en el laboratorio —porque nunca se desanima no importa con cuantos errores o fracasos se tropiece. Cree desde el mismo comienzo que aquello que trata de obtener es obtenible. El tiempo no le preocupa. Hace inversiones gustosamente. El cree en lo que está haciendo y que un logro máximo es posible e inevitable.

Fe es la visión que ve el espíritu, la mano que se aferra al Espíritu, y el poder receptivo que se apropia del Espíritu. Abre tus ojos y a través de la fe verás más allá de la apariencia y aceptarás y reclamarás tu integridad.

*Extiende tu mano.*

Esta fue la palabra de curación dicha al hombre con la mano seca (Mt. 12:9–14). Yo agradezco que esto fuera incluido en el Evangelio de curación de Jesús. Implica que siempre hay algo que nosotros debemos hacer. A menudo, la razón por la que no somos sanados, no obstante nuestra gran fe, es porque nos sentamos a esperar un milagro.

"Ciertamente espíritu hay en el hombre, y el soplo del Omnipotente le hace que entienda" (Job 32:8). Ahora mismo, no importa que el problema sea de mente, cuerpo o asuntos, hay un espíritu en ti, el Espíritu de Dios, la integridad de Dios está en ti. Y la inspiración del Todopoderoso está murmurando en tu oído interno la comprensión que necesitas para dar el próximo paso lógico.

Muchas veces el "pecado" que ha motivado la separación está en el uso poco sabio de nuestros cuerpos. Podemos estar comiendo los alimentos indebidos, o comiendo excesivamente. Podemos necesitar ejercicio, sol o aire fresco. Quizás nuestra respiración no sea buena, o nuestra postura o toda nuestra forma de vivir. Hay un soplo o inspiración de Dios en ti que te dará comprensión. Pero tienes que esperar recibirlo. Y tienes que estar dispuesto a "dar el paso". Tienes que esperar ser guiado.

Una vieja leyenda judía expresa claramente el pensamiento de que la fe no puede ser pasiva sino que tiene que ser la expresión de una genuina actividad interna. Cuando Moisés tiró la vara al Mar Rojo, el mar, muy al contrario del milagro esperado, no se abrió para ofrecer un pasaje seco a los judíos. No fue hasta que el último hombre hubo entrado al mar que sucedió el milagro prometido y las olas retrocedieron.

Tu milagro de curación puede llegar. Pero debes estar seguro de que no estás esperando que las aguas se dividan. Ahora mismo, tú eres un ser espiritual. Adéntrate en la corriente y conócela. Actúa como si ya fueses íntegro. Y sé humildemente receptivo y sensible a la guía interior que seguramente te llegará. "Extiende tu mano."

## Capítulo catorce

# El milagro de la abundancia

*Pedid, y se os dará; buscad, y hallaréis; llamad, y se os abrirá, porque todo aquel que pide, recibe; y el que busca, halla; y al que llama, se le abrirá.*

—Mt. 7:7, 8

E STA ES UNA GRAN Verdad mística. El Universo en que vivimos es extraña y maravillosamente servicial. Porque todos somos una individualización singular del Infinito, porque todos somos parte de este Universo servicial, pedir equivale a recibir, buscar es en realidad encontrar, y tocar es abrir la puerta. La verdadera oración no se dirige hacia Dios "allá fuera" en algún lugar distante en el Universo. Tú simplemente te aquietas y reconoces tu unidad con el todo.

En la religión *acerca* de Jesús, ha evolucionado el concepto de que ser pobre es un deber cristiano y que la pobreza es una virtud. Esto ha sido un corolario del concepto de que la riqueza y las posesiones son, de algún modo, la evidencia de pecado y corrupción.

Esto no fue lo que Jesús enseñó en modo alguno. El trata no con la gracia de la escasez o la pobreza, sino con la gracia de la abundancia. Estudia Sus enseñanzas y llegarás a la conclusión de que El no está diciendo: "Es un pecado ser rico".

Por el contrario, El da a entender firmemente que es un pecado el ser pobre. El indica que si estás experimentando escasez, no te estás aceptando a ti mismo en la totalidad de tu propia relación singular con el Infinito. El pecado es "no conocer tu propia divinidad".

Jesús enseñó que Dios es nuestro recurso y que El ha provisto todas las cosas para Sus hijos. El insistió en que siempre hay abundancia para afrontar toda necesidad —y El lo demostró. Al hacerlo así, El no estaba haciendo magia ni evidenciando designio divino especial. Estaba probando la Divinidad del Hombre, enseñándonos lo que el hombre puede hacer cuando reconoce su unidad con el todo.

Los Evangelios de Jesús contienen algunos asombrosos y casi increíbles testimonios del milagro de abundancia. Hubo la milagrosa demostración para alimentar a cinco mil seguidores hambrientos. Hubo una tremenda carga de peces que resultó después de que Jesús pidiera a Sus discípulos que tiraran sus redes por el lado derecho del bote. Hasta hubo una moneda de oro en la boca de un pez para pagar contribuciones.

Es fácil perderse en argumentaciones sobre los detalles. ¿Cómo pudo El alimentar los cinco mil con el almuerzo de un muchacho? ¿Cómo les fue posible a los discípulos atraer una pesca tan grande después de haber estado toda la noche sin atrapar nada? ¿Y quién ha oído jamás eso de conseguir dinero de la boca de un pez? Para usar una metáfora de Jesús mismo: no "coláis el mosquito y tragáis el camello" (Mt. 23:24).

La alimentación de los cinco mil es usualmente considerado como uno de los grandes "milagros" de la Biblia. ¿Pero qué es un milagro? En este Universo de orden que es regido por leyes inmutables, es inconcebible que la ley natural pueda ser abrogada. Usamos la palabra "sobrenatural", ¿pero qué queremos decir con ella? Lo sobrenatural de hoy se convierte en lo natural de mañana. Hoy, cuando ocurre un eclipse solar, todos los medios de comunicación cubren la noticia. Hay muy poca razón para que cualquiera que tenga ojos para ver u oídos para oír permanezca ignorante a la explicación científica de un eclipse. Pero, hasta una época comparativamente reciente, un eclipse era un fenómeno sobrenatural para llenar de miedo los corazones de personas ignorantes.

No existe lo sobrenatural; sólo existe lo gran natural de Dios. No hay milagro, sólo hay la siempre presente posibilidad de asirse de la ley divina en niveles más y más altos. En cierto modo, es muy extraño que nosotros encontremos difícil el pensar en términos de una substancia invisible que es capaz de manifestarse en forma y figura para llenar una necesidad particular. Considera por un momento cuando la lluvia empieza a caer. El aire se llena de gotas de agua que en la ciudad inunda los patios y fluye a torrentes por las cunetas. ¿Dónde estaba toda esa agua minutos antes de llover? Estaba presente en la atmósfera todo el tiempo en la forma de humedad sin precipitarse. Ante nuestros propios ojos, lo invisible se tornó visible. ¿Un milagro? No, un fenómeno perfectamente natural con una explicación que la mayoría de nosotros ya ha aceptado sin dudar.

La lección importante en las historias de los milagros de la Biblia es que vivimos en un Universo que es opulento, iluminado y servicial. Manifestará para nosotros exactamente aquello que tengamos la conciencia de abarcar. Hay legítima, regia abundancia para cada alma viviente. Vivimos y nos movemos y tenemos nuestro ser en ella. Desde luego, en este momento puede ser substancia espiritual, no material. Es un potencial de energía que requiere precipitación mental y material.

Sin embargo, el milagro de la abundancia no estriba en la multiplicación de los panes, ni en llenar una vasija en particular de aceite, ni en sacar una carga gigantesca de peces. El milagro estriba en la toda suficiencia y la eterna disponibilidad de la substancia Infinita. Esta fue la gran idea de Jesús: que el Reino de los Cielos sea un opulento reino de substancia, de ideas creativas. Y la provisión para suplir nuestras demandas está justo *donde estamos —y es lo que necesitamos.*

En la historia de la alimentación milagrosa, Jesús dijo a la gente que se sentaran y entonces "levantó su vista al cielo y dio gracias". Inmediatamente podemos encontrarnos "colando el mosquito" porque regresamos al antiguo concepto de que el cielo está en algún lugar "allá afuera". Parecería que Jesús estaba mirando hacia arriba y diciendo: "Dios, tú tienes abundancia allá arriba. Necesitamos alguna acá abajo". Pero en ninguna forma es esto lo que se indica. El miró lejos de la apariencia de escasez y vacío, fuera del sentimiento humano que "tú no tienes forma de alimentar todas esas personas con el almuerzo de un muchacho". Cerró Sus ojos a la escasez y abrió Sus ojos espirituales a la abundancia.

No hay ausencia de Dios en el Universo, y no hay escasez en Dios. La única escasez en la vida es el pensamiento de escasez. Tú siempre eres tan rico como crees que eres, y la única pobreza es la del espíritu. Tú puedes tener una cartera vacía, y sin embargo sentirte rico porque en algún lugar de un banco hay una serie de marcas en un papel que indican que tienes abundancia. El banco quizás no tenga el dinero. Ese dinero puede estar afuera en algún otro lugar, escrito en otros pedazos de papel. Pero tú te sientes rico aunque no tengas evidencia tangible de riquezas en el momento. Por otra parte, puedes tener un bolsillo lleno de símbolos de substancia y aún sentirte temeroso y preocupado por las fluctuaciones de la bolsa de valores o por la seguridad de tu empleo. Por lo tanto, eres realmente pobre.

A Jesús se le describe a menudo como pobre, sin un lugar para poner Su cabeza. Pero El era bienvenido a través de Palestina, tanto en las casas de los ricos como en las de los pobres. Se vestía como rabino, y Su ropa era tan fina que los soldados ante la cruz echaron suertes sobre Su túnica sin costura. El podía salir sin dinero y sin cartera porque transcendía del dinero a la idea que éste representa y trataba con la substancia en el reino de las ideas. Había descubierto la llave para liberar el tremendo potencial de poder dentro de El. Encontraba natural lo sobrenatural.

No perdamos de vista la gran idea que Jesús está desarrollando —que el hombre es una parte integral de un opulento Universo. Todo lo que tenemos que hacer es "pedir" con fe, creyendo que vamos a recibir, y recibiremos. Porque pedir es recibir. En el mismo momento en que hacemos nuestro reclamo en la Mente Infinita, todo aquello que abarcamos es nuestro, unido a la habilidad creativa para configurarlo en la forma de nuestras necesidades materiales.

No debemos titubear en pedir extensamente. Dios puede dar mucho con la misma facilidad que da poco. Las leyes de la matemática no hacen más esfuerzo para sumar dos millones más dos millones y obtener cuatro millones, que para sumar dos más dos y obtener cuatro. En este mismo instante, si cada hombre, mujer y niño en el mundo tomara papel y lápiz y escribiera el problema, dos más dos es igual a cuatro, no habría ninguna presión sobre el principio, sencillamente porque es principio.

No existe más substancia en un millón de dólares que en un centavo, porque no hay cantidad en el espíritu. ¿Qué es un millón de dólares? Para contestar eso tenemos que recurrir a la cantidad. Son seis ceros detrás de un uno, o grandes cantidades de billetes, o el dinero para comprar varios graneros llenos de trigo. Aún no hemos definido un millón de dólares. Es substancia que ha sido formada y configurada en una cantidad; pero la cantidad está en nuestra mente. Nosotros la formamos, nosotros la configuramos, nosotros la llamamos un millón de dólares. De igual modo la pudimos haber llamado un centavo. Y pudimos haber llamado al centavo un millón de dólares. Cada uno es una evidencia de substancia. El hombre forma y configura la substancia de acuerdo a su necesidad, de acuerdo a su fe. Y quizás eso sea lo que es la fe: el poder perceptivo de la mente y la habilidad de formar y configurar la substancia.

Mirándolo de este modo, el milagro empieza a ser más creíble. Aquí viene un muchacho con cinco panes y dos peces. Ello representa una formación de substancia. No hay suficiente comida en su alforja para alimentar a cinco mil personas, pero hay bastante substancia ahí porque no hay cantidad en la substancia. Si tu piensas del almuerzo en términos de la cristalización de substancia como panes y peces, no hay suficiente. Piensa en ello como una evidencia o punto focal de ilimitada substancia de espíritu, y así hay abundancia.

El almuerzo del muchacho, entonces, pudo haber sido un símbolo de escasez o de abundancia, dependiendo de la actitud asumida por Jesús ". . . y tomando los cinco panes y los dos peces, y levantando los ojos al cielo, bendijo, y partió y dio los panes a los discípulos, y los discípulos a la multitud. Y comieron todos, y se saciaron . . ." (Mt. 14:19, 20). En otras palabras, El miró fuera de la apariencia de escasez y dio gracias por abundancia. El bendijo lo que tenía, porque ello era substancia. El poder de bendición no está reservado a lugares sagrados o a personas especialmente ordenadas. Es una acción de tremendas posibilidades que debe ser desarrollada por todos. Bendecir es una actitud de mente en la cual uno puede ver el árbol de roble dentro de la bellota, y el hombre de Dios dentro del recién nacido. Tal actitud se ase de aquello a lo que se le aplica en el nivel más alto posible.

Charles Fillmore dice:

Dios es la fuente de una poderosa corriente de substancia, y tú eres un tributario de esa corriente, un canal de expresión. Cuando bendecimos la substancia aumentamos su flujo. Si tu provisión de dinero es baja o tu cartera aparenta estar vacía, tómala en tus manos y bendícela. Visualízala llena de la substancia viviente, lista para manifestarse. A medida que prepares tus alimentos bendice la comida con el pensamiento puesto en substancia espiritual. Cuando te vistas, bendice tus vestiduras y reconoce que estás siendo vestido constantemente con la substancia de Dios . . . Mientras más consciente llegues a estar de la presencia de la substancia viviente, en mayor grado se manifestará para ti y más rico será el bien común para todos . . . Identifícate con la substancia . . . y muy pronto comenzarás a regocijarte en la abundancia de Dios, siempre presente.[1]

Cualquier cosa que tengas, por inadecuada que parezca, bendícela. Aun si no tienes dinero y no tienes alimentos, bendice tus manos, tu mente, tus destrezas, tus amigos, el aire que respiras, el sol que te alumbra. Bendícelo todo, y tu vida será bendecida con riquezas hasta ahora insospechadas por ti.

Cuando Jesús bendijo los cinco panes y los dos peces, El sometió esta evidencia de substancia a un rayo tan penetrante como ninguno conocido por el hombre. Los símbolos de panes y peces estaban todavía intactos, pero ellos fueron espiritualmente expandidos mucho más allá del tamaño indicado por su valor intrínseco.

Se nos dice que Jesús "partió el pan". Esto es una clave sutil pero muy importante del milagro de abundancia. Partir el pan es desviar la atención completamente del símbolo y centrarla en la substancia detrás del símbolo. Este es el descubrimiento que ata el hecho de la necesidad humana con la verdad de que la provisión es suficiente en todo. A pesar de que los cinco panes y los dos peces representaban materialmente un almuerzo adecuado para un jovencito, no llegarían muy lejos en satisfacer las necesidades de más de cinco mil personas hambrientas. Mientras permanecieran intactos, la mente incrédula siempre podía decir: "Mejor es afrontar los hechos. No hay suficiente para todos". Jesús los partió en pedazos pequeños. De ese modo, en la mente, la substancia fue quebrada en sus invisibles componentes atómicos. Así, luego de "partida", la escasa provisión ya no era simplemente panes y peces —era una substancia suficiente en todo.

¿Qué es el pan? ¿De dónde proviene? Sabemos que el hombre forma el pan del trigo del campo y que el trigo ha espigado de una pequeña semilla a través del milagro del crecimiento. ¿Quién puede comprender los procesos místicos de la naturaleza por medio de los cuales una pequeña semilla puede obtener del Universo todo lo que necesita para realizarse a sí misma durante su crecimiento? Jesús comentó sobre esta misma cosa: "Y si la hierba del campo, que hoy es y mañana se echa en el horno, Dios la viste así, ¿no hará mucho más por vosotros, hombres de poca fe"? (Mt. 6:30).

¿Qué es la escasez? ¿No es simplemente una ausencia de fe en el milagro de la abundancia? Aun donde alguien tenga una cartera vacía, los árboles todavía están extrayendo la substancia del aire y la tierra, la hierba está verde y los pájaros están vestidos. Realmente, tú no puedes permanecer varado en un Universo que es tan servicial. Es de esto que Jesús estaba hablando.

En otras palabras, escasez es un estado de conciencia en el hombre. La cartera vacía puede significar pobreza para el hombre, pero eso es sólo porque él ha perdido la visión de la substancia universal que respalda un símbolo externo. Si Dios es, entonces la substancia es, ya sea que la veamos o no. Uno más uno es igual a dos —aun cuando no usemos los números para expresar el hecho. Algunas personas pueden resolver mentalmente problemas sencillos de aritmética. No necesitan papel, lápiz ni máquina de sumar. Jesús salía sin dinero ni cartera porque El tenía "una comida que comer, que vosotros no sabéis" (Jn. 4:32). El miró a los cielos; retiró Su vista de la aparente ausencia del símbolo y la colocó en la subyacente substancia, el recurso, la esencia universal. El recurrió al principio.

Hemos sido condicionados a pensar en términos de formas y figuras, de dólares y centavos. En una de las narraciones de este incidente, Felipe, el discípulo, dijo que se requerían doscientos denarios para comprar pan para la multitud. Una evaluación práctica, ¡pero también autorrestrictiva! Una evaluación de esa índole siempre levanta la barrera del dinero, del tiempo y de los medios para traer las provisiones del proveedor al consumidor.

Pablo señala hacia un fundamento en la ley divina cuando dice: "Mi Dios, pues, suplirá todo lo que os falta conforme a sus riquezas . . ." (Fil. 4:19). ¡Pero Dios no puede proveer escasez! Escasez no es una condición, sino una actitud de mente. Una cartera vacía es sólo una necesidad a ser satisfecha. Pero el miedo a un bolsillo vacío o la preocupación sobre ello, indica el pensamiento de escasez. / La escasez es, en realidad, una apariencia/ Es la aceptación de la apariencia como si fuese verdadera. La escasez equivale a que yo diga que porque no tengo un lápiz para escribir "dos más dos son cuatro", no puedo sumar los números. Pero el principio, no obstante, es verdadero. Dios es substancia, y la substancia es omnipresente aunque el hombre no provea la conciencia a través de la cual pueda manifestarse.

Un hombre rico puede dormirse y soñar que es pobre. En el sueño tiene todas las experiencias y los sentimientos de pobreza; aun así, es sólo un sueño. Finalmente, se despierta y es rico de nuevo. El único logro envuelto en esta experiencia atemorizante es el despertar. En un sentido muy real, la necesidad del hombre ante la aparente escasez, es despertar y darse cuenta de que siempre está en el opulento mar de substancia. "Despiértate, tú que duermes . . . y te alumbrará Cristo" (Ef. 5:14).

"El reino de los cielos se ha acercado" (Mt. 3:2). Tu milagro de abundancia está listo para ti. Despierta de la apariencia de escasez. Levanta tus ojos. Deja de ver carteras vacías, cuentas sin pagar, desempleo, o falta de oportunidades. Mira lejos de todo eso y ten presente que tú estás viviendo y estás vivo en un opulento mar de substancia. Hay provisión para ti, ahora mismo, si la puedes aceptar.

Cuando hablamos del "milagro" de abundancia, no estamos implicando que la demostración de tu bien tiene que llegarte de algún modo excepcional. Nada de eso. El milagro está en el principio, no en el modo mágico de expresión. El milagro de la grúa electromagnética es el secreto de la electricidad y del espiral magnético. Cuando conoces el secreto, lo sobrenatural se convierte en natural y lo milagroso en un lugar común.

El milagro estriba en la disponibilidad de la substancia y no en la forma en que se manifiesta. Cuando Jesús fue confrontado con la necesidad de pagar el tributo del templo, El simplemente le dijo a Pedro que se fuera a pescar y que encontraría una moneda de oro en la boca de un pez (Mt. 17:27). Pedro así lo hizo, y encontró la moneda y pagó el impuesto. Es una pena que esta historia se haya relatado tan literalmente, ya que aumenta "la incredulidad". En realidad, cuando conocemos la expresión, no hay nada extraño en esta historia en absoluto. La cosa más natural es que Pedro, un pescador, se fuera a pescar, vender el pez y pagar el tributo con lo obtenido. Esto es exactamente lo que, idiomáticamente, dice la historia.

En el Oeste norteamericano, los ganaderos hablan de que una res vale "cuarenta dólares la pezuña". En el Oriente, ellos dicen de un buey que "tiene veinte monedas de oro en su cuerno". Y en el Medio Oriente encontramos esta expresión entre los pescadores: "El pez tenía una moneda de oro en su boca". En cada uno de los casos, esas son frases idiomáticas que se refieren al precio final a ganarse en el mercado con la venta del producto.

Jesús está enseñando la lección de que cuando tú tienes una necesidad, la contestación está ahí mismo donde tú estás. El milagro puede que no esté en la forma de la manifestación, sino en la eterna disponibilidad de ideas, de guía interna, de que todas las cosas estén trabajando juntas para el bien. Tú puedes ser guiado a ir de pesca, o a conseguir un empleo, o a "partir" los panes y los peces. Pero hay abundancia para ti —si la aceptas.

Nos puede extrañar el que algunas personas sufran tantas penurias mientras que para otras, todo se convierte en oro. La racionalización de la confusa religión acerca de Jesús es que los pobres serán recompensados en algún futuro cielo. Jesús lo pone muy sencillamente: "Pues a cualquiera que tiene, se le dará y tendrá más; pero al que no tiene, aun lo que tiene le será quitado" (Mt. 13:12). Esto no es tan difícil de comprender como parece a primera vista. El está diciendo: "Sostén tu vasija bajo la llave de la abundancia. La vasija vacía se llena hasta desbordarse. Si sostienes la vasija al revés, no sólo no se llenará, sino que lo que hubiese en ella se vaciará también".

En este Universo maravillosamente servicial, si tienes la

conciencia de abundancia —si te sientes rico— reclamarás riquezas y aceptarás abundancia y tu vasija se llenará. Sin embargo, si sientes que se discrimina contra ti —que no hay oportunidades asequibles, que nadie te quiere, que eres pobre y poca cosa— tu vasija está invertida. Toda la riqueza del Universo no puede ayudarte, y perderás continuamente lo que parecías haber ganado en algún momento. Hay que comprender esta Verdad —por mucho que resistamos el pensamiento— "los ricos se hacen más ricos y los pobres más pobres". Nos gustaría cambiar este principio, pero es ley universal. Puede que no te gusten todas las implicaciones de la gravedad, pero no puedes cambiarla. Sólo tienes que tener mucho cuidado de no caer de sitios altos.

En mi experiencia de asesoramiento espiritual, veo que esta ley actúa de muchas maneras extrañas y aun dolorosas. Dos hombres vinieron para consultarme sobre su necesidad de obtener empleo. Uno había sido un ejecutivo. Normalmente, había estado en el nivel de sueldo de unos $20.000 anuales. El otro había tenido varios tipos de empleos, pero sólo promediaba como $5.000 al año. Hablamos con detenimiento sobre la ley de abundancia. Consideramos todas las ramificaciones del principio de prosperidad. Oramos por prosperidad, por guía, por un lugar de empleo correcto y perfecto. Usamos el mismo tratamiento, la misma afirmación en cada uno de los dos casos. Pasados varios días, los dos hombres me llamaron de nuevo para decirme que la oración ya había sido contestada. Ambos estaban empleados nuevamente. ¡Maravilloso! Es siempre una bendición poder ser testigo de la oración contestada.

Ahora bien, ¿qué tipo de trabajo consiguió cada uno de los hombres? El hombre que normalmente estaba en la categoría de los $20.000, volvió nuevamente a recibir un salario en ese nivel. El hombre que promediaba $5.000 anuales, volvió a encontrar un empleo con paga similar. ¿Por qué no recibieron ambos un ingreso similar? Ambos oraron del mismo modo, usaron las mismas técnicas de oración, los mismos tratamientos de afirmación. Ambos recibieron de mí idénticas instrucciones y guías. ¿Por qué una disparidad tan señalada en los resultados financieros?

La contestación es realmente muy simple, aunque no sea fácil de aceptar. *Dios sólo puede hacer por ti aquello que pueda hacer a través de ti.* El milagro de abundancia trabaja a través de tu conciencia, de acuerdo con tu experiencia, tus actitudes, tu autoevaluación. Si un químico ora por guía, recibe ideas sobre química. Si un físico ora por guía, le llegan ideas acerca de física. Si un pobre ora por prosperidad, la contestación puede llegar en alguna forma de "limosna". Si el hombre rico ora por prosperidad, la contestación puede ser una suerte inesperada de un millón de dólares en la bolsa de valores. La contestación siempre te llega en el recordatorio divino: "Hijo, tú siempre estás conmigo, y todas mis cosas son tuyas". Pero el grado, forma o estilo de la manifestación depende tu fe, tu visión, tu habilidad para aceptar la opulencia del Universo.

La ley es "A vuestro Padre le ha placido daros el Reino" (Lc. 12:32). Dios es toda suficiencia; tu instantánea, constante y abundante provisión. Pero experimentarás sólo aquello que puedes albergar en tu conciencia. Así pues, cualquier limitación tiene que ser una del pensamiento, de la fe que forma la substancia. La luz que entra a través de una ventana siempre asumirá la forma y el color de la abertura por la cual entra. La riqueza del universo será tuya al grado que tú puedas "verla" y verte a ti mismo usándola.

El intelecto del hombre, la parte escéptica de tu naturaleza y la mía, se atraviesa en nuestro camino. Decimos: "Después de todo, hay que ser práctico. Si cinco mil personas están sentadas en la ladera de una colina en el campo y todo lo que hay a mano para alimentarlas es cinco panes y dos peces, esas personas sencillamente no van a ser alimentadas". *Pero ellas fueron alimentadas.* Cuando Alexander Graham Bell lo tenía todo dispuesto para sus demostraciones del teléfono había muchos escépticos que se burlaban y decían: "Cuando hay alguien a cien millas de distancia, conectado sólo con un pequeño alambre, puedes hablar todo lo que se te antoje en esa cajita negra, simplemente no te oirá". Pero se oyó. Y millones de veces al día se oye de igual modo alrededor de todo el mundo en los sofisticados teléfonos que se han desarrollado de aquel sencillo prototipo.

De nuevo diremos, no hay que perderse en la mecánica del asunto. El milagro es la abundancia de Dios en términos de ideas, en términos de maneras donde no parece haber alguna. No importa cómo es que las multitudes fueron alimentadas. Todo lo que cuenta es que la provisión se hizo manifiesta cuando se necesitaba, donde fue necesitada, y en las cantidades en que era necesaria.

En cierta ocasión le oí decir a una mujer que ella podía imaginarse un larguísimo pescado bajando del cielo y del cual Jesús podía rebanar pedazo tras pedazo para las multitudes. Un hombre decía que se le hacía difícil imaginarse cuan alta sería la estiba de panes necesaria para alimentar los allí reunidos. Algunas personas encuentran una explicación en la conjetura de que había muchos almuerzos escondidos en el ropaje de esa multitud, y que las mujeres con seguridad andaban con alimento para los niños. El Dr. George Lamsa sugiere que el verdadero milagro fue la llegada justo a tiempo de una caravana de camellos cargada con alimentos enviados por un atento comerciante del pueblo más cercano. El presenta la pregunta: "Se dice que sobraron doce canastas llenas de alimento. ¿De dónde vinieron esas canastas"?

Lo único que en realidad importa es que las personas fueron alimentadas. Y el milagro de abundancia no estriba en el modo de manifestarse la substancia, sino más bien en la eterna disponibilidad de la substancia en general.

La conjetura del Dr. Lamsa parece tener un paralelo moderno en la historia que se hace acerca de George Mueller, afamado director del asombroso orfelinato en Bristol, Inglaterra. Se cuenta de que esta gran institución funcionó por años sin ninguna campaña para recaudar fondos. El dinero siempre llegaba en el momento necesario, sin solicitarse.

Una de las muchas historias acerca de George Mueller viene a propósito de la manera en que fueron alimentadas las multitudes en la historia del Evangelio. Un asistente se acercó a George Mueller una hora antes de la comida, diciendo: "No hay pan para la comida". El señor Mueller le contestó: "No temas, habrá pan". Media hora más tarde el ayudante regresó diciendo: "Pero señor Mueller, aún no hay pan para la comida. Ya es tiempo de que se preparen". De nuevo la contestación: "Habrá pan. Que los niños se preparen como acostumbran hacerlo". Los niños desfilaron hasta el comedor, se pararon detrás de sus sillas y el ayudante, desesperado ya, clamó: "Señor Mueller, ¿qué haremos? No hay pan". Calmadamente, el director insistió, "Habrá pan. Que bendigan la comida". Casi al instante en que los niños corearan su "Amén" a la oración, se oyó el ruido de los camiones llegando al edificio —cargados de pan. Sucedió que un comerciante en Bristol, ya comenzando el fin de semana, se encontró con un considerable exceso de panes. Hacía justo como una hora, había tenido la "inspiración" de llevarlos al orfelinato para alimentar a los muchachos de Mueller. "El Milagro de la Abundancia." ¿Hubiese sido más milagroso si algunos panes se hubieran multiplicado en las mesas?

Hay una secuela interesante de esta historia del orfelinato. George Mueller llamó al ayudante a su oficina y le informó que estaba despedido. Le dijo: "Yo no puedo darme el lujo de tener un empleado que se atreve a dudar de Dios tres veces en una hora".

Hoy damos por sentadas muchas cosas que han surgido del milagro de la abundancia. La electricidad que alumbra, cocina y calienta nuestros hogares estaba ahí desde muchísimo antes que el hombre aprendiera a aceptarla. Muchos de nosotros recordamos cuando las mujeres se tenían que pintar las piernas debido a la escasez de medias de seda durante la guerra. Tuvieron que hacerlo así hasta que nos dimos cuenta del milagro de abundancia en la forma del material sintético, nilón, que probó ser superior a la seda en todos los aspectos. Al no haber seda, ¿cómo sería posible proveer medias para setenta y cinco millones de mujeres? El milagro aquí fue que no sólo encontramos el modo de hacer las medias, sino que al hacerlo, abrimos todo un nuevo mundo de fibras sintéticas que ha cambiado nuestra forma de vida.

Las necesidades básicas del hombre en el mundo de hoy, son más o menos las mismas que tuvo hace dos mil años: comida y agua. Hay multitudes hambrientas en áreas superpobladas como la India y China. Existe gran preocupación acerca de la explosión demográfica y la capacidad del terreno para producir los alimentos. Y sin embargo, se nos dice que en el océano tenemos toda la comida y bebida que necesitaremos por millones de años.

¿Qué se necesita? Las ideas, las técnicas, los medios a través de los cuales se puedan convertir en utilizables. Cuando tales ideas vienen a la mente del hombre, ¿no evidencia esto el milagro de la abundancia? Nuevamente, el milagro no sólo es la disponibilidad de la provisión sino la disponibilidad de ideas a través de las cuales la provisión se pueda convertir en utilizable. ¿Puede alguien dudar que se desarrollará el equipo para convertir fácil y económicamente el agua de mar en agua potable? ¿Que a través de la tierra todos los desiertos "florecerán como la rosa", y que los alimentos en cantidades ilimitadas se podrán extraer de la atmósfera y los océanos?

Hubo un anuncio, recientemente, de un científico británico que había creado leche sintética. Leche que sabe en toda forma como la leche de vaca se ha producido sin la vaca. La narración explica como se reunió todo el alimento que come la vaca, y con una máquina especial, se obtuvo lo mismo que la vaca elabora a través de sus propios procesos. El resultado fue leche que a la vez que se parece, sabe como la real. Esto es automatización. Quizás obligue a las vacas del mundo a declararse en huelga.

A lo mejor esto predice el desarrollo final de procesos mecánicos para crear alimentos directamente, sin el tradicional "primero hierba, luego espiga, después grano en la espiga". Simplemente acumularemos las substancias que la semilla de trigo extrae de los elementos y crearemos el trigo sin sembrar semillas y sin esperar su crecimiento. O para llevarlo un paso más adelante, quizás simplemente crearemos la harina, o aun el pan, sintéticamente. De esto, sólo hay que dar un gran paso a través del puente de la fe a la aceptación del milagro de abundancia que Jesús descubrió y demostró. ¿Es concebible que llegue el momento en que el hombre ni siquiera tendrá que ir al refrigerador para satisfacer su hambre? Quizás sólo vaya a su cámara interior y cierre la puerta —y estará "quieto y conocerá" su unidad con toda la substancia. ¿No es esto lo que hace la semilla? ¿Por qué no puede el hombre, a la larga, aprender cómo? Aun el sólo pensar en ello abruma nuestra imaginación, pero acaso no dijo Jesús: "No solo de pan vivirá el hombre, sino de toda palabra que sale de la boca de Dios" (Mt. 4:4).

Lo importante es que ya que la substancia *es* —opulenta e ilimitada y omnipresente— el gran poder hacedor de milagros es la fe. Fe es la habilidad de percibir substancia, extraerla, configurarla y moldearla en aquello que necesitamos. Pablo nos dice sabiamente: "Aviva el don de Dios que está en ti". Necesitamos avivar la fe para creer que estamos en unidad espiritual con el todo; que nuestra mente sea un canal a través del cual fluyen grandes ideas; que podemos encontrar esta substancia —primero en la forma de ideas, guía, y la destreza creativa de nuestras manos, y segundo, como la manifestación externa de los medios de intercambio, el dinero para hacer lo que se necesita hacer.

El lugar para vencer la escasez —el desempleo, la estrechez financiera, la pobreza— se encuentra en las actitudes generales de nuestra conciencia. Un alambre en perfecta sintonía con una nota de piano, vibrará al instante que se toque esa nota. La persona que "no tiene" —que tiene conciencia de limitación, cuya vasija está al revés bajo la llave del agua— siempre tendrá pruebas en los "tiempos difíciles", siempre estará deprimida. Si la pobreza está en la creencia del hombre, cada vez que se toque esa nota, habrá una respuesta inconsciente.

Es necesario cambiar la "guerra contra la pobreza" por un programa de "educación para la abundancia". Necesitamos ayudar a las personas a comprender su lugar en este gran universo servicial —ayudarlos a cambiar sus pensamientos y a empezar a trabajar con ideas. Necesitamos ayudar a las personas a que se den cuenta de que son expresiones únicas de lo Infinito que pueden empezar con ellas mismas a dar expresión a nuevas ideas, a desarrollar nueva creatividad y a tornarse productivas. De este modo, comenzando por ellos mismos, cada individuo podrá vencer, primero el pensamiento y luego la experiencia de escasez. Y así ayudará a la nación y al mundo mismo a sobreponerse a la pobreza.

Los economistas debaten a menudo el interrogante de si todos podrán tener prosperidad, abundancia y riquezas. ¿No habrá un límite? El economista Thomas Malthus así lo creyó y el principio maltusiano ha predominado en el campo de la economía por más de ciento cincuenta años. El suyo fue y es un análisis objetivo del mundo físico. Pero hoy, los investigadores de la nueva ciencia comprenden que no podemos entender el mundo físico sin principios metafísicos.

Charles Fillmore ha dicho:

En la nueva era, aun en sus albores, tendremos un espíritu de prosperidad. Este principio de la substancia universal será conocido y aplicado y no habrá lugar para la escasez. La provisión será más nivelada. No habrá millones de fanegas de trigo en distintos almacenes mientras la gente pasa hambre. No habrá sobreproducción ni bajo consumo ni otras desigualdades en la provisión, porque la substancia de Dios será reconocida y usada por todas las personas. Los hombres no amasarán fortunas en un día para perderlas en el próximo, pues ya no dudarán de la integridad de sus vecinos ni tratarán de retener la porción que al vecino le corresponde. ¿Es esto una utopía irreal? La contestación depende de ti. Al momento en que tú individualmente reconozcas la substancia omnipresente y pongas tu fe en ella, verás a otros a tu alrededor hacer lo mismo. "Un poco de levadura fermenta toda la masa" (1 Co. 5:6). Y aun una sola vida que dé testimonio de la verdad de la ley de prosperidad acelerará la conciencia de toda la comunidad.[2]

Esto parece implicar que no sólo es un pecado el ser pobre, sino que los pensamientos de pobreza degradan, mientras que los pensamientos de abundancia enaltecen. A medida que más y más personas se hagan cargo del concepto de la Divinidad del Hombre y empiecen a verse en un nuevo contexto de abundancia, no sólo empezarán a reclamar su herencia de abundancia sino que se convertirán también en una influencia edificante para la opulencia en el mundo.

## Capítulo quince

# En defensa de Judas

UNO DE LOS EVENTOS MÁS SIGNIFICATIVOS en la historia humana no sucedió en un campo de batalla, ni en una asamblea legislativa, ni en un palacio de un rey, sino en la cima de una colina barrida por el viento en las afueras de la ciudad de Jerusalén. Un hombre joven había llegado de una región rural para encender el fuego del entusiasmo por la Verdad en las mentes y los corazones de la gente. Con seguidores que crecían de manera alarmante, los dirigentes del templo temiendo un debilitamiento en la posición de las tradiciones sagradas, sintieron que tenían que tomar una acción drástica.

A consecuencia de la traición de uno de los propios discípulos de Jesús y después de una serie de cargos falsos, Jesús fue condenado a muerte. Según la ley, ello tenía que ser aprobado por las autoridades romanas. Sin embargo, Pilato, el representante local de Roma, estuvo renuente a ceder a los deseos del Sanedrín. Habló cuidadosamente con Jesús y no pudo encontrar delito en El. Pero las turbas estaban incontrolables y Pilato se atemorizó. El no podía darse el lujo de tener un levantamiento en su región, así pues, cedió ante la turba y permitió que Jesús fuese clavado en la cruz como un vulgar ladrón.

Tradicionalmente, el Viernes Santo se ha separado para observar de este acontecimiento, un tiempo para revivir la pena, el sufrimiento, la vergüenza, la oscuridad de la hora de la crucifixión. Y el discípulo que traicionó a Jesús, Judas Iscariote, es el abominable centro de atracción en este día. Es un drama grandioso e inconcebible —complicado, confuso, paradójico.

El punto desafortunado sobre los Evangelios es que los escritores le dan demasiado énfasis a los sucesos más impresionantes. Así pues, la crucifixión y todos los sucesos que condujeron a ella, son minuciosamente detallados. Es casi como podría ser la historia de la vida de Abraham Lincoln, si no se nos diera nada de su niñez, ni de su temprana juventud; muy poca cosa de su labor en la Casa Blanca, y luego, hasta el más mínimo detalle de su asesinato. Cuán fácil es olvidarse de que fue la vida inspirada de Jesús y no Su atormentada muerte lo que era y es la clave del cristianismo.

Y sin embargo, se nos ha llevado a creer que la horrible historia del "Viernes Santo" es el aspecto central de la vida y enseñanzas de Jesús. La tristeza, el dolor y la oscuridad de esa hora final se ha captado en cuento y retrato. Y el crucifijo, representando un Jesús derrotado y extenuado, se ha convertido en el símbolo mismo del cristianismo.

Thomas Paine dijo en cierta ocasión que ninguna religión que conlleve alguna doctrina que ofenda las sensibilidades de un niño, puede ser realmente divina. Uno se pregunta cuántos millones de niños a través de los años han sido ofendidos en su sensibilidad por una teología que dice: "Porque los corderos se habían matado en el Templo como un sacrificio por los pecados de los adoradores, así Jesús fue el Cordero de Dios. Su muerte había sido planeada desde el principio del mundo; la raza humana estaba irremediablemente descarriada; Dios sabía que lo estaría, y nada Le desviaría de Su propósito vengativo de destruirla, sino el sacrificio de un hijo inocente". ¿Qué niño podría aceptar tal concepto cuando él sabe que ningún padre terrenal sería tan cruel?

Arnold Toynbee en su libro, *Christianity Among the Religions of the World,*[1] narra la historia de una familia inglesa viviendo en China que contactó los servicios de una enfermera china para sus niños. Tan pronto esta mujer china entró en la casa, ellos notaron que algo le molestaba. Con el pasar de los días, se mostraba más y más perturbada. Trataron de obtener explicación, pero ella era muy tímida.

Finalmente, llegó el día en que ya no pudo contenerse y les dijo: "Bien, hay algo que yo simplemente no puedo comprender. Es obvio que ustedes son unas buenas personas. Es obvio que ustedes aman a sus niños y se ocupan de ellos; y a pesar de eso, en cada habitación de esta casa, y hasta en el descanso de la escalera, veo reproducciones de un criminal a quien están ejecutando por medio de una horrible tortura que desconocemos aquí en China. No me es posible entender como ustedes, padres responsables y amorosos como es evidente que lo son, pueden exponer a sus hijos a los terribles efectos de ver ese horrendo cuadro en esta etapa tan impresionable de sus vidas".

La cruz cristiana es una historia a medio narrar. Pablo

dice: "En parte conocemos . . . pero cuando venga lo perfecto, entonces lo que es en parte se acabará" (1 Co. 13:9,
10). Cuando veamos toda la vida de Jesús, que incluye la
tumba vacía en la mañana de la Pascua de Resurrección, la
escena agonizante del Gólgota se disipará. ¡Y la cruz desa-
parecerá! La cruz se ha convertido en el símbolo del hombre depravado, del Dios vengativo y del castigo injusto.
¿Dónde está lo divino de esta historia, o algo merecedor de
nuestra adoración o emulación? Usar la cruz como el símbolo del cristianismo es la negación del tema central de las
enseñanzas de Jesús: la Divinidad del Hombre.

Hay una gran y muy significativa lección en toda esta experiencia de Jesús. Para comprender lo que en realidad estaba sucediendo, tenemos que movernos rápidamente
hacia aquella primera mañana de Pascua de Resurección.
Pero antes, vamos a detenernos un poco para meditar sobre
algo del antecedente de la escena del Viernes Santo. Esto
nos puede ayudar a entender lo que en realidad sucedió y
por qué.

La crucifixión se ha llamado "La Hora Más Oscura en la
Historia de la Humanidad". Los personajes en el drama han
sido vilipendiados y condenados: Pedro por negar a Jesús,
Pilato por su debilidad y Judas por su acto de traición. Sí,
especialmente Judas. Su nombre se ha convertido en sinónimo de la más malvada de las acciones. Dante presenta a
Judas como el más ruin de todos los hombres. En el dogma
cristiano, se le ha considerado a Judas un criminal —como
si de hecho hubiera martillado los clavos en las manos y los
pies de Jesús.

En nuestros días, nos enorgullecemos de una libertad
que nos garantiza un juicio justo y que insiste en que un

hombre es inocente hasta que se le prueba su culpabilidad. Sin embargo, en los Evangelios, Judas es juzgado culpable desde mucho antes del crimen. Dondequiera que se menciona su nombre, los escritores añaden, "quien también Le traicionó". En otras palabras, en la historia del Evangelio, es casi como si Judas llevase una placa colgando de su cuello que le identifica como el villano, tal como en algunos de los antiguos autos sacramentales.

Para atenerse a los hechos —Judas fue uno de los amigos más íntimos de Jesús. Jesús creía en él. Vio grandes posibilidades en él, le seleccionó personalmente como a alguien que podía ayudar grandemente a la causa. Y jamás olvidemos que, como los demás discípulos, Judas lo dejó todo para seguir a Jesús. Y debido a su obvia sofisticación e inteligencia, quizás él tuvo que renunciar a mucho más que los otros miembros del grupo.

Judas era un hombre de fortaleza, de visión, de dedicación. Estuvo dispuesto a sacrificar un puesto o posición en el mundo por un sueño. Si era ambicioso o egoísta, los Evangelistas no lo mencionan. Porque fueron Santiago y Juan los que debatían sobre quienes tendrían los puestos de liderato cuando Jesús "llegara a Su reino". Hasta llegaron a decirle a Jesús que querían sentarse a Su derecha y a Su izquierda. Todo ese tiempo, Judas estaba cumpliendo con su tarea, callada y eficientemente.

El era quizás el más talentoso, el mejor educado, el más versado en negocios de todos los discípulos —y por lo tanto fue designado tesorero de la pequeña agrupación y su tarea era velar por sus intereses y hacer provisión para sus necesidades. Era el hombre de mente práctica que se ocupaba de las cosas mundanas mientras los demás construían "castillos en el aire" que posiblemente no entendían —tal como lo indican los sucesos posteriores.

Por casi tres años Judas vivió con Jesús y en la compañía de los discípulos. Se había establecido de tal modo como el miembro estable del grupo, que cuando Jesús anunció que uno de ellos lo traicionaría, a ninguno, aparentemente, se le ocurrió sospechar de Judas. El era el bien equilibrado y el estable. ¡Cualquiera menos Judas!

Aquí es importante reconocer que todos los discípulos tenían un grado diferente de comprensión acerca de Jesús y de lo que El estaba haciendo. Ninguno de ellos, hasta ese momento, había en realidad comprendido. Ni Pedro, que ya había tenido aquel destello de gran discernimiento cuando vio al Cristo, lo divino, en Jesús, comprendía que la verdadera misión de Jesús era traer el mensaje de la Divinidad del Hombre a todo el mundo. Que estaba edificando un reino, o sea un nuevo orden, en las mentes y asuntos de los hombres, pero que no se trataba de un reino político que contemplara el derrocamiento de un gobierno.

En las horas finales, a pesar de que había estado seguro de que jamás lo haría, Pedro hasta negó el haber conocido a Jesús. Quizás él Le pudo haber salvado al hablar en Su defensa, convenciendo a las multitudes de que estaban siendo mal dirigidas. Pero en su debilidad, volteó y dio la espalda. Se da gran importancia a la negación que hizo Pedro de Jesús. ¿Y qué hay de la negación de los otros diez discípulos que está implícita en su silencio y desaparición? Ciertamente, ellos no habían comprendido la enseñanza de Jesús acerca de la Divinidad del Hombre. Quizás fueron sacudidos por los sucesos hasta pensar: "Si el hombre es divino, entonces ciertamente que Jesús, el mejor de todos los hombres, debería estar capacitado para salvarse a Sí mismo". Y puede haber sido este mismo el pensamiento en la mente de un discípulo que era fuerte y valiente, que no dudaba de que Jesús podía salvarse a Sí mismo, lo que llevó a Su "traición" por Judas.

Cuando Jesús, en aquella última cena en el aposento alto, dijo que uno de los discípulos le iba a traicionar, en vez de decir: "¿Quién es ése? ¿Quién haría semejante cosa?" ellos simple y muy tímidamente preguntaron: "¿Soy yo, Señor?" En otras palabras, ninguno de los discípulos estaba seguro de sí mismo. Todos estaban en estado de conmoción y debilidad. Cada uno de ellos, de hecho sospechaba de sí mismo.

Indudablemente, los dirigentes del Sanedrín ya se habían acercado a algunos de los discípulos, quizás a todos, buscando a uno que les ayudaría a tenderle una trampa a Jesús. Quizás ya ellos habían rechazado las insinuaciones. A lo mejor hasta Judas así lo había hecho. Era casi como si un movimiento del destino se percibiera en el ambiente e, inconscientemente, cada uno temía que se fuera a posar sobre él.

Debemos notar que Jesús no condenó a Judas. Parece casi compadecido cuando le señala —casi como si se tratase de una tarea que alguien debía cumplir. Según leemos la historia, Jesús parece ser casi un participante en el "crimen" de Judas. El texto dice que Jesús anunció que aquel que recibiera el pan mojado era el que le traicionaría. Y dice que mojando el pan, lo dio a Judas Iscariote. Y después de aquel bocado Satanás entró en él. Entonces Jesús volviéndose a Judas le dijo: "Lo que vas a hacer, hazlo pronto" (Jn. 13:27). Es como si le hubiese encargado: "Esta es tu tarea, sal y cúmplela".

Los discípulos parecían no haberlo captado, pero Jesús había sabido por largo tiempo, y ya antes así lo había manifestado, que ése sería Su destino. Fue un destino que El escogió. El dijo de hecho, "Yo pongo mi vida para volverla a tomar. Nadie me la quita" (Jn. 10:17,18). Tenía el poder de elegir, y eligió pasar por esta experiencia como el medio de revelar la gran Verdad del principio de la resurrección al hombre. Más que esto, ésa fue la etapa final en Su propio sendero de vencimiento. Su propia experiencia de la Divinidad del Hombre no estaría completa hasta que El pudiera, no sólo pasar por, sino crecer a través de, la hora oscura del Gólgota.

Ya en la Cruz, una de las frases peor comprendidas de las dramáticas "Siete Palabras" es "Elí, Elí, lama sabactani" (Mt. 27:46). Esto siempre se ha traducido como: "Dios mío, Dios mío, ¿por qué me has desamparado"? ¡Cuán desafortunado ha sido ese error de traducción! Porque si Dios hubiera o pudiera abandonar a esta alma tan elevada, entonces ¿qué esperanza habría para nosotros? ¿Cómo podemos o por qué debemos adorar y amar a un Dios que ordenaría o hasta consentiría esta horrible experiencia?

Ahora sabemos que esas palabras de Jesús han sido mal interpretadas. George Lamsa, el mundialmente reconocido erudito sirio y traductor de la Biblia del antiguo peshitta, dice que lo que Jesús de hecho decía era: "Mi Dios, mi Dios, para esto fui sostenido —estoy logrando mi destino. Estoy en el camino a través de la hora oscura hacia la gran demostración de resurrección y el completo logro de la divinidad del hombre".

Jesús perdonó a quienes Le crucificaron y a quienes se

mofaron de El. "Perdónalos, porque no saben lo que hacen" (Lc. 23:34). Y desde luego, no lo sabían. ¿Cómo podían ellos saber que estaban desempeñando un papel, al igual que Judas, para llevar a cabo la gran demostración? Así pues, Judas fue una herramienta, un instrumento; estaba desempeñando el papel que le correspondía en la representación dramática de una gran lección.

Desde luego, hay una ley de conciencia, y por lo tanto, tiene que haber habido algo en Judas que le guió a desempeñar este papel. Un hombre no es un autómata. Tiene libre albedrío. Judas, por lo tanto, tiene que haber tenido una opción. ¿Qué le llevó a aceptar este papel? ¿Por qué no Pedro? ¿Por qué no Tomás el incrédulo? Puede ser que Judas aceptara su papel, tal como años atrás Jesús había aceptado el manto de Mesías —eligiendo cumplir la profecía de la divinidad del hombre. Judas puede haberse convertido en el elegido —no por su debilidad, sino por su fortaleza, ello unido a un concepto erróneo de la misión de Jesús.

Judas ardía en entusiasmo por el éxito del Maestro. Estaba realmente convencido de que Jesús intentaba establecer un nuevo reino en la tierra. Jesús iba a ser el gobernante de un nuevo Reino de Judea. Y creía que Jesús opacaría a David y a Salomón del antiguo reino. El tendría las riquezas del mundo, el poder del César, el homenaje de las naciones. Y no hay que olvidar que este pensamiento no era totalmente extraño en la mente de Jesús. Las tentaciones en el desierto indicaban que El había tenido que echar a un lado esos pensamientos de conquista mundana y poder temporal. No hay que extrañarse de que los discípulos tuviesen tales pensamientos.

Judas, el hombre de mentalidad práctica, la cabeza para comerciar, el organizador meticuloso, sintió que Jesús estaba desperdiciando Sus oportunidades. Con el mundo casi a Su alcance, el Maestro podría perderlo por pura inacción. Algo debía hacerse. Quizás fue que "le entró Satanás" como dice la Escritura. Pero Satanás es simplemente la fuerza dominante de la conciencia humana. El resultado fue un plan materialista que excluía a Dios, un plan imprudente y completamente inconsistente con los objetivos de Jesús. Pero recuerda, ni Judas ni los otros discípulos comprendían esos objetivos.

Es imaginable que después de que Jesús le señalara y dijera: "A ti te corresponde", él concibiera el plan. "Seguro —¿por qué no? Simplemente entregaré a Jesús a los romanos. Esto le obligará a usar Sus poderes en Su propia defensa. Yo he visto evidencia de ese poder usado a favor de otros. Esto lo moverá a la acción, antes que sea demasiado tarde". El que Jesús, aun bajo la sombra de la tortura romana y de la muerte, rehusara invocar la ira de Dios sobre sus perseguidores, probablemente no se le podía ocurrir al mundano Judas.

Así pues, se dirigió a los sacerdotes principales y vendió al Maestro por treinta monedas de plata. Era una suma ridículamente pequeña. Judas venía de un ambiente opulento. Por lo tanto, ese dinero no significaba nada. El pudo haber obtenido diez veces esa cantidad si el dinero hubiese sido su propósito. El simplemente trataba de forzar a Jesús a tomar acción. Cuán poco comprendía al Maestro se desprende del miserable fracaso de su plan. Pero, ¿fracasó el plan? ¿Cómo podía lograrse la gran demostración a menos que alguien desempeñara este papel en este momento? Nos acordamos del José de antaño cuando dijo a los hermanos que le habían vendido como esclavo: "Vosotros pensásteis mal contra mí, mas Dios lo encaminó a bien".

En 1960 tuve el privilegio de ver el gran espectáculo del drama de la Pasión en Oberammergau. La representación de Judas sigue la tesis que estoy desarrollando aquí. Dramática y articuladamente, se desenvuelve la siguiente escena.[2]

Judas está frente a Anás informando que la tarea está cumplida. Y Anás dice: "¡Ah, tengo que abrazarte, mi amigo! ¡Nuestro plan ha triunfado! ¡Judas! Tu nombre ocupará un puesto de honor en nuestras crónicas. ¡Aun antes de la Fiesta, el galileo morirá!" De momento, Judas es sacudido por la implicación de lo que ha hecho: "¿Morir? ¿morir? ¡pero yo no Lo entregué a ti para eso! No, no, eso no lo acepto así".

Entonces aparece Judas en varios soliloquios dramáticos que revelan mucho de sus sentimientos internos, su remordimiento y su confusión. Está solo en el escenario. Llueve copiosamente (el escenario está al aire libre y por casualidad llovió ese día —lo cual aumentó la credibilidad de la escena). Judas dice:

"¡Presentimientos siniestros me acosan! ¡Esa palabra de Anás! Es necesario que muera —ah, esas palabras me atormentan dondequiera que voy y me detengo! Sería terrible —terrible. Si ellos . . . mi Maestro . . . ¡y yo el causante de todo! Si el Maestro quisiera salvarse El mismo, hubiera dejado sentir Su poder una segunda vez en el Jardín de los Olivos. Si no lo hizo allí, no lo hará ahora. ¿Y qué puedo yo hacer por El? ¿Yo, el más miserable de los hombres, que lo he entregado en sus manos? Tendrán su dinero de regreso. Iré y pondré mi reclamo. Pero, ¿lo salvará eso a El? ¡Ah! ¡Vana y estúpida esperanza! Se mofarán de mi oferta."

Irrumpe en la cámara del Consejo y acusa a los sacerdotes de embaucarlo. Les tira el dinero y corre. Y entonces, en la parte más elocuente y dramática de toda la representación, Judas se mueve por todo el escenario, golpeando su pecho, de rodillas, de pie, corriendo, llorando, gritando . . .

"¿A dónde puedo ir para esconder mi dolorosa vergüenza, para eliminar las torturas de mi conciencia? Tierra, ¡ábrete y trágame! ¡Yo no puedo, no puedo vivir! Mi Maestro, al mejor de los hombres, lo he vendido, lo he entregado a malos tratos y a la tortura de la muerte de un mártir —yo, ¡detestable traidor! ¡Ay! ¿dónde hay un hombre en quien recaiga tanta culpa? ¡Cuán bueno siempre era conmigo! ¡Cuán dulcemente El me consoló cuando mi alma estaba triste! ¡Cuán maravillosamente feliz me sentí cuando me sentaba a Sus pies y las enseñanzas celestiales brotaban como miel de Sus labios! . . ." Y enrolla una tela alrededor de su cuello y se ahorca.

¿Suena esto como un hombre que maquina un despiadado plan para vender a Jesús por dinero? ¿Podemos encontrar cualquier otra cosa en esto que no sea el remordimiento de un hombre que trató de acelerar el proceso de la misión de Jesús y simplemente falló en su cálculo de lo que esa misión era?

En años recientes se ha enfatizado mucho de la culpa de los judíos por el asesinato de Jesús. ¡Cuán fácilmente y de qué modo racionalista olvidamos la historia! Judas era un judío, como lo eran todos los discípulos. Y Jesús era judío. Así pues, ¿por qué hacer un caso tan fuerte del hecho de que los dirigentes del Sanedrín eran judíos? ¿Merecen eterna condenación las personas de Dallas por el hecho de que un hombre de Dallas asesinó al Presidente Kennedy? John

Wilkes Booth, el asesino de Lincoln, era un norteamericano. ¿Tienen los norteamericanos que llevar el estigma del asesinato de un gran hombre a través de todos los tiempos?

Y tenemos que regresar al propio testimonio de Jesús: "Yo pongo mi vida, para volverla a tomar. Nadie me la quita, sino que yo de mí mismo la pongo". Judas estaba desempeñando un papel en este drama cósmico, al igual que los sacerdotes del Sanedrín, al igual que Pilato y los discípulos y las turbas vociferantes y los soldados que martillaron los clavos.

John Ruskin dijo una vez que el pecado del mundo es esencialmente el pecado de Judas, y que los hombres no dudan del Cristo, ¡pero lo venden! Hay algo de Judas en ti y en mí, y es una influencia muy real en nuestras vidas. Creemos en las cosas del espíritu, pero deseamos las cosas de la carne. A pesar de que todos somos divinos en nuestro potencial, a menudo actuamos la parte de nuestra humanidad. Frustramos nuestras potencialidades. Encubrimos nuestra innata bondad. Y así traicionamos al Cristo por la gratificación de los deseos humanos. Y, como lo dice el poeta, "la única raíz del pecado en ti es no conocer tu divinidad".

Desde un punto de vista metafísico hay un rico significado en la historia de la crucifixión. La narración total del Evangelio es una historia dentro de una historia. Incidentalmente, cuenta del vencimiento y regeneración de un hombre a la perfección del Cristo. Pero fundamentalmente nos cuenta de los procesos de la lucha del hombre finito hacia su unidad infinita. Es tu historia y la mía. Y así, en la crucifixión, vemos que el ego personal, los pensamientos centrados en lo material tienen que irse, tienen que morir para que la verdadera esencia de lo divino en el hombre pueda vivir. Jesús no hizo esfuerzo alguno por anular la acción de Judas, porque El sabía que la conciencia de los sentidos no debe ser destruida; ella tiene que destruirse a sí misma. Esto tiene que ocurrir antes de que el alma pueda hacer su demostración de vida eterna. Judas, junto al resto de los discípulos era parte de la conciencia de Jesús. Había aquello en Jesús, el ser humano, el ego, lo personal, lo centrado en lo material (visible en la experiencia del desierto) que tenía que ser borrado completamente. Jesús tenía que ir a la cruz para probar Su liberación del hombre sensorial; y Judas, el ego, tenía que destruirse a sí mismo para que así la total demostración de vida eterna se pudiera manifestar. Para la mente familiarizada con el lenguaje del misticismo, ésta es una secuencia absolutamente esencial.

No seas demasiado cruel con Judas, porque existe un estado mental de Judas en todos nosotros. Trabajemos diligentemente para levantar nuestros propósitos, nuestras metas y aspiraciones, cosa que podamos decir: "Yo vine a dar testimonio de la Verdad". Y de todos modos —de acuerdo a George Bernard Shaw— Le crucificaron en un madero, pero de algún modo El se las ingenió para asirse del extremo correcto.

## CAPÍTULO DIECISÉIS

# La Gran Demostración

*Ese Dios que por siempre vive y ama,*
*un Dios, una ley, un elemento,*
*y un lejano evento divino*
*hacia donde se mueve toda la creación.*[1]

MAGINA EL REPORTAJE ACERCA DEL SUCESO del primer Domingo de Resurrección si hubiese ocurrido en la época moderna. El *Diario de Jerusalén* bien podía llevar el titular: "TUMBA DEL NAZARENO APARECE VACIA". Los títulos secundarios podrían pregonar: "Terremoto sacude la ciudad al momento de morir el profeta. El crucificado Rey de los judíos visto con vida". Casi podrías escuchar a los vendedores de periódicos: "Lea todo lo que ocurrió . . . La tumba vacía . . . Ven al crucificado vivo".

Podríamos leer en el editorial de la primera página: "El viernes pasado la ciudad de Jerusalén fue testigo de lo que creemos ha sido uno de los espectáculos más raros de todos los tiempos. Un sencillo predicador campestre fue clavado a una cruz como un ladrón corriente. Por todas partes las personas preguntaban: '¿Por qué? ¿Cómo pudo haber sucedido algo así en este país y en esta época?' Y hoy tenemos una misteriosa continuación de esta historia. La tumba del profeta se ha encontrado vacía. *¿Qué significa esta tumba vacía?*"

Un hombre se había detenido para ver el Gran Cañón de Colorado. Al contemplar la inmensidad y la belleza avasalladora de esta maravilla de la naturaleza, comentó: "Algo tiene que haber sucedido aquí". Es obvio que algo sucedió y no fue cosa de que un indio arrastrara un palo tras sí a medida que caminaba. ¡Algo sucedió! Al contemplar el misterio y el milagro de la historia de la resurrección en la primera Pascua Florida, puede que no comprendamos lo que ocurrió. Quizás no tenemos suficiente fe para aceptar la posibilidad de que lo que parece haber sucedido, de hecho sucedió. ¡Pero algo sucedió!

¿Se levantó Jesús corporalmente de la muerte? ¡Eso es inconcebible, no es científico, imposible! El hombre de la calle insiste: "Cuando uno se muere, está muchísimo tiempo muerto". ¿Qué sucedió entonces? ¿Se perpetuó un gigantesco engaño, algún "complot de la Pascua" enfocado a darle autoridad y misterio a una nueva religión? ¿Hemos construido, acaso, un dogma cristiano sobre una mentira?

¿Quizás el problema estriba en tratar de comprender el fenómeno dentro de la estructura de la experiencia humana. Las cosas espirituales tienen que discernirse espiritualmente. El hombre vive en un cuerpo humano y en un mundo físico. El misterio de la Pascua Florida tiene que radicarse en otra dimensión. ¿Cómo es posible que comprendamos eso cuando la mayoría de nosotros aún se esfuerza por entender la vida en un mundo tridimensional?

No esperaríamos comprender el cálculo hasta después de haber aprendido a sumar dos más dos y a multiplicar tres por tres. Según progresamos en nuestro conocimiento y experiencia de la matemática, podemos ir gradualmente aplicando los principios en niveles más y más altos. Pocos de nosotros conocemos los principios incluidos en las computadoras modernas, pero un matemático experto los entiende —y hasta los crea.

¿Qué significa la tumba vacía? *Incidentalmente,* tiene que significar que hay algo eterno sobre la vida que puede trascender la muerte misma y que la reacción en cadena del gran descubrimiento de Jesús, de hacía muchos años, desató la liberación de las energías acumuladas que recargaron las células de Su cuerpo, de modo tal, "que absorbida fue la muerte en victoria". En años venideros, nuevos descubrimientos científicos probablemente revelen el proceso. ¡Pero algo sucedió!

Sin embargo, *fundamentalmente,* las implicaciones de esa tumba vacía son grandes y de un vasto alcance. Atestiguar el funcionamiento de un principio que a lo mejor pasó desapercibido en nuestro estudio del Universo y en nuestra evaluación de nosotros mismos. La Pascua no es un pasaporte a otro mundo, es una cualidad de percepción para éste. No es sólo el día en que conmemoramos como se levantó Jesús de los muertos. Es un tiempo para mirarnos nuevamente a nosotros mismos y contemplar nuestra Divinidad, las profundidades de nuestro propio potencial innato de Dios. Es un tiempo para revalorizar el principio que hace posible todo vencimiento.

Vamos a echar un vistazo más cuidadoso a esa tumba. Muy a menudo el recuento se envuelve en el misterio, oscurecido y eclipsado por ángeles y vestiduras resplandecientes y un aura total que le hace completamente sin conexión con la vida que conocemos. Un maestro de escuela dominical, que enseñaba cursos de física en la secundaria, entró a su iglesia cierto domingo cavilando sobre el problema de la asistencia dominical. De pronto vio el enorme cuadro de un ángel que dominaba el atrio. Lo había visto muchas veces. Se encontró a sí mismo diciendo: "¿Cómo es posible esperar que la gente joven acuda a la iglesia cuando eso incluye creer en monstruosidades anatómicas como ésa?"

"Y cuando entraron en el sepulcro, vieron a un joven sentado al lado derecho, cubierto de una larga ropa blanca, y se asustaron. Pero él les dijo: No os asustéis; buscáis a Jesús nazareno, el que fue crucificado. Ha resucitado; no está aquí; mirad el lugar en donde lo pusieron. Pero id, decid a sus discípulos, y a Pedro, que él va delante de vosotros a Galilea; allí lo veréis, como os dijo" (Mr. 16:5–7).

En el efectivo lenguaje figurado oriental, lo que realmente se está diciendo es: "Y al entrar al sepulcro y no encontrar el cuerpo de Jesús acostado donde lo habían dejado, se llenaron de temor, pero instantáneamente recordaron las enseñanzas de Jesús con relación a este mismo suceso, y el conocimiento de que Jesús había completado la demostración sobre la tal llamada muerte, embargó sus conciencias. Y este miedo se desvaneció al comprender la Verdad del asunto, y para su mayor convencimiento, fueron de nuevo al lugar donde le habían acostado. Y las mujeres dijeron: 'iremos rápidamente a decirle a los discípulos y a Pedro, y a recordarles que Jesús dijo que El les encontraría en Galilea.'"

¿Por qué esta insistencia en eliminar a los ángeles de la historia? Simplemente porque complica la credibilidad de una manifestación que la mente humana se esfuerza por comprender. En los manuscritos originales, los ángeles son "mensajeros" y esencialmente los mensajeros son las ideas divinas. Siempre se refieren a la inspiración, a una experiencia de conciencia en vez de una visión física.

En Lucas 24:23 —donde se narra sobre las mujeres contando a los discípulos la historia de la resurrección— dice claramente: "Vinieron diciendo que también habían visto visión de ángeles . . ." Fue algo que sucedió dentro de María Magdalena y de María, madre de Jacobo. Fue una visión tan real que casi la podían ver. Cuando los escritores escribieron esta historia muchos años después, ¿cómo mejor enfatizar esa introvisión tan peculiar que experimentaron las mujeres? La personalización en la forma de ángeles fue un medio efectivo pero engañoso.

Vamos a contemplar este "suceso" del Domingo de Resurrección con el trasfondo de la enseñanza de Jesús acerca de la Divinidad del Hombre. Recuerda, Jesús enseñó que la vida es para vivir, no para morir; que la vida se vive de adentro hacia afuera y que hay una gran profundidad en tu vida interna. Quizás no comprendamos esa profundidad. Quizás sea inconocible. Sin embargo, en el contexto de esa profundidad, como una parte muy real del potencial de vida del hombre, podemos saber que la resurrección no implicó ni magia, ni engaño, ni aun la ayuda externa angelical. El cuerpo del Señor, el cuerpo electrodinámico, que es eterno e indestructible, simplemente se especializó a sí mismo nuevamente en el cuerpo físico de Jesús. Yo realmente no lo puedo comprender. Pero tampoco entiendo el misterio de la semilla y la renovación de la primavera. Sin embargo, lo acepto y me inspira su espectáculo anual.

Alguien ha dicho que hay tres clases de personas: aquellas que ven, aquellas que ven cuando se les enseña, y aquellas que no ven. Jesús vio, los discípulos vieron cuando se les enseñó, pero hubo y sigue habiendo multitudes de gente que jamás ve. Yo no acepto la limitación de ese último grupo. Estoy seguro de que todo el mundo puede ver si se le enseña debidamente y si hay un despertamiento interno.

Algunos pueden "ver" el "suceso" de la resurrección con una percepción que ofrece gran significado a la vida. Quizás eso es lo que Jesús quiso decir cuando en Juan 3:3 dice: ". . . el que no nace de nuevo no puede ver el reino de Dios". No obstante, esta experiencia no es una dispensación especial dada a unos pocos, sino un nivel de evolución espiritual que ocurrirá finalmente a todos. Quizás sea como el cambio de voz en un adolescente. El muchacho trata de profundizar su tono de voz en los años en que quiere acelerar su hombría, pero de nada le vale. De momento empieza el cambio. Hay un período de incertidumbre vocal cuando el puede oscilar desde bajo hasta soprano en la misma oración. Finalmente el cambio se realiza y se oye un tono más profundo en su voz. Todavía es la misma persona, todavía cantará y hablará sobre las mismas cosas —pero la voz las controla desde el nivel de una octava diferente.

El reino del que habla Jesús está a nuestro alrededor y en nuestro interior. Cuando "nacemos de nuevo" nada ocurre realmente en el sentido tridimensional. Todo sigue igual, pero nosotros lo vemos de un modo diferente, nosotros vemos una nueva dimensión espiritual. Quizás no existe la verdadera comprensión de nosotros mismos o de la vida en general hasta que este despertamiento se lleve a cabo.

La parte maravillosa de la vida es que hay un significado en cada nivel, y hay puntos de crecimiento y de logro en cada uno. Y la Biblia es todo para todas las personas. Tiene un mensaje para ti, no importa en que nivel de conciencia o de evolución espiritual puedas estar. Eso es lo asombroso sobre las Escrituras. A lo mejor ese fue el criterio para que se convirtieran en Escrituras. La historia de la resurrección llena ese requisito. Tiene un profundo e importante significado para ti, ahí mismo donde estás.

Es importante recordar que Jesús estaba en el camino del vencimiento justo hasta el mismo final (que fue un nuevo comienzo). Cuando El dijo: "Sígueme" hablaba como un hermano mayor que sabía que El no sólo perseguía Su objetivo, sino que abría un sendero para nosotros seguirle, "para que donde yo esté vosotros también estéis" (Jn. 14:3). El está diciendo: "Sígueme a una mayor conciencia de la Verdad por la cual puedas ver y demostrar fases cada vez más altas de la ley".

Es desafortunado que hayamos colocado a Jesús en una nube, donde no podemos entenderle ni identificarnos con El. Jesús fue un hombre, "uno que fue tentado en todo según nuestra semejanza, pero sin pecado" (Heb. 4:15). El venció en el curso de Su vida, no porque no pudiera pecar, sino porque no quiso hacerlo. No fue un hombre corriente, pero fue un hombre. El fue llamado "Maestro", no por la manera de Su nacimiento, sino por el vencimiento victorioso a lo largo de Su vida. Por todo el camino, aun cuando enseñaba y sanaba, estaba comprometido en Su propia labor de autodominio.

Por lo tanto, la mañana de Pascua Florida fue un día de graduación para Jesús. El había hecho la "Gran Demostración". Se había probado a Sí mismo al viajar al más allá y regresar. Esto está fuera de toda comparación, pero podemos encontrar un paralelo en un nivel más bajo de experiencia en el primer viaje espacial que puso a John Glenn en órbita bajo la teoría de que era posible regresarle a salvo a la tierra. El regreso de aquella cápsula espacial fue un gran momento para la ciencia. Sin embargo, lo que se logró fue muchísimo más que el acto de traer a John Glenn sano y salvo a la tierra. Eso se hizo, y millones aclamaron y ofrecieron sus oraciones de acción de gracias por su protección. Pero el hecho importante fue que esto demostró una nueva aplicación de la ley universal mediante la cual la investigación espacial podría seguir adelante. En años futuros, cuando los vuelos espaciales a puntos distantes sean comunes, John Glenn será considerado el Colón del espacio exterior.

Así, cuando Jesús regresó "de los muertos", había demostrado algo más que la conquista de Su propia vida. El hizo eso. Se levantó nuevamente. Y eso fue y es una buena razón de regocijo para aquellos que Le aman. Pero el factor principal y el que casi universalmente se pasa por alto, es que había verificado Su enseñanza acerca de la Divinidad del Hombre. El había probado de la manera más dramática posible que hay una profundidad dentro del hombre más allá de lo humano. No sólo logró una victoria para Sí mismo sino que se convirtió en el máximo explorador del "espacio interno". Nosotros rebajamos a Jesús y la Gran Demostración cuando pensamos del "suceso" de Pascua como un milagro de Dios en vez de la revelación del potencial profundo del hombre.

El gran pianista Paderewski ofrecía una función de gala a petición de una familia real europea. Después del concierto, se le acercó una duquesa rebosando de entusiasmo y le dijo: "¡Maestro, usted es un genio!" El replicó: "Ah, sí, pero antes de que fuera un genio, yo era un inepto".

En otras palabras, el punto de genio fue el resultado de años de disciplina, vencimiento y práctica, práctica, práctica. En el mismo sentido podemos decir de Jesús en aquella mañana de resurrección: "Maestro, Tú eres el Cristo". Y El pudo haber replicado: "Ah, sí, pero antes de demostrar maestría, yo era un humilde carpintero en Nazaret".

Jamás olvides eso —porque ese es el recordatorio importante de lo repetible de la Gran Demostración. Quizás no podamos "ver" todavía. Pero recuerda Sus palabras: "De cierto, de cierto os digo: El que en mí cree [en el Cristo Morador], las obras que yo hago, él también las hará; y aun mayores hará; porque yo voy al Padre [Porque yo he abierto la brecha y he probado la Divinidad del Hombre]" (Jn. 14:12).

Jesús dijo: "Yo he venido para que tengan vida, y para que la tengan en abundancia" (Jn. 10:10). El quería demostrarnos lo que la vida es en verdad. Vida, para la persona en general consiste en nacer, comer, beber; emociones, educación, trabajo, placer; esperar, desear, dormir; preocupación, odio, peleas; acumular, dominar, desencanto y muerte. A menudo ante alguna limitación, comentamos: "Bien, ¡eso es lo que es la vida!" Pero eso no es la vida en modo alguno. Eso es un ínfimo fragmento de una vida cuyo potencial total se ha frustrado. La vida es Dios y la vida es ilimitada.

Al mirar la tumba vacía, al Jesús resucitado y las grandiosas posibilidades de vida que ellos revelaron para todos nosotros, podríamos decir (y deberíamos decir) "¡Eso es lo que es la vida!" Esa es la vida que Jesús nos está revelando. Por medio de la resurrección, Jesús probó finalmente que la vida de Dios es indestructible, inmutable y eterna —y no sólo para El mismo, sino para ti y para mí.

La Pascua Florida no solamente trata del paso a la muerte y el regreso, sino del poder de ir más allá del final de las cosas hacia una nueva oportunidad y una nueva visión de conquista. Por medio del principio de resurrección, el hombre puede vencer la muerte. Quizás no lo entendamos o ni siquiera lo creamos, pero algunos de nuestros científicos hoy en día están insinuando esa posibilidad. Lo que es más importante, y puede suceder ahora; un hombre puede levantarse por encima de las experiencias limitativas y proceder a través de cualquier hora tenebrosa hacia un nuevo comienzo. Esto se señala en otra de las facetas diamantinas de la historia o lección de Jesús sobre el Hijo Pródigo.

Recordarás que cuando el hijo finalmente volvió en sí en "la provincia lejana", de pronto se vio a sí mismo desde un punto de vista más amplio y volvió a casa. Estaba libre. Había liberado su mayor potencial. El padre le recibió con los brazos abiertos y exclamó: "Regocijaos . . . porque este mi hijo muerto era y ha revivido". Esta era una resurrección muy real. No tuvo que ver con morir y regresar de la tumba, pero sí con despertar a una conciencia de su ser verdadero.

Una de las tragedias de la guerra es el gran número de personas que, habiendo sufrido una amputación, se enfrentan a vivir toda una vida con un impedimento. Y sin embargo, muchas veces es cierto que esa desventaja prueba ser el catalizador que libera el potencial innato. Hay casos de cuerpos tan mutilados, que seguir adelante parecería ser más de lo que se podría soportar. Y con todo y eso, muchos sí proceden a vivir victoriosamente, probando la Divinidad del Hombre de una forma dramática.

Un joven regresó de la guerra sin piernas. Cuando su cuerpo sanó completamente, estaba todavía muy lejos de poder incorporarse a la vida civil. Algo murió en él cuando se enteró que no volvería a caminar. Acostado en su cama en el hospital, sólo miraba el techo, sin expresión alguna. Rehusaba hablar con quienes trataban de ayudarle. Rehusaba cooperar con los doctores y enfermeras que querían ayudarlo a una mayor adaptación.

Un día, otro hospitalizado paseaba y se sentó en una silla cerca de la cama. Sacó una armónica de su bolsillo y empezó a tocar suavemente. El joven lo miró por un segundo, y después de nuevo al techo. Eso fue todo por ese día. Al día siguiente, el músico regresó. Hizo lo mismo por varios días seguidos, llegar y tocar suavemente la armónica. Un día le preguntó: "¿Te molesta que toque mi música?" El enfermo respondió: "No, creo que me gusta". Y cada día le hablaba más.

Un día el músico estaba con un ánimo jovial. Tocó música alegre y empezó un zapateado para su amigo. El otro le miraba pero sin impresionarse de la exhibición. "¡Oye, ¿por qué no sonríes? para que yo sepa que estás vivo!" El bailarín sonreía mientras daba la suave reprimenda. Pero el impedido le contestó: "Preferiría estar muerto que en esta condición". "Bueno", contestó el feliz bailarín: "así que estás muerto. Pero no estás tan muerto como un hombre que fue crucificado hace dos mil años, y El salió bien de todo". "Ah, a ti te es fácil predicar", respondió el joven, "pero si estuvieras en mi situación cambiarías de disco". Aquí el bailarín se enderezó, diciendo: "Yo sé que una resurrección de hace dos mil años está en un pasado muy sombrío. Así es que quizás un ejemplo moderno te ayude a creer que puede lograrse". Con estas palabras levantó sus pantalones y el joven acostado vio dos miembros artificiales. No es necesario decir que su propia resurrección comenzó en ese instante. Hoy, él vive una vida normal y ayuda a otros a levantar su visión, para que encuentren la Resurreción de sus propias almas.

Esta es la nota clave de la Gran Demostración del Domingo de Resurrección: Tú eres divino, no importa lo que hayas pensado acerca de ti mismo, no importa lo que hayas hecho en tu vida o con ella, no importa cuán limitada parezca haber sido tu experiencia —tú eres divino. Como el hijo pródigo, a lo mejor estabas viviendo en una "provincia lejana". A lo mejor has conocido la escasez en la forma de obstáculos, impedimentos o experiencias inarmónicas. Tienes que despertar. Tienes que darte cuenta de la profundidad de tu propio potencial divino.

Tu divinidad es aquello en ti que es eterno, sin edad, sin muerte, íntegro y completo. Es aquello en ti que es perfecto aun cuando pareces ser imperfecto. Es aquello en ti que sabe, aun cuando estás enfrentando indecisión y temor. Es aquello en ti que nunca puede estar solo. Es aquello en ti que nunca puede, en verdad, enfermar. Es aquello en ti que nunca se puede frustrar. Porque es el verdadero Dios que se manifiesta en ti. Tenemos que decirnos a nosotros mismos con Pablo, "Despiértate, tú que duermes . . . y te alumbrará Cristo" (Ef. 5:14). Cada uno de nosotros tiene que volver en sí y dar el paso gigantesco de aquí a la eternidad.

Esto no es algo imposible que puede aparentar ser. Lo hacemos cada vez que oramos. Eso es lo que es la fe. Todas las cualidades espirituales están enraizadas en lo eterno de ti, la divinidad en ti. Jesús dijo: "Pero tú, cuando ores, entra en tu cuarto, cierra la puerta y ora a tu Padre que está en lo secreto, y tu Padre, que ve en lo secreto, te recompensará" (Mt. 6:6). En un sentido muy real, esta puerta divide lo mortal de lo inmortal, la experiencia tridimensional del dominio de la eternidad. Jesús nos está diciendo que cerremos los ojos físicos que están aferrados a las apariencias de la experiencia humana, y que abramos los ojos espirituales para contemplar las profundidades del espíritu. Mora en esta conciencia aunque sea por pocos minutos, y cosas maravillosas sucederán. En un momento así, trascendemos el tiempo. En ese momento moramos en la sanación de la integridad. Se recargan las mismísimas células del cuerpo. Y si realmente tenemos tranquilidad y si en verdad creemos, "todo es posible". Por lo menos, eso es lo que enseñó Jesús.

El cristianismo ha tratado y ha fallado miserablemente en concebir la inmortalidad en términos de tiempo. Ha sido un asunto del futuro localizado en un lugar llamado "cielo". Ha sido mañana, otra vida, una existencia futura. Pero la gran Verdad que Jesús enseña es que no tienes que morir para ser inmortal. Tú eres inmortal ahora mismo. La inmortalidad no tiene nada que ver con el tiempo. Está más allá del tiempo. Está dentro de otra dimensión. Todos nosotros vivimos en la inmortalidad y no podemos salirnos de ella. El Cristo en ti, la divinidad en ti, es inmortal. Eso no sólo significa que vivirás para siempre —y sí significa eso— sino que también significa que tú vives en la profunda eternidad del ahora. Esto quiere decir que en medio de cualquier experiencia, en cualquier momento, puedes aquietarte y dar el paso dentro de la eternidad. En ese momento la parte queda inmersa en el todo, lo limitado se convierte en ilimitado. Puede que sientas una nueva explosión de confianza, un nuevo torrente de fe, un nuevo fluir de ideas, una nueva liberación de fortaleza. Estás despierto e íntegro y puedes seguir adelante.

Después de esta experiencia de oración en tu "cámara interna" puedes regresar a tu vivencia tridimensional, sujeta al tiempo, encarando las cosas que necesitan hacerse. Pero tendrás una nueva conciencia, un nuevo arrojo, una nueva confianza. Intuitivamente, sabrás que eres inmortal. Y eso no tiene nada que ver con vivir para siempre en el tiempo. Será una conciencia alboreada la que estás viviendo en la profundidad del espíritu, donde por primera vez estás vivo con lo que Jesús llamó "vida más abundante".

Jesús demostró que la vida no es una experiencia de irse muriendo. Una de las doctrinas más repugnantes de la teología cristiana es aquella que proclama "Desde el día en que naces, empiezas a morir". En este concepto, la vida está continuamente disminuyendo, y el tiempo está acabándose, y finalmente todos morimos y vamos a encontrar a nuestro hacedor "allá arriba". En el momento en que pensamos en la vida en términos de tiempo, hemos perdido la genuina Verdad de la grandeza de la vida. La vida no es para morir —¡La vida es para vivir! La vida es para el crecimiento y desenvolvimiento, para experimentar cada vez más profundamente la conciencia de la existencia de Dios y de Su perfecta vida. Cualquier cosa que puedas llegar a ser, eso ya lo eres. La grandeza de lo Infinito ya está involucrada en ti. Descansando en ti, hay una persona dinámica, fuerte, capaz y confiada —la persona que tú anhelas ser. No importa los obstáculos que te acosen, hay una semilla latente en ti del hombre gigante o de la mujer gigante que puede conquistar y vencer.

"Y mirando más allá vieron que la piedra había sido removida." ¡Desde luego que la vieron removida! Cada vez que miramos bien, nos despertamos. Cuando estamos hipnotizados por la apariencia, miramos el trabajo o la persona o el obstáculo frente a nosotros y decimos: "Es demasiado. No puedo continuar con eso. Es imposible. No puedo continuar". La fortaleza y el valor y la habilidad y la bondad están dentro de nosotros, pero lo hemos olvidado. Vemos solamente la piedra. Pero cuando levantamos la visión, nos despertamos, dejamos de ver el problema. De pronto, somos "nacidos de lo alto". Nos damos cuenta de algo mejor sobre nosotros mismos y sobre la vida. Sabemos que hay una presencia, hay un poder, hay una inteligencia. Y sabemos nuestra unificación con eso. "Yo estoy a tono con el Infinito y puedo hacer lo que necesita hacerse. A través del poder que en mí mora, puedo triunfar, puedo vencer, puedo ser lo que quiero ser.

La gran necesidad en la vida para todos nosotros no es tanto lograr la habilidad para corregir todas las cosas, sino lograr la percepción para verlas correctamente. En la conciencia humana, el hombre siempre está tratando de acomodar las cosas, de cambiar a las personas, de manipular los sucesos. Hasta trata de usar la oración como ayuda para arreglar las cosas. El quiere que su hija se case con este hombre. El quiere que su hijo acepte tal empleo o vaya a tal escuela y obtenga tales resultados. En su propio empleo, está siempre tratando de que sus compañeros se adapten al ideal que él ha formado para ellos. Y desde luego, esas metas jamás se materializan exactamente como él espera. No cede fácilmente. Hasta ora largo y tendido por "mi voluntad y no la tuya". Es como tratar de acomodar filamentos de hierro en cierto orden mientras están siendo atraídos por un imán. Ellos tienen que encontrar su propio patrón.

¡La vida es para vivir! Y vivir es una experiencia de crecimiento y desarrollo. No es tan importante lo que sucede a nuestro alrededor, ni aun a nosotros mismos. Lo que cuenta es lo que sucede en nosotros. Situaciones problemáticas y personas problemáticas pueden interponerse en nuestro camino. Podemos caer en la tentación de tratar de corregirlas, y es posible hacerlo —hasta cierto punto. Pero aún no hemos resuelto nuestros propios problemas que son: aquello en nosotros que atrajo esas experiencias; y el nivel de conciencia que las observa. Quizás lo importante no sea resolver los problemas, sino ser resuelto por ellos. ¿Podría ser esto lo que Jacob quiso decir con: "No te dejaré, si no me bendices" (Gn. 32:26).

¡Levanta la vista y vive! Esta es una dimensión de vida que el hombre ha perdido de vista. Esto es lo que más necesitamos. No tanto encontrar la manera de cambiar a las personas, ni hasta de cambiarnos a nosotros mismos, sino levantar nuestros ojos y ver profundamente —ver lo inmortal, ver lo divino. Este es el camino de "aquí a la eternidad", el portón al reino y la técnica práctica para demostrar "la vida más abundante". De pronto, las cosas anteriores —muy tarde, muy viejo, muy poco, muy grande— pasan de largo. Ahora ya no son relevantes. "Todas las cosas se han vuelto nuevas." Hemos resucitado a una nueva conciencia de paz, poder y abundancia.

Año tras año, en la mañana del Domingo de Resurrección, millones de personas a través del mundo cristiano proclaman las palabras "El ha resucitado. ¡Aleluya! El ha resucitado". Si sólo cada devoto pudiera captar las profundas implicaciones de la Pascua Florida y de su propia afirmación "El ha resucitado". Si cada uno pudiera comprender que "El ha resucitado en mí, lo cual me permite ver aquello que ha resucitado en cada persona en el mundo", veríamos la manifestación de "paz en la tierra, buena voluntad para con los hombres". Si El ha resucitado (y los cristianos todos construyen su fe sobre esta aceptación), entonces El ha demostrado lo divino de cada persona en el mundo. Deteniéndonos en aquel Domingo de Resurrección en el espíritu correcto, mirando hacia el amanecer, y "levantando la vista" al Espíritu morador, podemos ver más allá de las apariencias —las piedras de las limitaciones humanas son removidas. Ya no se ven más las barreras de prejuicios o de distinciones de clases; ya no somos entorpecidos por las cortinas de hierro entre naciones o mentes. Podemos ver desde la divinidad en nosotros mismos, y podemos ver esa misma divinidad en otras personas —todas las personas.

La celebración habitual del Domingo de Resurrección —escuchar por una hora acerca del acontecimiento emocionante de hace dos mil años— es como contemplar durante un día los misterios del cálculo sin habernos acondicionado jamás para comprender el básico dos más dos. Sacamos nuestro libro de cálculo y lo leemos (sin comprenderlo verdaderamente) y decimos: "Es tan bello". Entonces lo ponemos en un lugar alto en el estante donde permanecerá por otro año. Nos decimos a nosotros mismos que fue una experiencia maravillosa el pensar sobre eso por todo un día.

Hay una premura acerca de la ciencia subyacente en la Gran Demostración. El mundo necesita esta Verdad hoy. No se puede permitir que siga acumulando polvo en el estante hasta la próxima contemplación de una vez al año. No basta con cotorrear la historia de la resurrección. Necesitamos reducirla al denominador común más pequeño y entonces poner a trabajar los principios. El Domingo de

Resurrección trata de la Divinidad del Hombre, la tuya y la de todas las personas —a cada lado de las cortinas de hierro y de bambú, a cada lado de las guerras y los feudos, a cada lado de las controversias obrero-patronales, y alrededor de todas las mesas de conferencias.

Hay piedras en el mundo —muchas de ellas gigantescas. Levantemos nuestros ojos, y las piedras se removerán. No tratemos de corregir las cosas sino de verlas correctamente. La visión correcta es nuestro pasaporte eterno de las ilusiones del sentimiento humano al cielo de la realización.

## CAPÍTULO DIECISIETE

# ¿Enseñó Jesús la reencarnación?

*Nuestro nacer es sólo un sueño y un olvido.*
*El alma que con nosotros emerge, nuestra estrella de la vida,*
*en otra parte tuvo su ocaso,*
*y viene de muy lejos.*
*Ni en completo olvido, ni en completa desnudez,*
*sino arrastrando nubes de gloria venimos*
*de Dios que es nuestro refugio.*

—*Wordsworth*[1]

A TRAVÉS DE LAS EDADES HA HABIDO muchas filosofías acerca del tiempo pasado y del futuro. El hombre siempre ha buscado en su alma y en el mundo que le rodea las contestaciones a sus preguntas: "¿Por qué estoy aquí? ¿Por qué soy como soy? ¿Por qué soy yo de un modo y otra persona de un modo diferente? ¿Dónde está la justicia para las desigualdades de la vida?"

El materialista ha insistido: "Esto es todo lo que hay. Eres como el árbol o el animal. Entras a la vida porque se sembró una semilla. Abandonas esta vida cuando es retirada de ti accidental o naturalmente. Sólo vives una vez, diviértete".

Pero, un estudio de lo que pasaba por religión antiguamente en sus formas más primitivas, indica que siempre ha habido una creencia de que esta vida es sólo una parte del total, que existe

327

algo, comúnmente llamado alma, que sobrevive la muerte. ¿Qué sucede a esta alma después de la muerte? El hombre ha considerado toda clase de posibilidades: un lugar de eterno descanso en los cielos, el "Valhalla" de la mitología escandinava. Al morir, el polinesio que ha sido bueno se "va al oeste". A veces hay un camino doble: uno hacia arriba y el otro hacia abajo —el lugar feliz para el bueno, mientras que el resto sufre del tormento eterno. Pero con la muerte todo finaliza, el caso ha terminado.

El cristianismo ortodoxo ha enseñado que el nacimiento es el comienzo de la vida, pero la muerte es sólo un paso dentro de nuestra existencia eterna, que es el verdadero propósito de todo. La vida "acá abajo" es sólo una preparación para la dicha futura al ir "allá arriba". Pero esto deja un sin fin de preguntas sin contestar.

La iglesia ha tendido a cubrirse a sí misma en un manto de infalibilidad. Al peregrino en el sendero se le ha advertido: "¡No razones! Razonar, pensar, interrogar, analizar es la ruta que lleva al infierno. Cree o sé condenado". Fue justamente esa implicación en el punto de vista cristiano que guió a Robert G. Ingersoll a proclamar: "Cree o sé condenado —yo lo averiguaré". No vamos a comentar aquí acerca de sus descubrimientos, pero aplaudimos vigorosamente su arrojo y defendemos su derecho a hacer las preguntas.

Hagámonos algunas preguntas valerosamente —no en son de crítica de alguna posición teológica, sino movidos por un deseo ferviente de encontrar un marco de referencia para una fe utilizable. ¿No te has preguntado en algún momento:

1. Si esta vida es sólo la preparación para otra que viene, ¿cómo explicarnos el innato deseo de vivir?

¿Por qué no nos sentimos ansiosos de entrar a la próxima vida? Hasta el fundamentalista más furioso, que cree en las glorias del cielo, hace todo lo posible por curarse una enfermedad.

2. ¿Cómo explicarnos el aparente patrón inconcluso de las vidas individuales, y el patrón constantemente progresivo de las civilizaciones que construye el hombre?

3. ¿Cómo explicarnos las grandes desigualdades entre los hombres, mientras se nos dice que todos los hombres son creados iguales? ¿No es Dios un Dios de justicia y equidad? ¿Se supone que todos logremos la misma meta a pesar de haber empezado en distintos niveles? Parece ser que algunos tienen ventaja mientras que otros comienzan con un impedimento. Algunos nacen en la opulencia, otros son de humilde condición. Algunos nacen con mentes y cuerpos normales y saludables, mientras que otros nacen paralíticos o ciegos o con anormalidades cerebrales. ¿Dónde está la justicia?

4. ¿Cómo es que podemos decir que un alma es creada en un punto del tiempo y que luego sobrevive la muerte del cuerpo físico y procede a vivir eternamente? ¿No resulta ilógico y no científico el decir que sobrevivimos el cuerpo pero no lo preexistimos, que tenemos un comienzo pero no un fin?

Jesús dijo: "Sed, pues, vosotros perfectos, como vuestro Padre que está en los cielos es perfecto" (Mt. 5:48). En estas breves palabras, El establece inequívocamente la meta final de la vida. Pero ¿cómo podemos lograr perfección en un corto plazo de vida? Mira a tu alrededor y observa si hay alguien que dé evidencia de lograr ese objetivo en esta vida. ¿No parece algo ilógico el que Jesús esperara que nosotros alcanzásemos esa meta de perfección en una vida que comienza al nacer y termina al morir?

Y sin embargo, El ordena claramente: "*Sed* vosotros perfectos". Si Jesús dijo esto seriamente (¿y cómo podemos dudarlo?), entonces ¿no sería posible y lógico que El estuviera hablando de una meta final cuyo logro podría tomar sucesivas existencias —quizás cientos de ellas, al ritmo en que la mayoría de nosotros aparentamos desarrollarnos y crecer? Ciertamente, la idea de la reencarnación da una contestación verosímil a las preguntas que la mayoría de nosotros podría hacer de la vida.

¿Y qué de las asombrosas hazañas de los niños prodigios? Existe alguna otra explicación para un Mozart que tocaba un concierto de clavicordio a los cinco años y se presentaba en un viaje por Europa a los seis? Sir William Hamilton aprendió el hebreo a los tres años, y a los trece podía hablar trece idiomas. ¿Es acaso una agrupación accidental de los genes lo que hace a un niño adelantarse en tal forma a hombres y mujeres que han laborado por largos años en ese mismo campo? Si es así, la vida ciertamente parece ser caprichosa y a la vez injusta.

O es, como podría sugerir la teoría de la reencarnación, que ellos han estado aquí antes y traen consigo un desarrollo ganado en vidas previas. El intelectual sofisticado que deja a un lado todas las teorías religiosas por su devoción a los antiguos filósofos griegos, podría sorprenderse al descubrir que Platón era un firme creyente de la reencarnación. En su famosa "Teoría de la Reminiscencia" dijo: "el conocimiento que se adquiere fácilmente es aquel que el ser perdurable tuvo en una vida anterior, de modo que fluye nuevamente con facilidad".

Y qué hay de los fenómenos extraños como éste que yo viví hace algunos años: Mi esposa y yo estábamos entrando a Chicago por una sección muy antigua. Yo manejaba. Jamás había estado antes en Chicago y nunca había tenido la oportunidad de aprender nada sobre esta ciudad. De pronto, me encontré diciendo los nombres de las calles transversales antes de llegar a las esquinas. Seguí así como por veinte cuadras hasta que mi esposa comentó: "Ya veo que has estado aquí anteriormente. Tienes una buena memoria". En ese momento, caí en cuenta de lo que estaba haciendo. Protesté: "Pero, si yo nunca antes había estado aquí". Permanecimos silenciosos por un rato hasta que mi esposa comentó: "Quizás sí has estado aquí antes".

John Buchan narra sobre el hecho de encontrarse en un lugar en el que no pudo haber visitado antes, y sin embargo le era perfectamente familiar. Dice estar seguro de que fue el escenario de una acción en la que él una vez participó.

Casi todos nosotros hemos tenido esas ocasiones cuando al conocer a alguien hemos percibido el extraño sentimiento de que ya le habíamos conocido antes. Desde luego, esos extraños fenómenos se pueden descartar como alucinación o clarividencia o algún tipo de percepción extrasensorial. Muchos querrán refugiarse en eso. Otros querrán avanzar de prisa para considerar algo más del cuerpo de evidencia en aumento.

En esta obra no estamos apoyando la causa de la reencarnación. Ni estamos equipados en este momento para dirigir tal causa. Simplemente queremos considerar, a la luz de las enseñanzas de Jesús acerca del hombre y de la vida, lo que El tuvo que decir acerca de todo esto. ¿Enseñó Jesús la reencarnación?

Tenemos que reconocer que todo lo que Jesús enseñó o hizo no fue incorporado en el expediente de los Evangelios. Los cuatro Evangelios surgieron de la rememorada influencia de Jesús sobre estos escritores, quienes no escribieron hasta muchos años más tarde. Obviamente, ellos escribieron sobre las cosas que a ellos más le habían impresionado, las cosas que les parecieron más importantes y más revolucionarias en términos de la antigua Ley. El hecho de que el concepto de la reencarnación no se mencione, puede explicarse de cualquiera de dos modos: O no era parte de la creencia de Jesús, o era una creencia tan generalmente aceptada que no había necesidad de comentar al respecto. Podemos elegir entre esas posibilidades.

Hoy sabemos que la teoría de la reencarnación era una creencia común en los días de Jesús. No sabemos si fue aceptada por los fariseos. Probablemente no. Puede haber estado a la par con el interés contemporáneo en los platillos voladores y en las percepciones extrasensoriales. En ocasiones, Jesús parece reconocer que la reencarnación era una creencia prevaleciente de su época. Pero no comentó sobre ello, a pesar de que El habló valerosamente cuando sentía que lo que prevalecía estaba mal. Parecería ser más significativo el hecho de que El no dijera nada en contra de la reencarnación que el hecho de que verdaderamente hablara a favor de ella.

¿Qué quiso decir Jesús en Mateo 11:14 cuando, hablando de Juan el Bautista, dijo: "El es aquel Elías que había de venir". O de nuevo en Marcos 9:11, "Le preguntaron, diciendo: ¿Por qué dicen los escribas que es necesario que Elías venga primero? Respondiendo él, les dijo: Elías a la verdad vendrá primero y restaurará todas las cosas. Pero ¿no dice la escritura que el Hijo del Hombre, debe padecer mucho y ser despreciado? Pero os digo que Elías ya vino, y le hicieron todo lo que quisieron, como está escrito de él". Sería difícil exponer más claramente que Juan el Bautista era la reencarnación de Elías. ¡Y éste era el discurso de Jesús!

En Mateo 16:13 leemos que Jesús le preguntó a Sus discípulos: "¿Quién dicen los hombres que es el Hijo del Hombre?" Ellos dijeron: "Unos, Juan el Bautista; otros, Elías; y otros, Jeremías o alguno de los profetas". En otras palabras, "¿Qué está diciendo la gente acerca de mí?" Y ellos contestaron en efecto, "La gente comenta entre sí, diciendo que Tú eres la reencarnación de Elías, o Jeremías o uno de los profetas". Cierto, Jesús ni aceptó ni rechazó esta información. Pero, ¿no es algo interesante el hecho de que no les reprendió por hablar necedades? El hecho de que Jesús no lo convirtiera en tema de discusión podría indicar que compartía esa creencia en la reencarnación, o por lo menos, que la aceptaba como una posibilidad.

Hay un pasaje interesante para ser estudiado en Juan 9:2, donde leemos que a Jesús le traen un hombre "ciego de nacimiento" con la pregunta: "Rabí, ¿quién pecó, éste o sus padres, para que haya nacido ciego?" Si uno quisiese analizar esto con la intensidad y la profundidad del intelecto, podría "divertirse mucho" al hacerlo. Ciertamente, no podemos evitar admitir que la pregunta en sí indica una creencia prevaleciente en la reencarnación. Ahora, sí se podía considerar que un ciego de nacimiento estaba siendo castigado con esa ceguera por pecado ya cometido, entonces el pecado tiene que haber ocurrido en una vida anterior a su nacimiento en este mundo.

Fíjate cuidadosamente en la contestación de Jesús: "No es que pecó éste, ni sus padres, sino para que las obras de Dios se manifiesten en él". Parecería ser que admite que ambas teorías eran razonables porque no las rechazó ni las ridiculizó. El pudo haber dicho: "No sean ridículos, ¿cómo puede pecar un hombre antes de nacer?" Pero no dijo eso. Simplemente afirmó que ninguna de las dos teorías presentadas se aplicaba en este caso. El tenía una tercera contestación, que la aflicción era sencillamente un proceso de crecimiento para el individuo, el alma escogiendo un reto a través del cual crecer en esta experiencia de vida.

Jesús no rechaza la idea de la reencarnación, lo cual puede significar que la aceptó o que por lo menos era receptivo al respecto. Pero, en esta ocasión, El presenta otro concepto muy significativo que podría contestar muchas de los interrogantes que desconciertan al hombre. La vida es una experiencia en crecimiento. Viviendo, como tan a menudo lo hace, en una "región distante", el hombre tiende a pensar de la vida como una oportunidad para la autoindulgencia. Por lo tanto, sus metas casi siempre se encuentran en la dirección de la adquisición de cosas y del logro de un gozo apacible y paz mental. A menudo logra alcanzar sus metas materialistas a expensas de su vida, antes que en su expansión. Así pues, como al hijo pródigo "comienza a faltarle".

Jesús sabía que la vida se vive de adentro hacia afuera, y que el reino de Dios es interno. Sabía que la vida es una oportunidad para descubrir nuestra divinidad y liberar nuestro "esplendor aprisionado". Sabía que, al igual que el estudiante se matricula en cursos de estudio difíciles para poder adelantar su educación, así el hombre, en su eterno desenvolvimiento, a menudo atrae la experiencia más retadora hacia él debido a la oportunidad que ésta le ofrece de crecimiento personal. Por lo tanto, en Su análisis del hombre nacido ciego, El dijo: "Este no es un caso de castigo por errores previos. Este es el caso de un hombre pasando al próximo grado, listo para las pruebas más difíciles que le guiarán a su mayor desarrollo —si puede pasar las pruebas".

No pasemos por alto esta declaración casual de Jesús. Nos indica que jamás debemos comentar a la ligera acerca de las limitaciones de otro diciendo: "Bueno, eso es el resultado de un pensar equivocado o de pecados previos". ¡No juzgues de acuerdo a las apariencias! El ciego, el cojo y el desafortunado que nos encontramos a lo largo del camino de la vida, puede que concebiblemente estén más adelantados en su desenvolvimiento espiritual que sus hermanos más afortunados. Uno puede elaborar su karma, mientras que otro quizás esté tomando las pruebas de un nivel de vida más alto. Quizás sólo la visión del Cristo pueda discernir correctamente.

Los cristianos a menudo tienden a pensar en la teoría de la reencarnación como una idea sectaria surgida del pensamiento de misteriosos grupos religiosos. La verdad es que la mayoría de la raza humana cree en una u otra de las filosofías relacionadas con la reencarnación. Puede que no sea agradable al paladar de los teólogos cristianos modernos, pero es parte del expediente de la historia de la iglesia, que el cristianismo primitivo mantuvo la idea de la reencarnación como una doctrina de la iglesia hasta el Concilio de Constantinopla en 553 D.C.[2]

Este Concilio fue, en realidad, sólo la fase final de un violento conflicto de diez años promovido por el edicto del emperador romano Justiniano en contra de las enseñanzas del Padre Orígenes. Fue ese un período tormentoso en la historia cristiana. Los historiadores se refieren al gobierno de Justiniano como un papadocesareo —en el cual el emperador se convertía en el papa, sin tener un trasfondo religioso. Justiniano gobernaba la iglesia por ley imperial, y dictaba las doctrinas teológicas. Las doctrinas de la iglesia se han ido juntando a lo largo de los siglos como un mosaico en desarrollo, según las conferencias y las asambleas y los "santos cuerpos" han desarrollado la religión *acerca de* Jesús.

Sin la influencia estabilizadora del concepto de vida total en el cristianismo, los individuos son impulsados a pensar: "Ah bueno, ¿cuál es la diferencia? ¡Diviértete! Sólo vives una vez y cuando te mueres, estás muerto por mucho tiempo". Es del todo posible que la pérdida de la idea de la reencarnación y su ley relacionada de causa y efecto, hayan sido la razón más poderosa para el surgimiento de lo que se conoce como el "Materialismo Occidental".

Dentro de la misma iglesia que rechazó la teoría de la reencarnación ha habido muchos creyentes, entre ellos San Agustín y San Francisco de Asís. Añade a ellos la larga lista de personas inteligentes de todos los campos que han endosado el concepto, y tienes un argumento bastante convincente. Ellos fueron Cicerón, Séneca, Pitágoras y Platón en los tiempos antiguos; más recientemente, Maeterlinck, Ibsen, Lavater, Schopenhauer, Hume, Goethe y Emerson, y entre los poetas, Walt Whitman, Longfellow, Tennyson, Browning, Swinburne, W. E. Henley y Kipling. Quién no ha sentido con Tennyson:

> Así amigo, cuando te contemplé por vez primera,
> nuestros pensamientos se entrelazaron
> como espejos reflejándose mutuamente,
> aunque no sabía yo el cuándo ni el dónde,
> pensé que a menudo te había encontrado,
> y cada uno ya había morado
> en la mente y el habla del otro.[3]

Te puedes preguntar: "Si ya he vivido antes, ¿por qué no recuerdo mis vidas anteriores?" Sí lo haces. El carácter es memoria. Es la esencia acumulada destilada de tu experiencia previa. El genio es memoria. El niño prodigio revela una prodigiosa memoria de desarrollo acumulativo.

Todo esto ciertamente no es prueba de que la reencarnación sea un hecho. Yo digo que no hay prueba. Pero tampoco hay prueba alguna en su contra. No podemos probarlo ni de un modo ni del otro. En un debate sobre el tema de la reencarnación, yo creo que me sería más fácil tomar la posición negativa que la afirmativa, porque podría pensar en muchas razones más de por qué no podría ser verdad desde el punto de vista intelectual. Y sin embargo, en mi corazón yo siento que es la única explicación creíble de la vida, desde un punto de vista eterno. Jesús, muy definitivamente, enseñó la Divinidad del Hombre. El hombre es divino y a la larga tiene que desenvolver su potencial y lograr la realización del Cristo. La reencarnación parecería indicar un modo de cómo se puede hacer.

Pero en realidad no hay nada imperativo, acerca de aceptar esta idea. El que la aceptes o no, queda a tu elección. Si no te atrae, no te preocupes por ello. Olvídate del asunto. Ocasionalmente puede que encuentres alguna pregunta desconcertante o ciertas lagunas en tu filosofía de vida. La idea de la reencarnación a lo mejor llena esas lagunas para ti y consigue que la vida tenga un poco más de sentido.

Lo importante es que el hombre nació para vivir y no para morir. "De cierto, de cierto os digo que el que guarde mi palabra, nunca verá muerte" (Jn. 8:51). Pablo dice: "La paga del pecado es muerte . . ." (Ro. 6:23). Este es el pecado del pensar incorrecto —de pensar en términos de separación de Dios, de no abrazar la totalidad de Dios en pensamiento y fe. Y, lo más importante, es el pecado de no conocer tu divinidad. Todo esto parece ser la causa de los males que padece la carne.

Sin embargo, el hombre es un alma viviente. El no es un cuerpo. El tiene un cuerpo. Si se deja el cuerpo, eso de ningún modo significa el final del hombre. Simplemente significa que el ser eterno, el alma, sigue su camino para ser revestido de acuerdo al propósito de Dios.

Dice Charles Fillmore:

Dios no creó al hombre para morir: la muerte es el resultado de la transgresión de la ley . . . Cuando el hombre pierde su cuerpo al morir, la ley de expresión trabaja con él para reencarnarse y toma para sí mismo un nuevo cuerpo. La Ley Divina le permite seguir tratando hasta que aprende a vivir correctamente. Y el hombre hará esto al superar el pecado, la enfermedad, la vejez y, finalmente, la muerte. Cuando éstos sean eliminados, ya no será más "reencarnación".[4]

En Apocalipsis parece que se implica lo mismo: "Al vencedor, yo lo haré columna en el templo de mi Dios y nunca más saldrá de allí" (3:12). La reencarnación no es el plan final de Dios para el hombre. Es una muestra del amor de Dios por nosotros, mediante la cual, si por el pecado y por no lograr la marca de perfección perdemos el cuerpo, podemos revestirnos nuevamente. Podemos tratar en otra ocasión de completar la gran obra que el Padre nos ha encomendado.

Un clamor que muy a menudo se oye de labios del hombre es: "Ay, ¡si tan sólo pudiera vivir mi vida nuevamente!" La reencarnación podría ser una contestación a esa eterna esperanza. No es un castigo, sino la señal del amor perdonador de Dios, la eterna provisión para lograr la meta de la perfección.

No obstante, hay peligros en la contemplación de la idea de la reencarnación. Si tú has vivido una ronda continua de vidas anteriores, es difícil reprimir la curiosidad acerca de qué pudiste haber sido antes y dónde pudiste haber estado. Esto sería otra manera de vivir el pasado. Jesús dijo: "Ninguno que, habiendo puesto su mano en el arado, mira hacia atrás es apto para el reino de Dios" (Lc. 9:62).

En mi libro *Life is for Living*, yo asemejo la vida a una ola en el océano, señalando que la ola no es un cuerpo de agua, ni tan siquiera un movimiento de agua. Es un movimiento de una fuerza intangible sobre el agua.

Una ola es el océano expresándose a sí mismo como ola. Tiene forma y configuración y movimiento. Tiene una identidad, una singularidad; pero no es ni más ni menos que el océano. No está ni siquiera limitada a un segmento particular del océano. Es un movimiento dentro del océano, una proyección del océano, que se mueve a la vez sobre y a través del océano. Cuando finalmente la ola rompe sobre la orilla, ¿dónde está el agua del océano que empezó a abultarse originalmente? Está en las profundidades donde siempre estuvo. Y esto guía hacia un factor clave acerca de la vida.

. . . Tu vida que aparenta comenzar con el nacimiento y concluir con la muerte es como un instante en el movimiento de la ola. En ese instante la ola es una parte determinada del agua. En tu experiencia de vida actual, en este momento, la vida para ti es tu cuerpo y las determinadas células de vida que componen los órganos y funciones de tu cuerpo. La vida no está limitada a tu cuerpo. Si el cuerpo templo fuese dejado en la experiencia que llamamos muerte, esto no es tu final ni del movimiento de vida que está siendo proyectado a través de ti y *como* tú. La ola sigue su viaje.

. . . ¿Dónde está la ola que aparecía cien yardas más distante? Puedes encontrar el agua que estuvo en un momento expresándose como la ola pero que simplemente ha regresado al tranquilo océano. El único lugar para encontrar la ola que fue es en la ola que es. Yo estoy seguro que la memoria del hombre puede retener los patrones de vibración de un pasado lejano (igual que una cinta magnética a veces retiene algunos de los patrones electrónicos de una grabación previa mientras se está haciendo una nueva grabación). Pero creo que debemos dejar que los científicos hagan una exploración cuidadosa en esta área de conciencia.

La vida que una vez viviste, sólo se puede encontrar en la vida que ahora expresas. Puede que, concebiblemente, encuentres una larga cadena de tumbas, posesiones y nichos en la historia, pero la ola se ha movido, . . . mirar el agua que una vez fue la ola en realidad no nos dice nada sobre la ola. Embarcarse en una búsqueda de regresión en nuestro pasado, puede que produzca evidencia de una vida o varias vidas pasadas, pero en realidad nada podría decirme sobre la proyección motriz de vida a la visibilidad que pasó a través de cada punto y que ahora se manifiesta como yo.[5]

Hemos tocado el tema de la reencarnación simplemente porque parece ser un corolario natural del concepto de Jesús sobre la Divinidad del Hombre. Ofrece una explicación verosímil de cómo y cuándo el "esplendor aprisionado puede escapar". Hemos tratado de indicar la inferencia de este concepto en las enseñanzas de Jesús. Pero no hemos probado nada. Ni sugerimos que tú te envuelvas en un estudio profundo del tema. Charles Fillmore advierte: "El estudio de la reencarnación no es provechoso al estudiante de pensamiento superior . . . No lo que hayas sido, sino lo que ahora eres, es el tema a considerar".[6]

Jesús trató de inducirnos a mirar a las alturas de la conciencia de Dios, a percibir una vida que no es asunto de tiempo o de colección de cosas o de experiencias ni aun de personas —a despertar a un propósito mayor en la vida que la mera existencia, a saber que la vida es mucho más que eso que empieza al nacer y termina con la muerte. Cuando sabemos esta Verdad, cuando en realidad la sabemos, entonces estamos libres de miedo, de ansiedad, de la atroz resistencia y dolor sobre la muerte.

No hay ninguna duda al respecto —Jesús enseñó que la muerte no es una conclusión, no es una meta, no es una experiencia final. La muerte no soluciona nada, y no hay escape de los problemas o las limitaciones a través de sus puertas. Los asuntos inconclusos tienen que cargarse de algún modo. Los problemas sin resolver tienen que ser resueltos con el tiempo. El desarrollo espiritual y los "tesoros en el cielo" no pueden perderse.

Para cada final tiene que haber un comienzo; para cada muerte tiene que haber un nacimiento. En el contexto más amplio, quizás nacimiento y muerte sean sólo los dos lados de una puerta, dos modos de ver una experiencia, un marco de una película de la ola del océano que se mueve implacablemente hacia la orilla distante.

Tú vives lleno de una experiencia eterna, sin principio y sin final. Resuélvete a vivir este día y cada día como si fuese el único día que hay —porque de hecho es así. Ayer ya no existe y mañana y los días del futuro simplemente se desenvolverán del movimiento continuo de la existencia que está "ahora" en su desarrollo.

Con el tiempo, "vida" y "muerte" como lados opuestos el uno al otro se desvanecerán en la nada. Ninguno tiene realidad en ese contexto. La vida que es sólo el preludio a la muerte, y la muerte que es sólo el postludio a la vida, tienen existencia sólo en la conciencia del hombre. La verdad es: "La vida es conciencia". Laboremos por la conciencia que, con el Lázaro de O'Neill, mira hacia arriba hacia la vida eterna, a lo intrépido y lo imperecedero, a lo eterno, a las estrellas.

En su sentido completo, la vida simplemente es. Vamos a aceptarla, a vivirla, a regocijarnos en ella. Tenemos toda la eternidad para alcanzar esa última meta de perfección. Y para aquellos que se preguntan como podrá ser eso, hay la posibilidad de la reencarnación. Jesús no la enseñó directamente. Pero ciertamente El parece haberla implicado enfáticamente. Y la Divinidad del Hombre, que El muy ciertamente sí enseñó, parece necesitar de ella como un proceso importante.

## CAPÍTULO DIECIOCHO

# ¿Cuándo vendrá el Reino?

E N LA TEOLOGÍA CRISTIANA hay una palabra interesante que el laico rara vez escucha. Se relaciona con un área de la prédica cristiana que se oye continuamente por todo el mundo. La palabra es "escatología". Esta es la doctrina del juicio final, del futuro estado de la humanidad y de la segunda venida del Cristo. Se han formulado volúmenes sobre volúmenes de doctrina y de dogma sobre la venida literal y física del reino. Y millones de seguidores, desde los días de los discípulos hasta los nuestros, han estado esperando con optimismo o temor que algo suceda.

Algunos predican que ahora estamos entrando en las etapas finales de una civilización que finalmente será destruida y que se iniciará "un cielo nuevo y una tierra nueva" . . . "las primeras cosas ya pasaron". Y . . . "Yo hago nuevas todas las cosas" (Ap. 21:1, 4, 5). Estas voces citan la secularización de la vida, la bomba atómica, el creciente énfasis en el sexo, la violencia y el materialismo.

Sin embargo, las civilizaciones jamás han sido destruidas por conquistas externas o por mandato divino. Las civilizaciones se han levantado y han decaído con el levantamiento y la caída en la conciencia humana. La caída de Roma, por ejemplo, fue una labor interna. Si la humanidad está hoy en dificultades, no es a consecuencia de la ira de Dios, sino de la oscuridad en las mentes de los hombres. El peligro no estriba en el átomo, sino en el hombre adánico que está frustrando su potencial inherente. El Reino de los Cielos aún está dentro del hombre, y "la mente que estuvo en Cristo Jesús" está en cada uno de nosotros.

Un jovenzuelo, al tratar de desacreditar la sabiduría de un anciano muy erudito, le preguntó: "¿Está vivo o muerto este pájaro que tengo aquí en mi mano?" El anciano sabía que si decía "muerto", el joven lo mostraría vivo, y que si decía "vivo", lo apretaría para mostrarlo muerto. Por lo tanto respondió: "Está como tú deseas que esté, hijo mío".

Y así sucede con los átomos y las máquinas, con las naciones y los privilegios y con las aptitudes internas. Están como deseamos que estén. En nuestra búsqueda de comprensión, estamos almacenando poco a poco las herramientas y los materiales de construcción que necesitamos para hacer de nuestra tierra un cielo. Virtualmente, el hombre es más fuerte que sus temores y más poderoso que sus debilidades. La función de los maestros, predicadores y filósofos es enseñar a las personas, a todas las personas, a conocer este hecho básico de la vida. El futuro de nuestra civilización puede depender de que tengamos éxito en ayudar a todos los hombres a conocer y a relacionarse con el "más allá interior".

Desde las épocas primitivas los hombres han racionalizado las desigualdades de esta vida con los sueños de una vida futura donde todo se corregirá. En todas las culturas aparecen referencias de lugares tales como "allende el azul", "la tierra de la caza feliz", "los campos Elíseos". Pero, ¿qué enseñó Jesús acerca de eso? El se refirió a menudo al "Reino de los Cielos" y al "Reino de Dios". ¿Dónde los localizó? ¿Habló sobre calles doradas y arpas y vestimentas blancas?

Jesús fue bastante específico. El dijo que el Reino de los Cielos está "a la mano". Esto indica que el tiempo es ahora. "Preguntado por los fariseos cuándo había de venir el reino de Dios, les respondió y dijo: El reino de Dios no vendrá con advertencia, ni dirán: "Helo aquí", o "helo allí", porque el reino de Dios está entre vosotros" (Lc. 17:20). Esto indica que no es un lugar en el espacio.

La versión de un cielo de "verdes praderas" ha evolucionado como resultado de la especulación del hombre acerca del concepto de Jesús. Al hombre siempre le ha resultado problemático comprender las cosas inmateriales desde un marco de referencia material, de contemplar una experiencia cuatridimensional desde un enfoque tridimensional.

Ouspensky, en su *New Model of the Universe* (Nuevo modelo del universo) dice:

> El mundo es un mundo de posibilidades infinitas. Cada momento contiene un vasto número de posibilidades. Y todas ellas son realizadas, sólo que no lo vemos y no lo sabemos. Sólo vemos una de las realizaciones, y en esto yace la pobreza y la limitación de la mente humana. El tiempo no es un fenómeno pasajero, sino un desenvolvimiento de las infinitas posibilidades de un universo en expansión.[1]

Esto bien podría ser una descripción del Reino de los Cielos. Con esta visión interna podemos ver que Jesús no está hablando de un lugar al cual vamos; ni de una experiencia en el tiempo. No es del futuro. No es algún sitio adonde ir, sino algo para ser. No hay caso alguno en buscarlo, pues no llega con la observación. Es una habilidad que está siempre presente en nosotros —en el nivel espiritual de la vida.

La tradición sostiene que cuando los discípulos le preguntaron a Jesús, "¿Cuándo vendrá el Reino"? El les contestó: "Cuando lo externo se vuelva igual a lo interno". En otras palabras —cuando tú expreses aquello para lo que fuiste creado. O, desde el enfoque del mundo, cuando la raza del hombre se eleve al nivel de perfección universal. Tal posibilidad está más allá de la imaginación de la mayoría de nosotros. ¡Hay tanta debilidad, tanta maldad aparente!

Robert Browning soñó con el desarrollo de una raza perfecta de hombre. El vio a toda la raza humana pasando por las fases preparatorias para desarrollar esta perfección. Para él, el "fin del mundo" sería ese punto donde todos los hombres son perfectos finalmente. Yo estimo que ésta es una de las visiones más elevadas jamás escritas acerca del hombre:

La naturaleza del hombre no es todavía del hombre,
ni considero su propósito cumplido, su fin alcanzado,
su fuerza genuina ejercida justamente,
mientras sólo una que otra estrella alumbra la oscuridad,
una que otra mente majestuosa mira desde lo alto a sus
    postrados hermanos.
Cuando las huestes se levanten unidas a disipar la
    noche,
cuando la humanidad por igual sea perfeccionada,

semejantes todos en completo poder
—entonces, digo que no hasta ese entonces,
comienza la infancia universal del hombre.[2]

¡Qué diferencia habría si más y más personas pudieran captar esta visión de la vida! El promedio de personas piensa que la vida es estática más que dinámica. Cree que sus rasgos o características son una forma de huella digital de su vida. Puede que no le guste cómo es. Puede resentirse por esto y hasta rebelarse contra esto. Pero cuántas veces concluirá: "Así es exactamente como soy".

Mientras más comprendemos los conceptos de Jesús, más nos damos cuenta de que el único momento en que verdaderamente podemos decir: "Así es exactamente como soy", es cuando nos referimos a nuestra divinidad interna. Tú tienes una gran capacidad, una naturaleza divina en tu interior que necesita ser liberada. Esto es lo que en realidad enseñó Jesús.

Se cuenta una historia sobre un muchacho precoz parado en la esquina de una calle. Un ministro que pasaba por el lugar, se detuvo por un momento a ejercer su oficio. Dando palmaditas sobre la cabeza del muchacho le preguntó: "Hijo mío, ¿quién te hizo a ti?" El muchacho levantó su vista y contestó con impaciencia: "Bueno, la verdad señor, es que a mí todavía no se me ha terminado de hacer". Y esa es la Verdad acerca de ti. A ti todavía no se te ha terminado de hacer. No importa cuál pueda ser el nivel de tus experiencias en este momento, tú todavía no estás hecho. Hay más en ti. Y la experiencia misma es una oportunidad para crecer mientras afrontas el reto.

Muchas personas se refieren al cielo como "el piso de

arriba". Se dice a menudo que Dios es "el hombre allá arriba". Puedo recordar que de niño decía: "Juro y señalo el cielo". No había dudas al respecto —estaba justo "allá arriba". Y Dios estaba allí arriba también. Levantábamos la vista al hablar de El. Le orábamos a El allá arriba.

En un sentido muy real, el cielo *está* "arriba" —pero ese es el nivel más alto de la conciencia total del hombre. Quizás podría serte de ayuda el visualizar tu vida como una gran casa. Jesús usó esta ilustración en Juan 14:2. "En la casa de mi Padre muchas moradas hay". En otras palabras, hay muchos niveles donde podemos experimentar la vida. Hay numerosos pisos superiores —y hay un sótano. Puede decirse que muchas personas viven una gran parte de sus vidas en el sótano de la existencia, ignorantes de que arriba hay habitaciones para una vida exitosa y feliz.

No importa donde pueda estar un hombre o desde qué nivel se esté expresando, el Reino de Dios está en su interior. Puede que esté viviendo su vida en el sótano o quizás en un subsótano. Puede estar enfermo mental y corporalmente. Puede estar desposeído o depravado. Pero todavía hay pisos superiores en la casa de su vida aunque nunca los haya conocido. Su pecado es simplemente la frustración de su capacidad. Está viviendo en un verdadero infierno. Interesantemente, la palabra "hades" que usualmente se traduce equivocadamente como "infierno", significa literalmente "no ver". El hombre en el sótano, no puede ver la totalidad de la vida. Pero hay más en él, Dios está en él. Bergson está de acuerdo con esto cuando dice que un ser inteligente lleva dentro de sí los medios para superarse.

La palabra "cielo" (en inglés) viene de la palabra griega *ouranos,* que significa literalmente "expansible". El Reino de los Cielos, entonces, es el principio de expansión. La vida es una experiencia ilimitada en un Universo expansible. La mismísima naturaleza de la vida es el crecimiento. Es por eso que Jesús, al tratar de explicar el Reino de los Cielos, usa ilustraciones tales como el sembrador que se encamina a sembrar, la semilla de la mostaza, el "poco de levadura que fermenta toda la masa". ¡Un extraño número de ilustraciones si El habla de algún lugar en los cielos hacia al cual iremos en algún tiempo futuro!

La vida es crecimiento y desarrollo y la vida se vive de adentro hacia afuera. ¡Cuán pocas son las personas que en realidad saben esto! El promedio de personas vive su vida de afuera hacia adentro. Frustra su capacidad cuando permite que su nivel de conciencia sea determinado por lo que dice la gente, por lo que aparentan ser las condiciones, por lo que lee en los periódicos. Se convierte en poco más que un barómetro que registra las condiciones de su mundo. Entonces se ve atrapada en el dilema de conformarse con el mundo que le rodea o de pasar su vida resistiéndolo.

Jesús vino declarando: "Conoceréis la verdad, y la verdad os hará libres" (Jn. 8:32). En verdad, no importa lo que suceda a tu alrededor o lo que te suceda a ti. Esas cosas están en el mundo, y tú *puedes* vencer al mundo. Todo lo que en realidad importa es lo que sucede *en* ti —tus pensamientos respecto a las condiciones y a la gente. Tú puedes controlar tus pensamientos, pues eres el amo de tu mente o puedes serlo.

Hay una creencia profundamente enraizada en el inconsciente colectivo de la raza de que "no se puede conseguir que un viejo cambie de ideas" —no puede cambiarse la naturaleza humana. Rechaza esto porque es una gran mentira.

Cuando captas el concepto de Jesús acerca de la Divinidad del Hombre, ves que no sólo *puedes* cambiar la naturaleza humana, sino que éste es el propósito de toda la enseñanza cristiana. "Y como Moisés levantó la serpiente en el desierto, así es necesario que el Hijo del hombre sea levantado" (Jn. 3:14). Y tú eres ese hijo del hombre y tú *puedes* trascender tus experiencias de sótano y llegar a vivir en los cuartos altos de la vida.

El mensaje de Jesús acerca del Reino es el mensaje de la integridad. Nosotros siempre estamos viendo sólo una parte de la vida y concluyendo que el fragmento está en el todo. Esto es un gran problema al formular enfoques religiosos. Shelley dice que la religión es la percepción de la relación en que el hombre se enfrenta al universo. Pero esa percepción es una experiencia individual. Alguien le comunica *su* percepción a otro y ya estamos en el camino hacia la creación de un dogma. Con el tiempo, grupos enteros de personas aceptan la "percepción" que les es dada de segunda mano. A lo mejor hasta insisten en que no hay una percepción individual, o creen que tal despertamiento interno, o experiencia directa, es "la obra del diablo".

Jesús reconoció que el mayor enemigo de la gran idea del Reino de los Cielos como una capacidad interna en el hombre, era el fariseísmo. El fue despiadado en Su denuncia de los fariseos, porque ellos simbolizaban la preocupación cristalizada por las cosas externas, por las convicciones preparadas de antemano. El dijo: "¡Ay de vosotros, escribas y fariseos hipócritas!, porque cerráis el reino de los cielos delante de los hombres" (Mt. 23:13). El fariseísmo es hoy el mayor obstáculo en el hombre y en el mundo para la total realización de la Verdad.

Para muchas personas la religión es sinónimo de un servicio en la iglesia —un espectáculo que se observa, un ritual que se utiliza, un libro de oraciones que se usa una vez por semana. La religión es una insignia de respetabilidad convencional. Pertenecer a la iglesia correcta es a veces más importante que ser una persona correcta.

La palabra "religión" significa "unir". Es una relación, es tener conciencia de la unidad del hombre con la gran fuerza creativa de Dios. Las religiones antiguas no tenían una doctrina formal. Eran simplemente un modo de fortalecer la relación del individuo con el Infinito. La oración era una expresión espontánea del hombre finito tratando de sentir su unidad con el Infinito. Fue únicamente cuando las religiones se convirtieron en cuerpos corporativos que el dogma y la ceremonia tomaron precedencia sobre la búsqueda individual. Con el tiempo, el propósito de la religión, desde el punto de vista de su labor con el individuo, fue la unidad con la iglesia, en vez de la unidad con Dios.

La iglesia tiene un lugar vital en la vida del hombre —pero no como un supermercado en el cual se recogen fe y oración como si fueran alimentos listos para llevar. La iglesia tiene que ser una escuela donde el individuo aprende la Verdad de su unidad con Dios, de su propia filiación y del reino de los cielos en su interior. Como cualquier lugar de aprendizaje, la iglesia tiene que tratar de hacerse progresivamente innecesaria, de ayudar a las personas a tener confianza en sí mismas. En otras palabras, si la iglesia está haciendo su labor sinceramente, estará siempre esforzándose por liquidar su negocio. En el libro del Apocalipsis hay un discernimiento interesante en un sueño: "Vi la santa ciudad, la nueva Jerusalén, descender del cielo, de parte de

Dios . . . *En ella no vi templo"* (Ap. 21:2, 22). En otras palabras, la visión del futuro revela una sociedad habitada en
Dios, de personas embriagadas de Dios.

Esto no significa que no debamos tener iglesias. Sin duda
alguna, las iglesias de nuestra tierra aún son las mayores
fuentes de hombres buenos. Pero las iglesias tienen que
cambiar su imagen y empezar a verse a sí mismas, no como
recipientes de la Verdad Infinita, sino como centros ocupa-
dos en la investigación del hombre y el Universo —como
laboratorios donde las personas puedan investigar en ellas
mismas las cosas profundas de Dios. En el futuro, la única
iglesia merecedora de tal nombre será un centro de esa índole, receptivo en mente y doctrina, que ayuda a todas las
personas a encontrar el Espíritu en su interior.

Hay algunas indicaciones saludables en la religión contemporánea. Pastores individuales, y denominaciones enteras, están inspeccionándose a sí mismos desde el punto de
vista de una fe realista suficiente para encarar los problemas de hoy en día. Quizás tú te sentiste profundamente
conmovido cuando oíste al primer teólogo anunciar que
"Dios está muerto". De hecho, hay mucho motivo de regocijo en tal divulgación. Los teólogos, que han estado en la
corriente farisaica por tanto tiempo, con toda su religión
contenida en una cajita hábilmente empacada, de pronto
han encontrado el valor para levantar la tapa y mirar adentro. Ahora están admitiendo humildemente que la caja está
vacía. Esto sólo puede ser el preludio a una larga búsqueda
por una Verdad más profunda. Desde luego, esta búsqueda
es penosa tanto para los proveedores como para los con-
sumidores de una Verdad ya establecida". ¿Pero quién puede
decir que no sea éste un paso en el camino hacia la revita-

lización de una iglesia moribunda y hacia una conciencia creciente de la Divinidad del Hombre?

Para los fariseos, Jesús parecía estar diciendo: "Dios está muerto", cuando El dijo: "Dios es Espíritu, y los que lo adoran, en espíritu y en verdad es necesario que adoren" (Jn. 4:24). ¿No negaba esto el Dios personal de los cielos y la autoridad de "Su" sacerdocio? "¡Acállenlo. Quítenlo del medio!", gritaron ellos. "¡Porque él niega el Dios de nuestros padres, y se coloca él mismo en Su lugar!"

En su magnífico libro *Cosmic Consciousness* (Conciencia cósmica), Richard M. Bucke indica un desarrollo esperanzador en la búsqueda colectiva del hombre por la Verdad. El parece sentir que las religiones disminuirán, pero que la influencia de la religión aumentará. Dice el:

> El futuro inmediato de nuestra raza es indescriptiblemente esperanzador . . . En contacto con el lujo de la conciencia cósmica, todas las religiones conocidas y nombradas hoy, serán fundidas. El alma humana será revolucionada. La religión dominará absolutamente la raza . . . La evidencia de la inmortalidad vivirá en cada corazón como la vista en cada ojo. Dudar de Dios y de la vida eterna, será tan imposible como ahora lo es el dudar de la existencia; la evidencia de ambas será igual . . . Cada alma se sentirá y se conocerá a sí misma como inmortal, sentirá y conocerá que el universo entero con todo su bien y su belleza es para ella y le pertenece para siempre.[3]

Charles Fillmore, también, refleja el optimismo de Browning y Bucke. El dice: "El tiempo está maduro para el advenimiento de una nueva raza, el advenimiento del hombre espiritualizado. Este vendrá no por el milagro o mandato de Dios, sino por el refinamiento gradual del hombre de la carne al hombre del Espíritu".[4]

El tiempo está más que maduro. Muchas personas están perturbadas por el giro de las cosas en el mundo. ¿Qué puede hacerse sobre la división de hombres y naciones, sobre la inhumanidad del hombre hacia el hombre? Es cierto que se necesita el advenimiento de una nueva raza, pero una raza de hombres está compuesta de individuos. Cada persona tiene por último que enfrentar este hecho y dirigir su deseo de paz mundial a través del ideal: "Que ella comience conmigo".

No importa en qué condiciones se encuentre el mundo, tú puedes encontrar y expresar paz dentro de ti, porque el reino de Dios está dentro de ti. Y no es suficiente el aislarte en paz alejado del mundo. Te tienes que convertir en un pacificador, una influencia de paz entre los hombres. Los cristianos han hablado de ser "salvados". Esto generalmente implica ser salvados de la sociedad, del resto del mundo pagano y malvado. Pero ningún hombre puede salvarse *de* la sociedad; tiene que ser salvado con ella, si se pudiera. Pues él es la sociedad y la sociedad es él.

Herbert Spencer dice profundamente que nadie puede ser perfectamente moral hasta que todos sean morales; nadie puede ser perfectamente libre hasta que todos sean libres; nadie puede ser perfectamente feliz hasta que todos sean felices.

Esto puede llevarnos a reexaminar la pregunta tan conocida de Caín: "¿Soy yo el guarda de mi hermano?" Estados Unidos ha tratado de ser el guardián de varios hermanos alrededor del mundo, pero ha encontrado que ser un guardián levanta el resentimiento del "guardado". Así pues, la contestación es: "No, yo no soy el guardián de mi hermano. Yo soy el *hermano* de mi hermano. Y más que eso, en la percepción cósmica de la Divinidad del Hombre, yo soy mi hermano y mi hermano soy yo".

Cuando empecemos a tratar a las personas, individual y colectivamente, como seres espirituales, saludando la divinidad en ellas, entonces daremos, recibiremos y haremos negocios desde el nivel de amor y confianza mutua. Empezaremos a esperar mucho más de nosotros mismos y de los demás. Y trataremos a las personas como si ya fuesen lo que nuestra fe revela que pueden ser. De esta manera nos convertiremos de hecho, en una influencia para ayudarlas a salirse del sótano del pensamiento limitado y a vivir y a expresar más de su innato potencial divino.

Hay demasiada negatividad respecto al deterioro actual de la moralidad de la humanidad. Es refrescante leer el optimismo de Albert Schweitzer:

Nuestra humanidad no es de ninguna manera tan materialista como las necias habladurías la hacen aparecer. Yo estoy convencido de que hay mucho más en las personas de lo que jamás brota a la superficie del mundo. Al igual que el agua del arroyo que podemos ver es poca en comparación con la que fluye subterráneamente, así, el bien que el hombre hace es pequeño en cantidad comparado con el que los hombres y las mujeres llevan encerrado en sus corazones. . . . Para desatar lo que está atado, para subir las aguas subterráneas a la superficie, la humanidad es-

pera y anhela por alguien que así pueda hacerlo . . .
Nosotros mismos tenemos que tratar de ser el agua
que sí asciende; tenemos que convertirnos en un ma-
nantial donde los hombres puedan calmar su sed por
gratitud.[5]

Podemos decir: "¡Si sólo tuviésemos un hombre
poderoso para que nos dirija!" Las personas siempre han esperado a un salvador o un mesías. Platón buscaba a un dios
o a un hombre inspirado por Dios para que nos enseñara
nuestras obligaciones y nos quitara la venda de los ojos. Esa
esperanza mesiánica canta a través de todo el Antiguo Testamento. La religión acerca de Jesús insiste que esta esperanza se logró en Jesús, que Jesús es la esperanza de la
humanidad por siempre jamás, que el hombre tiene que
creer en El para ser salvado. No obstante, en el contexto del
descubrimiento de Jesús de la Divinidad del Hombre, vemos
que esta gran esperanza no fue lograda en Jesús, sino que
se reveló a través de El. La verdadera esperanza de la humanidad es el Espíritu Crístico en el corazón de cada hombre, el que Jesús en Su conciencia iluminada nos reveló.
Pablo lo coloca en su verdadera perspectiva cuando dice,
"Cristo en vosotros, esperanza de gloria" (Col. 1:27).

La iglesia cristiana ha predicado sobre la salvación de la
sociedad, pero Jesús pidió una sociedad de salvadores. Tú
tienes que ser un salvador. No te detengas a mirar al cielo.
Activa el don de Dios que está en ti. Puedes ser una influencia salvadora. Puedes ser un pacificador. Declara tu
unidad con Dios y con la humanidad al afirmar: "Yo ahora
estoy establecido en unidad espiritual con Dios y con todas
las personas del mundo".

Y entonces permite que tus pensamientos alcancen en amor y oración a todas las personas a cada lado de las cortinas de hierro o de bambú. Mira el bien en ellos. Saluda la divinidad en ellos. Afirma para todos los que ocupan puestos de liderazgo alrededor del mundo y tienen en sus manos el privilegio y la responsabilidad de dictar la paz o la guerra: "A través de la Mente del Cristo ustedes están unificados en pensamiento, propósito y comprensión, e inspirados a la acción correcta para la seguridad y libertad de toda la humanidad".

Se habla mucho acerca de la depravación de la gente joven. Yo he observado sus actuaciones en Sunset Strip, en Greenwich Village, en el Parque Central de Nueva York y en marchas de protesta contra la guerra ante el Edificio de las Naciones Unidas. Yo no pretendo comprender estas actividades ni a las personas implicadas en éstas. No estoy seguro de que estén mirando en la dirección correcta. Pero ellos están mirando, están buscando. Es la generación joven más seria que el mundo haya conocido. Y bien puede que sea la más espiritual.

Este último punto será debatido. Es cierto que ellos no se amoldan a los conceptos tradicionales de religión o moralidad. También pueden haber abierto la "caja" de las convicciones ya establecidas que les hemos pasado y haberla encontrado vacía de algo significativo para ellos en términos de sus necesidades actuales. Pero si buscan significado, buscan Verdad y un principio inmaterial en un mundo peligrosamente material.

La gente joven se rebela contra mi generación. ¿Y por qué no? Después de todo, nosotros creamos la bomba atómica, provocamos varias guerras terribles, y por lo menos asentimos en indecibles persecuciones raciales y religiosas. Ellos están atrapados en un gran fermento de valores. Buscan amor y a veces transigen por su perversión indisciplinada. Buscan la expansión de conciencia y a veces transigen por una ilusoria experiencia psicodélica.

No todos los jóvenes participan en protestas, ni lucen vestimentas exóticas. Pero los extremistas son sintomáticos de una sutil revolución que ya está en desarrollo. Ellos caricaturizan un desenvolvimiento serio e importante en el hombre.

Una cosa es segura. El mundo ya no será el mismo de antes. Es bueno reconocerlo así y aun regocijarnos en ello. Porque el mundo de ayer generó este mundo confundido de la actualidad. Puede ayudarnos el contemplar la posibilidad de que cuando Jesús hizo su "entrada triunfal" en Jerusalén en aquel primer Domingo de Ramos, El muy bien les pudo haber parecido a las personas formales y conservadoras de Jerusalén de aquella época, algo así como los hippies nos parecen hoy en día.

¿Qué podemos hacer por nuestra juventud? Amarlos y decirles que los amamos. Creer en ellos y demostrarlo. Respetar su madurez y escucharlos. Saludar la divinidad en ellos y creer que hay algo maravilloso buscando expresión significativa en cada uno. ¿Quién puede decir que las grandes ideas que darán forma al mundo futuro no provendrán de esa juventud inestable de hoy en día?

Una de las historias alentadoras que surgió de la oscuridad del terror Nazi en la Segunda Guerra Mundial es el cuento de Philippe Vernier, quien fue sometido a toda suerte de ignominias porque era un hombre de paz. El se pudrió en prisión y su familia fue hostigada hasta morir de hambre.

Pero él había revivido la dinámica del reino en su interior y nada de eso afectaba su fe. Un oficial norteamericano que le visitó después, reportó que su visita con esa alma magnífica fue la mayor inspiración de su vida. He aquí algunas líneas de una carta de puño y letra de Vernier:

Si eres un discípulo del Maestro, a ti te toca iluminar la tierra. No tienes que lamentarte por cada cosa que el mundo carece; tú estás ahí para traerle lo que necesita . . . Ahí donde reine el odio, la maldad y la discordia tú pondrás amor, perdón y paz. Por la mentira darás la Verdad; por el desencanto la esperanza, ante la duda traerás fe; donde hay dolor, darás gozo. Si tú eres un humilde siervo de Dios, todas estas virtudes de luz te acompañarán. ¡No te atemorices ante tan vasta misión! No eres realmente el encargado de su cumplimiento. Tú solo portas la antorcha. El fuego, aun si arde en ti, aun si te abrasa, jamás es encendido por ti. Te usa a ti como usa el aceite de la lámpara. Tú lo sostienes, lo alientas, lo llevas de un lado a otro, pero es el fuego el que trabaja, el que da luz al mundo, y a ti mismo a la vez . . . No seas lámpara obstruida que sofoca y apaga la luz; lámpara tímida o avergonzada que se esconde bajo el cesto; enciéndete y brilla delante de los hombres; levanta en alto el fuego de Dios.[6]

¡Cuán importante resulta comprender esto! Tú no tienes que lamentarte por lo que el mundo carece. ¡Enciéndete y brilla! Esto podría ser una contestación para nuestra juventud y sus atribulados padres. "En el mundo tendréis aflicción, pero confiad, yo he vencido al mundo" (Jn. 16:33). Esta era la llave del enfoque de Jesús al mundo. "Yo he ido arriba. He encontrado las regiones más elevadas de mi propia naturaleza. Ahí puedo mantener mi mente en paz y también puedo ser una influencia para la paz en el mundo que me rodea." Esto no quiere decir que El se fue en una nube. Significa que, sabiamente, tomó el camino alto en vez del bajo, que había decidido actuar desde Su grandeza en vez de desde la debilidad. Este es el sendero que El trazó para nosotros y por el cual tenemos que seguirle.

¿Cuándo vendrá el Reino? ¿Cuándo llega el milenio? ¿Cuándo vendrá el Cristo a Su Reino? ¿Cuándo es el día del juicio? La teología puede ofrecer profundas contestaciones escatológicas. Quizás todos deberíamos exigir, como hacen los jóvenes de la actualidad: "Dímelo como es". Y la respuesta que se adapta a esta pregunta: "Cuando lo externo se vuelva como lo interno".

El gran pecado de la humanidad es el no conocer la divinidad que yace inexpresada dentro de cada individuo. Quizás el milenio que el hombre ha estado esperando debe llegar a los individuos uno por uno. Tenemos que dejar de pensar en términos de futurismo. ¡El tiempo es ahora! El Reino de Dios puede empezar su desenvolvimiento en el mundo en este mismo instante, y puede encontrar en ti su punto de partida.

Haz el gran descubrimiento por ti mismo. El conocimiento de la capacidad divina en ti no sólo te guiará hacia grandes cosas nuevas para ti. Te ayudará también a jugar un gran papel en el "próximo desarrollo del hombre".

"¡Namaskar!" Mírate a ti mismo en un espejo y di: "¡Namaskar!" (Yo saludo la divinidad en ti.) Y entonces sal y actúa como tal. Contempla todas las personas de tu mundo —amigos y enemigos, vecinos y extraños— "¡Namaskar!" Y entonces trátalos como si ya fueran lo que deben ser. De esta manera, tu vida tendrá significado.

No importa donde estés en la escalera de la vida, no importan tus experiencias del momento, no importa cuantas angustias hayas sufrido o cuantos conflictos puedas tener ahora mismo —hay más en ti, hay una divinidad en ti, el Reino de Dios está dentro de ti. Puedes liberar tu capacidad, porque Jesús probó que tú la tienes y que puedes liberarla. Eso es lo que *realmente* enseñó Jesús.

# Anotaciones

Todas las citas bíblicas son de la Versión de Reina-Valera de 1995, Sociedades Bíblicas Unidas.

Gracias especiales al Dr. George Lamsa por todo el material explicativo de modismos bíblicos, de su *Gospel Light*, Philadelphia, Pa.: A. J. Holman Co., 1936.

Las poesías están traducidas en verso libre.

## INTRODUCCIÓN

1. Oliver L. Reiser, *Cosmic Humanism*, Cambridge, MA: Schenkman Publishing Co., 1966, págs. 406, 407.

## 1. LA ETERNA BÚSQUEDA

1. William Wordsworth, "Lines Composed a Few Miles Above Tintern Abbey", de *Masterpieces of Religious Verse*, New York: Harper & Brothers, 1948, pág. 65.

2. Alfred Tennyson, "OEnone", estrofa 12, de John Bartlett, *Familiar Quotations*, Boston: Little, Brown and Co., 11th ed., 1941, pág. 462.

3. Jane Dunlap, *Exploring Inner Space*, New York: Harcourt, Brace & World, 1961, págs. 207, 208.

4. Robert Browning, "Paracelsus", Part I, de *Mas-*

*terpieces of Religious Verse*, New York: Harper & Brothers, 1948, pág. 431.

### 2. EL GRAN DESCUBRIMIENTO

1. Charles Fillmore, *Talks on Truth*, Unity Village, MO: Unity School of Christianity, 1926, pág. 169.

2. Ralph Waldo Emerson, *The Complete Writings of Ralph Waldo Emerson*, New York: Wm. H. Wise & Co., 1929, pág. 40.

### 3. LA GRAN DECISIÓN

1. H. Emilie Cady, *Cómo usé la Verdad*, Unity Village, MO: Unity School of Christianity, 1950, pág. 21.

2. Henry David Thoreau, *Walden*, New York, New American Library of World Literature, Signet Books, 1942, pág. 215.

3. H. Emilie Cady, *God a Present Help*, Unity Village, MO: Unity School of Christianity, l940, pág. 30.

### 4. EL CONCEPTO SINGULAR DE JESÚS SOBRE DIOS

1. John A. T. Robinson, *Honest to God*, London: SCM Press Ltd., 1963, pág. 14.

2. Paul Tillich, *The Shaking of the Foundations*, New York: Charles Scribner's Sons, 1948, pág. 57.

3. Alfred Tennyson, "The Higher Pantheism", estrofa 6, de John Bartlett, *Familiar Quotations*, Boston: Little, Brown & Co., 11th ed., 1941, pág. 467.

4. Walt Whitman, *Leaves of Grass*, New York: Doubleday, Doran & Co., 1940, pág. 55.

5. Charles Fillmore, *Unity Magazine*, diciembre, 1901, Unity School of Christianity, Unity Village, MO.

### 5. DE MISERABLES PECADORES A MAESTROS

1. Walt Whitman, *Leaves of Grass*, New York: Doubleday, Doran & Co., 1940, pág. 24.

2. Charles Fillmore, *Atom-Smashing Power of Mind,* Unity Village, MO: Unity School of Christianity, 1949, pág. 122.

3. Oliver Wendell Holmes, "The Voiceless", estrofa 1, de John Bartlett, *Familiar Quotations,* Boston: Little, Brown and Co., 11th ed., 1941, pág. 451.

4. Ernest Holmes, *Science of Mind Magazine,* diciembre, 1966, Institute of Religious Science, Los Angeles, CA.

5. Ella Wheeler Wilcox, *Collected Poems of Ella Wheeler Wilcox,* London: Leopold B. Hill, n.d., pág. 91.

## 6. Las asombrosas bienaventuranzas

1. Emmet Fox, *El Sermón del Monte,* New York: Harper & Brothers, 1945, pág. 6.

## 7. Tu pensamiento es tu vida

1. Charles Fillmore, *Guarda una Cuaresma verdadera,* Unity Village, MO: Unity School of Christianity, 1957, pág. 152.

2. Geoffrey Chaucer, "Canterbury Tales", Prólogo, 1. 500, de John Bartlett, *Familiar Quotations,* Boston: Little, Brown and Co., 11th ed., 1941, pág. 5.

## 8. La ley de no resistencia

1. T. S. Eliot, *The Cocktail Party, The Complete Poems and Plays of T. S. Eliot,* New York: Harcourt, Brace and Co., 1952, pág. 364. Usado con el pemiso de Harcourt, Brace and Co., y Faber & Faber Ltd., London.

2. William Shakespeare, Sonnet 116, *Dictionary of Shakespeare Quotations,* New York: E. P. Dutton & Co., 1963, pág. 457.

## 9. El arte olvidado de la oración

1. Clarence Day, *God and My Father,* New York: Alfred A. Knopf, 1941, pág. 14.

2. John A. T. Robinson, *Honest to God*, London: SCM Press Ltd., 1963, pág. 93.

3. Ralph Waldo Emerson, *The Complete Writings of Ralph Waldo Emerson*, New York: Wm. H. Wise & Co., 1929, pág. 148.

4. Jalil Gibrán, *El Profeta*, Traducción de Leonardo S. Kaim, Editorial Orión, México, D.F. 1962, pág. 151.

5. Charles Fillmore, *Prosperidad*, Traducción del Rev. Luis Molinary, Santo Domingo, R.D.: Imprenta Amigo del Hogar, 1975, pág. 125.

6. Jalil Gibrán, op. cit., pág. 153.

## 10. SUFICIENTE PARA HOY

1. Charles Fillmore, *Guarda una Cuaresma verdadera*, Unity Village, MO: Unity School of Christianity, 1953, pág. 102.

2. Lloyd C. Douglas, *The Robe*, Boston: Houghton Mifflin Co., 1942, pág. 365.

3. William James, *Varieties of Religious Experience*, New York: Longmans, Green & Co., 1904, pág. 323.

4. Henry David Thoreau, *The Journal of Henry D. Thoreau*, Vol. 2, 1850–Sept. 15, 1851, Boston: Houghton Mifflin Co., 1949, pág. 66.

## 12. CÓMO PERDONA DIOS

1. Ralph Waldo Emerson, *Forty Thousand Quotations*, New York: Halcyon House, 1917, pág. 760.

2. Alva Romanes, *Weekly Unity*, 31 de mayo de 1931, Unity School of Christianity, Unity Village, MO, derechos de autor no protegidos.

## 13. LA FÓRMULA SANADORA DE JESÚS

1. Dr. Lawrence S. Kubie, *Harvard Alumni Bulletin*, 29 de septiembre de 1956.

2. "The Development of a Chick", Coronet Films, Chicago, Ill.

3. Dr. Lewis Schreiber, *Journal of the American Podiatry Association*, Vol. 55, No. 12, diciembre, 1965.

4. Father Vernon Johnson, "Suffering and Lourdes", Catholic Tract Society, 1950, citado por Leslie Weatherhead en *Psychology, Religion, and Healing*, New York: Abingdon Press, 1951, pág. 153.

5. Charles Fillmore, *Guarda una Cuaresma verdadera*, Unity Village, MO: Unity School of Christianity, 1957, pág. 182.

6. Leslie Weatherhead, *Psychology, Religion and Healing*, New York: Abingdon Press, 1951, pág. 47.

7. Arnold A. Hutschnecker, *The Will to Live*, New York: Thomas Y. Crowell, 1951.

### 14. EL MILAGRO DE LA ABUNDANCIA

1. Charles Fillmore, *Prosperidad*, Traducción del Rev. Luis Molinary, Santo Domingo, R.D.: Imprenta Amigo del Hogar, 1975, pág. 26.

2. Ibid, pág. 25.

### 15. EN DEFENSA DE JUDAS

1. Arnold Toynbee, *Christianity Among the Religious of the World*, New York: Charles Scribner's Sons, 1957, pág. 26.

2. *The Passion Play at Oberammergau*, Texto oficial para 1960, publicado por la Comunidad de Oberammergau, Alemania.

### 16. LA GRAN DEMOSTRACIÓN

1. Alfred Tennyson, "In Memoriam", *The Complete Poetical Works of Tennyson*, Boston: Houghton Mifflin Co., 1898, pág. 198.

### 17. ¿ENSEÑÓ JESÚS LA REENCARNACIÓN?

1. William Wordsworth, "Intimations of Immortality", de *Mas-*

*terpieces of Religious Verse,* New York: Harper & Brothers, 1948, pág. 267.

2. *Catholic Encyclopedia,* 1909 ed., Vol. 10, págs. 236-37, Capítulo acerca de "Re-embodiment as Taught Through the Ages".

3. Alfred Tennyson, "Sonnet to ——", de *The Complete Poetical Works of Tennyson,* Boston: Houghton Mifflin Co., 1898, pág. 24.

4. Charles Fillmore, *Unity Magazine,* Sept. 1948, Unity School of Christianity, Unity Village, MO, pág. 1.

5. Eric Butterworth, *Life Is for Living,* Unity Village, MO: Unity School of Christianity, 1965, págs. 158-59, 167-68.

6. Charles Fillmore, *Unity Magazine,* Sept. 1948, Unity School of Christianity, Unity Village, MO, pág. 1.

## 18. ¿CUÁNDO VENDRÁ EL REINO?

1. P. D. Ouspensky, *A New Model of the Universe,* New York: Alfred A. Knopf, 1931, pág. 139.

2. Robert Browning, "Paracelsus", Part V, de *Masterpieces of Religious Verse,* New York: Harper & Brothers, 1948, pág. 320.

3. Richard Maurice Bucke, *Cosmic Consciousness,* New York: E. P. Dutton & Co., 1962, pág. 4.

4. Charles Fillmore, *Guarda una Cuaresma verdadera,* Unity Village, MO: Unity School of Christianity, 1957, pág. 199.

5. Albert Schweitzer, *Memoirs of Childhood and Youth,* New York: The Macmillan Company, 1955, pág. 66.

6. Philippe Vernier, citado por Lewis L. Dunnington en su libro, *The Inner Splendor,* New York: The Macmillan Company, 1954, págs. 104-5.